戦後沖縄と復興の「異音」

米軍占領下 復興を求めた人々の生存と希望

Naomi Jahana

謝花直美

有志舎

戦後沖縄と復興の「異音」

―米軍占領下　復興を求めた人々の生存と希望―

沖縄島の市町村（1953 年）と軍政区

メイン地図は、沖縄風土記刊行会編発行『沖縄風土記全集　第 3 巻　コザ市編』(1968 年、6 頁)、盛根良一編発行『特殊行政区域　みなと村のあゆみ　資料編　一九四七・五〜一九五〇・七』(1982 年、168-174 頁) より作成。軍政区地図は、鳥山淳『沖縄／基地社会の起源と相克　1945-1956』勁草書房、2013 年、30 頁) から作成。

戦後沖縄　占領下の生活・生存／復興の中の「異音」

2015年5月、辺野古基地建設反対の県民大会で、しまくとぅばで沖縄の人々の心情を説明する翁長雄志知事（当時）。（沖縄タイムス社所蔵）

1 しまくとぅばという印

「うちなーんちゅ、うしぇーてぃー、ないびらんどぉー」。

2015年5月那覇市奥武山町。沖縄県知事翁長雄志（当時）のしまくとぅば（沖縄の言葉）が5万人余りの聴衆が埋め尽くした沖縄セルラースタジアム那覇に響いた。日米首脳会談で、当時の安倍晋三首相が、「普天間飛行場の危険性除去」のために辺野古への基地移転を米側に伝えたことに抗議する県民大会が開かれた。翁長は県の頭越しにすべてが決められる事を批判した。そして冒頭のしまくとぅばを絶叫した。水を打ったように静かだったスタジアムの観客席には、押し寄せる波のように拍手と指笛が広がった[1]。しまくとぅばを理解できない本土マスコミ向けに、沖縄県庁が大会終了後に示した共通語訳は「沖縄の人をないがしろにしてはいけません」だった。しかし、この言葉は敬語を使っているが、そんな大人しい意味ではなかった。「沖縄人を馬鹿にするな」という強い怒りがこめられていたのだ。

翁長の言葉について、エッセイストの儀間進は、「沖縄の人がやっと自らの言葉で怒ることができた」と指摘している[2]。儀間は、米軍占領期に、占領と対峙した文芸誌『琉大文学』の編集を務めていた。大学卒業後、高校教師となり、しまくとぅばをテーマにしたエッセイを多数発表していた。県民大会当時80歳代だった儀間の世代は、沖縄の学校教育が推進した「標準語励行運動」によって、しまくとぅばを削り取られた。しまくとぅばを使えば首に「方言札」を下げるという罰則すらあった。その結果、しまくとぅばは共通語より劣った言語として、共通語が話せない劣った者であるという価

値観を子どもたちに内面化させ、心に傷を残した。

　沖縄の共通語教育は、明治政府が琉球国を併合した翌年の1880年、共通語の会話に沖縄の言葉を対比させた教科書『沖縄対話』による同化教育から始まった。それから沖縄戦を挟み、80年後の1960年代、米軍占領下で教員たちが「標準語励行運動」を盛んに取り組んだ。背景には「復帰」運動があった。日本を「祖国」として、米軍の「異民族支配」を脱しようという「復帰」運動を、教員たちは

写真1　1960年代ごろまで学校で使用された方言札。子どもたちが「しまくとぅば」（沖縄の言葉）を使うと、罰として首にかけられた。（竹富島喜宝院蒐集館所蔵）

日本と一体化するために「標準語励行運動」としても実践したと言える。こうして、しまくとぅばは劣った言語とされ、自らの言葉で「怒る」ことができない、多くの儀間進のような子どもたちをつくりだした。「標準語励行運動」が取り組まれた理由の一つに、1960年代に日本と経済的なつながりが深まる中、始まった集団就職があった。中学卒業者を労働者として日本の工場や事業所に送りだす時に、共通語が話せずに不自由をさせてはいけないという配慮があったという[3]。日本とは異なる沖縄の言葉や風俗、習慣から、店先に「沖縄人お断り」という札が下げられたり、偏見と差別の末に自死したり、犯罪に走ったりする青年たちの苦境が背景にあった。

しまくとぅばを話すことが、沖縄の人々を「日本人」とは異なる者として識別する印となり、沖縄の人々を危険にさらす事態は、歴史の中で何度も繰り返されている。災害時の混乱や戦時に乗じて、排除の思想が暴力となって社会に現出する時だ。冨山一郎は、1923年の関東大震災で、デマによって朝鮮人虐殺が起きた時に、東京在の沖縄研究者・比嘉春潮が、自警団に朝鮮人ではないかと発音を咎められ、「ちがう」と答えた経験を引きながら、殺された者の隣にいる者の声から暗示される暴力を感知すべきだとする。そして、殺される側か殺す側かどちらかに立たされるという切迫感から、暴力に抗する可能性を言葉として見出すべきだとする[4]。比嘉はこの時、難を逃れたが、千葉県で起きた「検見川事件」では、沖縄出身の1人が殺害されている[5]。1945年、アジア・太平洋戦争末期の沖縄戦では、旧真壁村真栄平で、しまくとぅばの返答では敬語にあたる、「フイ、フイ（はい、はい）」という語で、日本兵の誰何に応えた障がいのある女性とその子どもたちが、日本軍兵士に惨殺されている[6]。沖縄に配属された旧日本陸軍第32軍が、しまくとぅばを話す者はスパイと見なすという命令を出したのである[7]。

　1960年代の学校の「標準語励行運動」が、自由なコミュニケーションのためにではなく、生活面での配慮や、差別を避けるという理由で、沖縄人の印となる言葉を矯正し、消し去るべきだという考えには、こうした非常時となれば暴力の対象になるという人々の記憶が埋もれている。しかし、こうした危機回避は最終的に成功することはない。言葉という印によって暴力の対象となるのではなく、印を必要とするのは排除される対象として存在するからだ。沖縄の人々が、朝鮮人と同様に、併合される前は独立した国の人々であり日本と異なる文化や価値観、歴史に生きる存在である事が教導され

るべき者として、併合の正当な理由を支え、日本との関係で劣位に置くのである。

　沖縄の人々が抱えるこうした傷は見えにくい。理解を必要とするため、共通語で言語化する過程で、排除をつくりだす植民地主義の中に、わが身を放り込む必要があるからだ。差別を受け、さらにその不満や怒りを表す適当な共通語にたどり着けないもどかしさや不自由さによる怒りや悲しみは、傷として重ねられていく。そして生き延びるために、共通語を強いる植民地主義の中に飲み込まれてしまうのである。儀間の指摘の背景にはこうした思いがあった。沖縄戦や沖縄戦後史の証言を例にとっても、共通語への翻訳が前提となり、その認識の範囲内で、証言は言葉として植民地主義が支配する社会に置かれていく。翻訳そのものがもつ政治性が不可視化され、日本との関係性による人々の傷は言語化されず、おりのように沈殿しているである。

　当時80歳代だった儀間より二回り近く年下の翁長の、しまくとぅばによる怒りの発露は、こうしたおりを可視化させた。内面化させられた劣等感をつくる日本との関係性を明らかにし、日本政府が象徴する米軍基地を巡る植民地主義と対峙するという決意が込められていた。自民党の政治家だった翁長は決断を迫られる体験をしている。2012年に沖縄県民の反対を押し切って米軍普天間飛行場にオスプレイが強行配備された翌年、沖縄県の全市町村にあたる41の首長が東京で配備撤回の要請行動をした。しかし、街頭でアピールをした時、「売国奴」などヘイトスピーチにさらされている[8]。沖縄問題への無関心、冷笑、沖縄の歴史経験を無視した、ヘイトスピーチによる激しい差別に、翁長は生身の身体でさらされた。長く続く同化政策の末に、何のわだかまりもなく、自身が「日本人」で

あるということを信じていた沖縄の人々の中にも、差別がつくり出される日本との非対称な権力関係が白日のもとにさらされたといえる。その結果、先達たちの傷みの経験から、現在をもう一度生きなおすという試みが、徐々に広がっていった。こうした動きは、米軍基地問題、2005年に始まる沖縄戦の「集団自決（強制集団死）」問題による歴史認識の抗争が激しさをましたのと軌を一にする。また、2006年の沖縄県議会提案によるしまくとぅば継承を目指す「しまくとぅば条例」が制定され、各種団体が保存と継承に取り組んだことも関連している。しまくとぅば継承、基地問題の抵抗、沖縄戦の歴史認識や継承、文化や政治、歴史の領域で個別に現れる事象は、伏流水としてつながり、沖縄の人々の意識変容を表しているのである。

　1879年の明治政府による琉球処分を描く史劇「首里城明け渡し」（山里永吉作）は、琉球最後の国王尚泰の最後のセリフ「戦世ん済まち　弥勒世ややがてぃ　嘆くなよ臣下　命どぅ宝」（戦世は終わった。平和の世の中はやがてくる。嘆くなよ臣下。命こそが宝）がよく知られる。「唐ぬ世から、ヤマトの世、アメリカ世から、またヤマトぬ世」（中国の時代から日本の時代、アメリカの時代から、また日本の時代）という言葉によって、近現代の沖縄「世替わり」の動乱を、生き延びてきた先達たちがこの「命どぅ宝」という言葉によって支えられてきたと言える。しかし、冒頭の翁長の言葉は、こうした亡国や「世替わり」の歴史を甘受するという立場とは一線を画し、闘う決意を示していたのである。

　しまくとぅばに関わる沖縄の現在について述べてきたが、それは私が、沖縄戦、続く沖縄占領の戦後史を語る上で、人々の生存の場から歴史を書いていくという視点を説明するために重要だと考える

からだ。次節でより詳しく述べてみたい。

2　抵抗の歴史経験と身体

　1990年から1998年までの大田昌秀による革新沖縄県政の後、二代の保守系知事の後に2014年選出されたのが自民党沖縄県連のエース翁長だった。那覇市に合併した旧真和志市の最後の市長翁長助静を父にもつ翁長は、那覇市長時代から、しまくとぅばを使用する「ハイサイ・ハイタイ運動」を展開し、知事として米軍基地問題で県民世論をまとめる時に、「イデオロギーよりアイデンティティー」という言葉を使用して、広く沖縄の人々の共感をえた。翁長の「沖縄人（うちなーんちゅ）」というアイデンティティーによる結集の呼びかけは、同時期に起こっている沖縄出身の松島泰勝ら研究者と市民が2013年に結成した「琉球民族独立総合研究学会」による沖縄「独立」の思想とともに、「日本人」と連帯した反基地運動を分断するもので、米軍基地問題の解決にはならないという批判に時にさらされた。しかし、ここで考えたいのは、日本との関係性による沖縄の人々の傷をいかにして可視化することができるかということだ。翁長の「アイデンティティー」による政治は、「民族主義」という言葉に翻訳され、国家や独立といった政治上の言葉との関係性を問われていく。独立学会の立ち上げに際して、「独立」という言葉を巡って、沖縄の人々の間に戸惑いや、動揺が広がったのを見逃すことはできないだろう。だが、翁長が取り組んだことや、独立学会の活動は、日本との関係性の中で、バラバラに語られてきた傷だらけの身体を、新たな「我々」を見出すことで、語りなおす土台を沖縄の人々が自らの力でつくろうというプロセスではないだ

ろうか。だから、翁長を基地に抵抗する沖縄の象徴として、民主主義のヒーローとしてみる本土からの視線や政党政治的な分野だけに着目したメディアは、翁長に象徴される、自ら語る新たな「我々」が、沖縄で立ち上がりつつある過程に、ほとんど気付くことがないのである。

　基地問題を通して「沖縄」というひと括りの主体で語られてきた沖縄の人々が、なぜ新しい「我々」を立ち上げるのかを考えてみたい。

　「沖縄」を主体の複数性からとらえることについて、1950年代に東京で沖縄資料センターを立ち上げた英文学者の中野好夫の指摘が示唆に富む。中野は、琉球処分や沖縄戦によって日本から厳しい仕打ちを受けた沖縄の人々が、それでも日本への「復帰」を求めていることに対し、それに応える取り組みとしてセンターを開所している。1960年代には、「復帰」運動の中にある複数の主体、日本を「祖国」とし米軍の「異民族支配」を終わらせようする世代と、日本国憲法への「復帰」によって日本の在り方そのものを問おうとする若い世代の存在を指摘している。中野は、沖縄の人々の「復帰」要求に対し、慚愧の念をもち日本人として向き合う[9]。しかし、「復帰」運動の中に問題解決への接近を異にする複数の主体があることを理解しながらも、社会運動としてアプローチする上で、「沖縄」という一つの主体を考える。なぜなら、その歴史的経験の差異による複数の主体は、中野からは「沖縄」という一つの主体でとらえることが可能だからだ。中野とともにセンターを支えた新崎盛暉は、沖縄の同時代史を1970年代に初めてまとめる上で、「民衆にとっての暗黒時代」を得て、1956年の米軍用地の強制接収に対する「島ぐるみ闘争」で、社会変革の主体として「沖縄の民衆」は初めて「歴

史の表舞台に登場」したと記述する[10]。中野や新崎は、1960年代の「復帰」運動を背景に、本土に伝わることがなかった沖縄の人々の抵抗を伝えていく課題に直面した。そのため、沖縄の人々は、一丸となって抵抗する主体として見出されたのである。

「復帰」運動が求めた米軍基地の撤去が実現せず、1972年に施政権のみが返還された沖縄は、「復帰」後の初めての新しい基地建設となる、辺野古、浦添への那覇軍港移設など米軍基地問題で揺れ続けている。沖縄の人々の息の長い抵抗の中に、社会運動の衰退が著しい日本の人々は、時として民主主義の理想を読み込む。しかし、こうした理解は、ともすれば、沖縄の人々の日本との関係性に生じる傷を不可視化し、了解の範囲で沖縄の人々が抱える問題を位置づけることに他ならない。翁長の言葉はこうした問題を明らかにするために、新たなる「我々」が立ち上がりつつあることを示す行動であったといえるだろう。基地問題という植民地主義に対して、自らの力で沖縄の歴史を現在に呼び込み、立ち上がる「我々」だったといえる。

3 占領下の「日常」への回路

「沖縄戦後史は主要には政治的、政策的要因に規定され、主導された歴史である」と、新崎盛暉は指摘している[11]。沖縄の在り方は、米国と日本との関係、米軍の東アジアにおける軍事政策によって、沖縄の人々の合意のないままに、決定されてきたからである。こうした状況を打開するために、沖縄の人々は自治や自己決定を求めて、社会運動という改革によって、時々の困難を乗り越え、諸権利の獲得に取り組み続けた。そのため、沖縄の戦後史は、人々がいかに政治的主体となって、社会変革に取り組んだかを焦点として記述され

てきた。政党、沖縄教職員会、沖縄県祖国復帰協議会を主体として歴史化がなされてきたといえる。

　新崎は同時に、「沖縄戦後史の叙述、分析が、沖縄における社会変動を民衆の日常感覚まで含めて描き出す努力をなすべきことを否定するものではない」としている。若林千代は、米軍唯一の正史[12]が、沖縄の戦後復興について経済システムの再構築、復興（リハビリテーション）の「物語」として記述されてきたとする。一方、現代史研究は、地上戦、占領による社会変動を政治、文化、思想の分野で、議論の土台となる社会的背景、社会経済構造として記述されているにすぎず、米軍支配や国家主義の矛盾下での人々の生活の営みに通じる回路はまだ十分に開かれていないとする[13]。ここで新崎が指摘した「日常感覚」とは、「政治的動向」に登場しない人々の生であり、若林が指摘する「生活の営みに通じる回路」から見える人々の姿であろう。

　「占領下の日常感覚」[14]を歴史化する取り組みは、ジャーナリズムやルポによって試みられている。沖縄戦後の27年目に編まれた沖縄タイムス『沖縄の証言　激動の25年誌』[15]、同『庶民がつづる沖縄戦後生活史』[16]は、戦後の事象「戦果」[17]などをトピック的に並べ、前者は聞き取りや新聞資料、後者は投稿でまとめている。人々の共通体験となる出来事や物を通して戦後史を記録したものである。戦後の窮乏や占領下の生活体験を、聞き書きなどで書くことは「懐かしさ」を喚起させ、集合的記憶を形成する一方で、それぞれの体験の関係性が見えづらく、戦後史の全体像もまた描きにくいという課題を残す。

　石原昌家は社会史として、「戦後の生活を軍作業、戦果、密貿易という『終戦用語』のキーワード」で、一連の著作をまとめてい

る [18]。1950 年代の戦後史ルポの一例として下嶋哲朗は、ハワイ移民によるガリオア資金の家畜移送の様相を『豚と沖縄独立』[19] として描いた。また、占領下の衣食に関する影響については琉球大学の研究者らによる『戦後沖縄とアメリカ　異文化接触の五〇年』[20] などがある。また、川平成雄の『沖縄空白の一年　1945–1946 年』は 1946 年の通貨復活までを戦後の原点として、沖縄戦から占領までを貫徹させ記述する [21]。これらの研究やルポは、ジャーナリズムがトピックごとに記述したように社会的記憶を深下させている。しかし、その周辺にある、人々の生活の場への接近は、沖縄戦後史ではなお課題といえるだろう。

　生活の場からいかに描くかという方法が沖縄戦後史の記述には問われていると言えるだろう。若林は、「抵抗の主体」として人々が政治に登場する以前を「前政治」として、「郷党的」として顧みられなかった時代の重要性を指摘する。人々は生活を営み、地域に根差した地点から、交渉の領域を広げようとしたとする。「生活の場から発せられる問題提起こそが、この時期の政治の原動力」であったという [22]。

　鳥山淳は『沖縄／基地社会の起源と相克　1945–1956』で、親米、反米といった二分法が占領による暴力性を不可視化するとして、「自治と復興」を希求する過程で、米軍の政策に協力した人々のとった「現実主義」の中にあった不可避の選択としての協力を選ぶ姿、その政治性を描いている [23]。

　抵抗する人々に対して、歴史の埒外に置かれた人々もまた、占領に生を規定されていた事にはかわりがないことを、これらの研究は示している。若林、鳥山が切り開いた地平をさらにおし広げるためには、狭い政治の場以外、とりわけ個々の生存の在り方が現れる生

活の場から描くことが必要である。

4 「占領下の日常」と「流動する生活圏」

　対日平和条約発効によって沖縄と奄美が日本から切り離された1952年の「4.28」、1972年に沖縄が日本に「復帰」した「5.15」、1945年の沖縄戦が「終結」した「6.23」。沖縄の言葉で初夏を表す「うりずん」から日本に比べて早い梅雨が訪れ、やがてそれが終わる時期に、沖縄戦と沖縄戦後史の重要な記憶を刻む日が、次々と訪れる。かつてこの時季、「復帰」運動の大規模な集会が開かれ、学校では特設授業が組まれた。こうした記憶は、現在の基地抵抗運動の中にも繰り返し読み込まれ、また沖縄のメディアもしばしば特集記事を組んできた。しかし、その経験は運動に関わった人々が物故する中で、聞き書きの語り手を失い、メディアにおける記述が難しくなっている。と同時に、こうした現況が明らかにするのは、こうした歴史経験が、「復帰」運動という時間軸に沿って語られ続けてきたことだ。地道で貴重な取り組みではあるが、一方で運動の時間軸で歴史を書くことは、同時に、「占領下の日常」を、集合的記憶の「懐かしさ」のみに収れんさせずに、歴史としていかに記述するかという課題も浮上させるのである。

　「占領下の日常」を記述するために、沖縄戦から米軍占領が始まる時期の、人々の生活がどのように描かれてきたのかを考えてみたい。まず、最初に歴史記述の係留点となる場所の問題である。沖縄戦前、戦中、戦後の沖縄の人々は、移動に次ぐ移動を強いられたといっていい。それは、沖縄戦記録では「避難」「疎開」、戦場の彷徨として、また沖縄戦後史では、県外海外からの「引揚げ」として描

かれてきた。また、沖縄島北部の収容地区からの帰還が同郷集団の「復興」として描かれてきた。しかし、こうした記述方法は生身の身体にとって連続した体験を、沖縄戦や戦後といった時代区分に分断し記述する事になる。その結果、生き延びるための苦難を伴った移動経験は、戦前、戦中、戦後の時間軸に沿って切り取られ歴史として書かれてきた。それぞれの移動による飢餓や病・死は、身体から切り取られることで、場所ごとに断片化された記憶として、生存しようともがいた身体そのものを見失ってしまうのである。

　また、土地から土地へと移動する主体は、歴史化そのものが難しいといえる。例えば、沖縄で盛んに編集されてきた市町村史は、地域の構成員を主体として記述するため、海外移民の歴史を移民史として書くことができても、沖縄島内でその地域に「帰還」しなかった人々を描くことが難しい。戦争や占領によって激しい移動を強いられたためだが、米軍による軍用地強制接収以外はこれまで帰還の阻害要因が明示的に書かれていないため、離散してしまった人々を主体とすることが困難になっている。移動する人々の経験は、移動した先の土地の歴史として、断片的に記録されているといえるだろう。移動を要求する占領の施策、それに対する人々の選択、形成された「生活圏」（＝生活の現場）。それを検討することが、戦前、沖縄戦、戦後を生き延びた人々を描くには必要な歴史の係留点といえるのではないだろうか。

　移動がまつろう「生活圏」を考える上で、梶村秀樹による「国境を越えた生活圏」を参照したい。梶村は、在日朝鮮人が植民地支配と帝国日本の中で形成した生活圏が、日本の敗戦による国境引き直しによって、「国境を越えた生活圏」として再形成されたとする。そこにいる朝鮮人は、「生活圏」の中で、常に国家の帰属を問

われる存在になったとする。しかし、この「生活圏」の歴史形成過程が忘却されたことで、在日朝鮮人の人権の問題は、定住外国人の問題としてのみ位置付けられたとする[24]。また、白永瑞は、在日朝鮮人が、帰国か帰化を出入国管理で日常的に問われ続けることは、植民地支配の暴力行使が現在まで続いているということだと指摘する[25]。

　沖縄戦後史においても、収容地区の中から、同郷集団が生活実践によってつくり上げた「生活圏」の歴史的形成過程が忘却、あるいは不可視化された結果、歴史の主人公たりえない人々がいる。本書は、人々が生存のための作り出す「生活圏」に注目し、こうした人々を歴史の主人公として記述する試みだ。例えば沖縄戦後の、民間人収容地区では食料配給管理などの便宜から、人々のつながりは「市」と名付けられた。沖縄戦前の出身地ごとの集まりではあるが、携わったのは配給管理や食料確保、収容地区の労働など、生き延びるために必要な最低限の業務を行うための組織だった。こうした仕事を行うまとまりが、「市」として表現されたのである[26]。

　こうしたつながりは、米軍用地に接収されていない戦前の地域へ帰る時に再編成され、米軍の都合で区切った軍政区内に、配置されていった。戦前の居住地に帰れない那覇市や、伊江村、真和志村の人々は収容地区に長らく残留し、他の人々とともに別の町村があった軍政区に移動していった。こうした移動に大きく影響したのが、労働であった。占領当初の貨幣がない時代は、労働の対価として余剰の食料配給が行われた。貨幣が復活すると食料購入のための就労が必須となる。しかし、戦禍で破壊された沖縄での就労は、多数が農業でそれ以外は公務と軍労働しかなった。人々は限られた就労の機会を求めて移動した。こうした就労を求めた移動によって、生存

の協同性が基盤となった生活圏を再編成したのである。例えば、第
1章で取り上げる、垣花<ruby>垣花<rt>かちぬはな</rt></ruby>の人々として示される人々も、収容地区
からの移動に際しては、港湾の労働者、漁業への就労をきっかけと
しており、女性や高齢者は参加することができなかった。土地を基
軸にした出身地による主体は、実はこうした再編成が繰り返されて
いたのである。本書ではこうした生活圏の再編を促す、労働の変化
に着目することで、歴史記述の主体となる人々を生活の場から再確
認したい。

5 「復興」と人々の「異音」

沖縄復興の歌（1951年ころ）、比嘉秀盛作
　　一　鳴るよ鳴る鳴る鐘が鳴る　沖縄復興の鐘がなる
　　　　いざや若人打ち起たん　諸手をくんで　さあみなそれ賛成
　　　　（中略）
　　六　たとい時世は変わるとも　捨てるまいぞよ我が希望
　　　　永久の計画打ち立てて　いざわれ行かん
　　　　さあみなそれ賛成 [27]
　社会教育活動のために作られた歌を、1947年に発足した南風原<ruby>南風原<rt>はえばる</rt></ruby>
村の婦人会の集まりでは、「伏せよ杯、興せよ郷土」という歌詞を
付け加えて、よく歌ったという [28]。当時、社会では「新沖縄建設」
という用語が広く使われ、婦人会や青年会の活動で「沖縄復興の
歌」が歌われていた。人々はそれぞれの場で、「復興」を達成する
べく、格闘をしていたのである。
　米国が沖縄に恒久的基地を建設する工事で、軍工事や軍労働の雇
用がつくられることで、沖縄社会の「復興」も進んでいた。実際に、

極東軍司令部による FEC 指令によって目標とされた経済の戦前レベルの「復興」は 1953 年に達成された[29]。

　しかし、経済数値で図ることは、「復興」の一側面しか表していない。「復興」という言葉が盛んに流通することで、新しい時代を迎えるような期待感を抱くが、新崎盛暉は 1953 年に始まる時代を「民衆にとっての暗黒時代」[30] と表現している。「復興」が進み、社会が再建されると同時に、米軍が人々を統制する仕組みがさまざまな領域で造られたのがこの時代であった。

　屋嘉比収は、この時期に東アジアに駐留する米軍を介して、それぞれの場所で「戦場」「占領」「復興」が重層的に混在する事態が同時並行的に起きていたと指摘する。そして、「戦場」から「復興」へと時系列が単線的に推移するという考え方は、占領者の視点からの記録で、被支配者、被占領者の視点からとらえなおすことの重要性を指摘する[31]。沖縄で FEC 指令の「復興」目標が達成された年、個々の人々が抱えていた「戦場」や「占領」に由来する問題を、自力で克服した者と、そうでない者に分けていった。「復興」に置き去りされた人々は、こうした問題を個人の問題として抱えさせられ、それは貧困や福祉の欠如として社会問題化していくのである。「戦場」や「占領」という共通の経験が、「復興」によって克服されたと考えられたことで、白が指摘したようにその過程にある暴力が不可視化されていったのである。

　復興から排除された人々は、主流の歴史の中には登場しない。屋嘉比は、沖縄戦後史を「複数の主体」による「重層する戦場と占領の復興」にあった生活の場から記述した。人々が混沌とした時代を生き延びるために生活空間を押し広げた行為を考察し、「復帰運動」に連なる抵抗する主体とは別に時代状況や文脈に関係して形成さ

れた複数の「主体」があったと指摘する[32]。本書では、こうした人々が様々な領域に残した軌跡から、その人々の生存をたどる。労働や移動、あるいは地域誌といった個別の研究領域では、事象や場所、あるいは制度などを記述するための役割のみを与えられていた人々を、「復興」過程の中の「異音」として描いていく。抗議や異議、社会運動へとつながる、そうした強度のある言葉をもちえない人々は、自身が記録を残さなかったため、これまでは歴史の主人公としてとらえることは難しかった。しかし、「復興」を沖縄の人々が目指した時代に優先されたのは、戦時を生き延びた人々がさらに生きつなぐことであった。こうした人々のいた場所のつぶやきのような「異音」を頼りに、その人々の生存のあり方を描くのが本書の目的である。

6 本書の構成

各章のそれぞれの主人公は、一見有機的なつながりをもっているようには見えない。しかし、これまで沖縄戦後史の表舞台から見えない人々がいた場は、戦場や占領の傷がそのままに残る場であったということが共通している。例えば、「戦争未亡人」は、第1章の「ミシン業」に従事した主人公として、また第2章の北部収容地区から「金武湾」への移動、第3章の「金武湾」から「みなと村」への移動で置き去りにされる家族として、第4章の旧真和志村と那覇市の複雑な関係をつくりだす市場、第6章の「琉大事件」の母親として登場している。また、帰郷を望む垣花を含む那覇市出身者は、第2章と第3章の主たる主人公となるが、第4章で真和志村の土地につくられた「みなと村」に住む者として、旧真和志村の人々の自

律的な「復興」、農業の再建を間接的に不可能にしてしまう要因ともなっている。

　戦後の沖縄社会で「新沖縄建設」という言葉が人々に希望をもたらした時代に、誰かの「復興」が他者の「復興」を閉ざしていったのである。

　まず、第1章から第4章までは、食住という基本的な生存に関する、米軍の施策と沖縄行政の対応に基づいて、同郷集団が形成した「流動する生活圏」の移動と労働、コミュニティー、再移動による主体の変容を考察した。

　第5章と第6章は、「流動する生活圏」が、移動先に定置しつつある段階で、「復興」として表れる経済や公衆衛生・文化を介して占領による影響が浸透していったことを考察した。第5章の「オフ・リミッツ」と「米琉親善」は、それぞれ公衆衛生、文化的領域の施策であるが、米軍と沖縄の人々の間の見えない境界を巡って、占領による統制と人々の振る舞いに関わる政治が同時に立ち上がったといえる領域である。この境界を取り除くために、経済的インセンティブが一体となった「美化運動」、楽しさと抱き合わせの文化やスポーツ行事が行われ、米軍への協力が引き出される時に、非協力、抵抗する人々を「アカ」と見なす行為が現れていたのである。それが、第6章にあるように、「琉大事件」の学生を「アカ」として染めながら、沖縄の人々の中の米軍政の協力者をつくりだしていったのである。

　第1章から第4章までの複数の「生活圏」の関わりと衝突や摩擦、第5章と第6章における人々の振る舞いに影響するポリティクスは、いずれも「復興」という時間を補助線にしている。沖縄の生活を描く戦後史が、これまでトピックによる集合的記憶によって書かれ続

けてきたということは、実はトピック同士の間に、時系列の深い溝や、空間的な距離があることを示す。そこからこぼれた記憶の余剰に見えるものを「復興」という視点からとらえなおすことが本書の目的である。

　前述の構造に基づいて、各章の内容を紹介する。

　第1章の「ミシン業」の女性たちは、洋裁講習所、ミシン作業場、立ち売りや新天地市場といった、さまざまな場にいた。それぞれは、学校、製造業、小売業など、教育や経済活動という異なる分野の場として考えられてきた。しかし、女性たちは、そうした場から、「生活圏」を形成し、移動を繰り返しながら生き延びていたのである。例えば、米軍基地に土地を取られた本部、上本部村出身者が、後発で那覇に出てくる者を助けた「ヒキヒキー（誘い合う）」と呼ばれた実践がそうである。互いに顔も知らない夥しい数の女性たちが、それぞれの場でミシンを習って簡単に縫いあげることができた服は、消費のカテゴリーによって「既製品」という言葉を獲得した。露店の立ち売りが「新天地市場」を誕生させ、女性たちの創意工夫が市場の形を変えていった。そこに一貫して張り付いていたのは「復興」の夢であった。女性たちの夢と労働の散在する場を「ミシン業」と呼ぶことで、ミシンと向き合った女性たちが浮かびあがり、「復興」に進もうとした営みが明らかになっていくのである。

　第2章と第3章は、沖縄島の北部収容地区において直面した生存の危機に端を発し、米軍の労働に就労することで移動を繰り返した那覇市垣花の人々が主人公である。第2章では、旧具志川村にあった「金武湾」という集落の形成と衰退から、同地域をつくった垣花の人々の港湾作業への就労、県外・海外からの引揚者の流入から考察した。こういった移動の経験は、沖縄戦では「疎開」や北部地域

への「避難」、海外からの「引揚げ」と時代区分で断片化され記述されてきた。しかし、本書では人々の経験を連続的に見るために、生存に必要な食や住まいをいかに手にいれるかという生存の希求を焦点に、時代を貫徹して考察している。移動と合流、再移動の中で、「金武湾」の主たる住人が、垣花の人々から、引揚者を中心とした「那覇市出身者」に変わり、さらに、復興を求めて人々が那覇へ立ち去った後には、自力で移動できない人々が「金武湾人」という意識を抱き、互助で共同性を作り出していたことを考察した。第3章では「金武湾」から「那覇港湾作業隊」として移動した垣花の人々が、軍労働者の居住のために造られた特別行政区域「みなと村」で、軍労働化されたかつての生業の自律と那覇市への帰郷を達成しようとした取り組みを考察した。これまで、この労働者たちの行動は沖縄人民党との関わりで分析されてきたが、そこには垣花の人々の生存を求めた闘争があったのである。しかし、「みなと村」は生活のすみずみまで労働規律によって統制されており、仲仕集団の指導者たちが排除されていったという問題もあったのである。

　続いて第4章である。沖縄占領期の土地利用を巡っては、1953年の米軍による「銃剣とブルドーザー」として知られる、武力による軍用地接収が広く知られる。しかし、それ以前に「復興」の名の下で、那覇市に隣接する旧真和志村の土地が奪われたことはあまり知られておらず、それを第4章では考察している。それによって、旧真和志村の人々の、農村として「復興」するという夢が閉ざされていったのである。旧真和志村の人々は「生活圏」を築きながら、沖縄島北部の収容地区から、摩文仁村、豊見城村へと移動をした。しかし、真和志村内へ戻る以前に、すでに同村は米軍用地に接収されていた上に、軍労働者キャンプ、沖縄民政府勤務者の居住

地となっており、後には那覇市民の受け入れ先となっていったのである。こうした人々の生活実態に合わせるために、米軍や沖縄民政府との調整の末に村内の土地は削られつづけた。真和志村民の「生活圏」は、村内に定着する過程で、すでに自律的に意思決定を行うことを阻まれていたのである。

　第5章は、米軍基地や軍用地の周辺に張り巡らされた公衆衛生上の見えない空間の存在と、人々と米兵の心の境界を論じた。前者は公衆衛生上の対策の一つ、米兵の入域制限「オフ・リミッツ」発令による経済的封鎖を避けるために、人々が「不衛生」を取り除く「美化運動」に邁進することで振る舞いを改め、協力していく政治を描いた。「美化運動」という実践は、実際に「不衛生」な環境の改善に留まらず、米軍との共同作業を通して沖縄戦時に敵味方だった米兵と沖縄の人々の心の境界をきれいになくすという意味も託されていた。こうした協業は、同時期に盛んになる文化行事「米琉親善」において、より明確に推進されていった。「復興」の到達を実感できる文化やスポーツなどの行事を楽しみながら人々は参加したが、実は振る舞いを改めるように盛んに喧伝されたのは沖縄の人々のみで、それを実践したとしても、占領下で米軍に振るわれる暴力の状況は変わらなかったのである。

　第6章は、二つの「琉大事件」の一つ、1953年の「第一次琉大事件」を閉ざされていく「復興」の中に位置づけた。「琉大事件」は1956年の島ぐるみ闘争で起きた「第二次事件」も含め、米軍に抵抗した学生を大学が弾圧した事件として知られる。「第一次事件」の起きた1953年は、米軍に後押しされる「復興」を達成する過程で、人々は占領にたいする協力を求められる一方で、占領の矛盾に対する異議を口に出す者は「アカ」として排除されていた時である。

戦前からの高等教育機関設置運動が、占領下で琉球大学として実現する過程で、閉ざされた複数の「復興」、学内で学生たちが目指した「復興」を巡って、米軍が人々の振る舞いをいかに統制し、協力を引き出したのかを考察した。教育者や報道も含めて、排除を推進したり、客観的という名の論評をしたり、また沈黙する、という振る舞いが結果的に米軍の「協力者」となることだったのである。

　終章では、巧妙に占領への協力体制が社会の中に作り上げられていくなか、「窒息しそうな」という語句で表現された社会の中に、生活の場からいかに希望の兆しがともったのかを考察し、研究の今後を考える。

第1章

ミシンと復興
―女性たちの「生活圏」と共助―

旧東風平村の伊覇公民館にあった村役場産業部の洋裁・ミシン学校。女子青年会員らが学んだ。(沖縄タイムス社所蔵)

1　ミシンを使う女性たちのつぶやき

　那覇市北部にあった米軍「マチナト・ハウジング・エリア」。フェンスで囲まれた広大な芝生の敷地には、瀟洒なコンクリート住宅が立ち並んでいた。強い日差しが照り付ける午後、米軍人の妻たちは、サンドイッチやポテトサラダを持ち寄り、優雅なティーパーティーを開く——そんな光景がよく似合う地域だった。米軍人家庭は、家事や庭の手入れなどのため、メイドやガーデンボーイ、ガードに沖縄の人々を雇っていた。仲本和子もそんな一人だった[1]。米軍人家庭の住み込みメイドは、食費や通勤費を浮かすために就いた仕事だ。市場通りの仕立て屋の弟子、デパートの売り子をしていたが、きょうだいと祖母との生活のためお金が必要だった。戦前、両親は首里市で、セロリなど当時珍しい野菜をつくる農家で裕福だった。しかし、戦禍で両親を亡くした。仲本は高校進学を諦め、中学を終えた 1950 年、首里洋裁文化講習所を開いた徳村光子の自宅に住み込みで働き、洋裁を学んでいた。

　「本当なら、あんたが世話される身分だった」。隣家でガードとして働いていた「おじさん」は、米軍人の子どもを世話をする仲本を見て、同情した。「仕事だから」と自分を納得させた仲本は、こうした言葉をつぶやく男性の気持ちも十分に理解できた。「おじさん」は、戦前首里市で泡盛酒造所を経営していたからだ。2 人が働く「マチナト・ハウジング・エリア」は 1953 年、旧真和志村西部を強制的に接収し、米軍人家庭の住宅地域にしていた。沖縄戦後、収容地区から戻った沖縄の人々が苦労して再建した家屋をなぎ倒し、畑を潰し、集落を丸ごと破壊した。米軍の武力を用いた接収は「銃剣

写真2 多くの沖縄の人々がメイドや警備員として働いた「マチナト・ハウジング・エリア」。1953年、旧真和志村天久などの集落を強制接収してつくられた。(那覇市歴史博物館所蔵、02006911)

とブルドーザー」と呼ばれた。戦争と占領の暴力が刻まれた場所で、仲本と「おじさん」は、生きるために働いていたのだった。

　仲本は、米国人「奥さん」から料理を習い、子どもの世話をした。仲本がミシンを使える事を知った「奥さん」はパーティードレスや子ども服を仕立てさせるようになった。家事室で仲本は、滑らかで美しい絹やポプリンを流行のドレスやスカートに仕立てた。初めて触る米国製の電動ミシンで、アメリカのファッション雑誌にあるようなスタイルを再現した。家事室、ミシン、ドレスも全て「奥さん」の物だったが、ミシンに向き合えば、一人の世界。自分の技術や創造性を生かす仕事は、やりがいがあった。時に米軍人家族が寝

静まる深夜までミシンかけに没頭した。

　「奥さん」は、仲本を次の赴任地ドイツに連れて行こうとするほど、気に入っていた。ある日、二人で車に乗っていて、ハウジング・エリアのゲートを通った時のこと。ガードが詰める警備所に、米軍が敵視した沖縄人民党委員長の瀬長亀次郎（せながかめじろう）の写真が貼ってあった。それに気付いた「奥さん」は、仲本に瀬長には投票しないようにと、軽い調子で注意した。「投票します」。仲本は、すぐに言葉を返した。従順なメイドの突然の反抗。「奥さん」は「変な表情」を浮かべていたという。仲本はその時の気持ちを、「生活のために働くけど、気持ちまではとられない」と振り返る。

　仲本のような体験は、戦争孤児や首里市民の戦争、あるいはメイドの体験として分類され、十分ではないにしても沖縄戦や沖縄戦後史として書かれてきた。しかし、既存の概念の枠組みに沿って人々の経験を書く方法は、時にその人にとって大きな意味をもつものを後景に押しやっていることを、仲本の経験が教えてくれる。仲本の場合はミシンとの関わりである。

　ミシン業と女性の関わりは女性史が記録してきた。『那覇女性史（戦後編）なは女のあしあと』は、「戦争未亡人」を雇用する場がない時代に、那覇市の再興の象徴である市場（まちぐゎー）が、女性たちが競争しつつも「同志的連帯感」で支え合った場所だったと指摘した[2]。『沖縄県史　各論編8　女性史』[3]は、ミシンと裁縫（洋裁）が女性の生計を助けたとして「新天地市場」と洋裁講習所を取り上げた。前者は市場を都市史的な枠組みで記述するが、女性たちの連帯感がどう生まれたのか具体的な記述はない。後者は市場という場所にのみ着目し、ミシンを踏んだ女性たちの生産の場には踏み込んでいない。『沖縄県労働史　第1巻』は、女性による零細な商

業の例として「新天地市場」などを紹介したが[4]、労働行政の及ば
ない、労働史前史として取り上げるにとどまり、ミシン業の勃興と
隆盛までは視野に入っていない。沖縄県衣料縫製品工業組合も現在
まで業界の記録はまとめていない。

　既製品の拠点だった「新天地市場」については石井宏典が、店主
の多数を占める本部町の備瀬に焦点をあて、女性たちのライフヒス
トリーの中で言及した。戦後米軍基地に農地を取られ、那覇へ出て
市場で働く「戦争未亡人」たちと、故郷のコミュニティとのかかわ
りを考察した[5]。しかしながら、備瀬出身者中心の記述であるため、
市場で働いた女性たちの全体像を知ることはできない。本章では、
ミシン業が旧本部村出身者の地域からの移動を可能にした結果、同
郷者の集う市場が形成されたこと、さらに那覇近郊の旧南風原村
喜屋武では副業として成り立っていたことを考察する。

　新天地市場で、ミシン業に関わった女性たちの記録は、南風原
町喜屋武出身の赤嶺キヨによる『いつも前向き　私の歩んだ半生』[6]
と、母の記録をまとめた新城豊子の『肝の手綱（チムヌタンナ）母・
赤嶺千代の生涯』[7] があり、当事者の記録として貴重だ。「新天地
市場」開場以前の時代については、池宮城けいの「屋良金子の半
生」[8] がある。他に當山綾・福島駿介・田上健一による 2000 年時
点の「新天地市場」の実測図がある[9]。縫い手を育てた洋裁講習所
については、首里文化洋裁講習所を開いた徳村光子による史料が残
されており、行政文書を通じて当時の講習所全体の様子、日誌を通
じて講習所の運営状況が具体的に分かる[10]。ここでは個人の「復興」
を問うために、「新天地市場」の既製品を縫った人々、洋裁講習所
で学んだ人々の経験を聞き書きで記述する。

　本章の目的は、「縫製業」の歴史からも、米軍基地への抵抗運動

からもこぼれてきた女性たちの姿を、「復興」史という枠組によって、個々の「生活圏」の中から捉えなおすことである。

　ミシンは、衣類を縫う基本に留まらず、使う人の技術や工夫、創造性によって、さまざまな創作を可能にする。また、戦前から戦後のしばらくの間、女性のための高価な家庭用品として、豊かな生活を象徴し、主婦のイメージとも結びつけられた。こうした点からも、ミシンは女性に憧れと愛着を抱かせたのである。こうした意味がミシンに込められながらも、ここで改めて考えたいのは、沖縄占領下でミシンを使った女性たちである。米軍の絹製のパラシュートを材料にしたウエディング・ドレスなど苦労して作られた衣類の数々、縫製業勃興、市場、ミシンのあるこうした風景を見つめると、それとともにいたにもかかわらず、描かれることがなかった女性たちの姿がおぼろげながら浮かび上がってくる。歴史の叙述が取りこぼしてきた女性とミシンが作り出していた空間を同時に描くのが本章の目的である。ミシンの踏み板を必死にこいだ女性たちは、さまざまな場所で共助による「生活圏」をつくっていた。占領下で生きのびるために抵抗をすることができない人々の「でも、気持ちまではとられない」というつぶやきが、そこにははりついているのだ。

2　衣類配給

　1945年8月、沖縄住民の行政機構・沖縄諮詢会が発足した時の記念写真には、教育界の重鎮、志喜屋孝信ら各委員が米軍の軍服姿で収まっている。小柄な志喜屋は、シャツの袖を肩の下で大きくたくし上げている。諮詢委員長として沖縄再建の一歩を踏み出したその日の正装が、だぶだぶの軍服であったことは、当時の衣類状況を

写真3 1945年8月15日、旧石川市で発足した沖縄諮詢会。記念写真に納まる、志喜屋孝信（前列左から3人目）ら委員は、HBT（綾織りの軍服）を更生した服を着用していた。（沖縄県公文書館所蔵、「軍政期の写真・スライド」、0000036621）

象徴していた。ミシンと女性の関わりを考察する前に、占領直後の衣類供給について整理する。

　沖縄戦中から、着の身着のままで米軍に保護された人々に与えられた服は、米軍が上陸直後から着手した「サルベージ」と呼ぶ作業で集められたものだった。米軍の民政チームが日本軍の秘匿物資や住民が住宅や壕に隠していた衣類を拾い集めた。沖縄島南部の大規模戦闘が6月に終わると、保護された住民が急増し、衣類の確保を急がなければならなかった。そのため、7月には「サルベージ」のペースも上がった。報告では、ズボン8750枚、シャツ1167枚、靴5635足、さらに女性用のアンダースカートや手袋・帽子・毛布な

ど、ありとあらゆる衣類が回収されている[11]。しかし、8月に日本の降伏によって日本本土への米軍上陸作戦が無くなり、作戦の終了が近づくと、回収量は減少してしまう。そのため、陸軍の余剰品や廃棄する軍服を民間へ支給することになった[12]。志喜屋が着たようなシャツやズボン・ジャケットが配給された。9月には、さらに衣類の需要が増大した。そのため配給を円滑にしようと、米軍政府や沖縄諮詢会があった民政の中心地、沖縄島中央の石川に軍中央集積所が造られ、沖縄諮詢会の社会事業部が運営した[13]。冬を控えた10月、「サルベージ」は順調に行われ、回収品目が多様になった同月、8万5000枚が収容所に配給された[14]。さらに11月には、前月の10倍の85万枚が支給されている[15]。

　1946年になると、米軍の一部が米国に帰還し始めた結果、「サルベージ」の回収は減っていった。この頃、沖縄の人々は、自ら必要な衣類製造を始めていた。沖縄島北部で各村が、「ミシン作業所」や「ミシン部」をつくり、女性たちが衣類の製造を始めていた。大宜味村は3月、ミシン部を設置し、約30人の女性たちが、米軍から譲り受けた布地や袋布で、村内2300人の学童に配給する学生服やシャツを作った。そして、6月には1500枚を仕上げていた。洋裁指導者の「技術者のいない隣村国頭のためにも奉仕すべく全員張切っている」という言葉が示すように、不足していた衣類を自前で作ろうという動きが活発になった[16]。3月、国頭村でも、戦前に那覇市の洋裁店主だった女性が講師を務め、女子青年団60人を対象に洋裁講習が開かれた[17]。8月には、国頭村役場が桃原集落にミシン25台が据えた「ミシン共同作業所」をつくり、50人が働き始めた[18]。村内には米軍が放出した物資が大量に保管されており、軍服が無償で配給されていた[19]。こうした衣類を仕立て直す技術が

写真4 ハワイ県人会から届いた大量の救援物資を仕分ける人々。(那覇市歴史博物館所蔵、02006832)

女性たちには求められたのである。村は「ミシン講習所」を設置し、第1期70人が週3回3ヵ月間にわたって、洋裁や英語、公衆衛生を学んだ[20]。洋裁に留まらない科目があったのは、社会教育としての役割も担ったからだ。

　当時、困難だったのは女性用衣料の確保だった。軍服を仕立て直し、「パジャマの様な戦時の服」、モンペを作るアイデアは了承されなかった。そのため、米軍政府は、女性用衣料約6万9000人分を、米国赤十字社に送るように要請していた[21]。ハワイでは、沖縄から戻った二世の米兵が、「食料品は辛うじて補給されて居るが、衣類は着の身着のままで寒さにふるえている」ことを報告した。ハワイの人々は「沖縄衣類救済会」を11月に立ち上げ、キリスト教や仏教など宗派を超えて集い、輸送は海軍が担う事になった。

　救済会は1946年2月までに、子供用、婦人用洋服と和服など1769箱を送り、それが4月から6月にかけて沖縄に到着し始めた[22]。

また、輸入された衣類や布地は、1946年末までに衣類39万4022枚、シーツやメルトン・モスリン・ガーゼ、蚊帳用の布地39万690ヤードに上った[23]。1947年からは、県系移民の取り組みがアジア救済会（Licensed Agency for Relief in Asia）の頭文字を取ったララ物資として送られ、その救援品が届き始めると、衣類の状況はさらに改善した[24]。島内での回収や米軍の余剰物資でまかなえない衣類を、沖縄県系移民ら海外の支援で補ったのである。ララ物資の衣類の累計は、45万6213ポンド（約200トン）、43万ドルにも及び、約3年間の援助物資中、金額では最も多かった[25]。送られてきた衣類が、「（質）のよいもの、悪いもの、或いは大きなもの、小さなもの」などで、全てが希望にかなうものではなかった[26]。しかし、それまで軍服そのものや、それを作り直した物ばかりを、ただ着用するだけという貧しい衣料の環境を改善することには大いに貢献したのであるが、どれもサイズを合わせたり用途によって仕立て直す必要があった。こうした仕事を担ったのは、戦後、新たにミシンの使い方を学んだ女性たちだった。

3　洋裁講習所と女性たち

(1) 居場所

　1945年10月、沖縄島の住民収容地区だった北部地域などから、中南部へ人々が帰還し、生活が落ち着くにつれ、次々と洋裁講習所（学校）が開所した。1946年には前述した北部の国頭村と大宜味村、羽地村、1947年7月までに、旧本部村の本部と謝花、旧名護町、中部の旧金武村、南部の旧首里市、那覇市に2ヵ所、旧真和志村、旧西原村、旧糸満町、旧具志川市、合計14ヵ所が開設され

ている。さらに、同年 10 月には新たに中南部の旧宜野湾村、旧大
里村、旧具志頭村、旧首里市（首里第二）4 校が開所、沖縄島では
18 ヵ所を数えた [27]。戦後の洋裁講習所の開所ラッシュともいえる
状況だった。

　住民側の行政機構である沖縄民政府は 1947 年、生徒 80 人に対
しミシン 1 台の設置（1948 年には生徒 10 人対し 1 台へ変更）など
を定める「洋裁講習所規定」を設け、洋裁講習所開所を認可制に
した [28]。米軍報告は 1949 ～ 1950 年の 2 年間で、裁縫学校（Sawing
School）18 校が開校していたとする [29]。衣料生産の必要に応じて開
所された各地の洋裁講習所は、この時、社会教育の場として正式に
位置付けられたのである。しかし、洋裁講習所の役割はそれにとど
まらず、沖縄戦や占領によって影響を受けた女性たちの居場所とし
てさまざまな役割を果たしていた。

　1946 年 3 月開校の羽地村立洋裁学校は、最も早く設立された学
校の 1 つだ。戦後の女性運動をけん引した「戦争未亡人」でもあっ
た伊波圭子は、1945 年に羽地村で終戦を迎え、田井等市の米勧業
部で衣類を作っていた [30]。その後、羽地村立洋裁学校の教師を務
めた。伊波は洋裁学校が、技術を身に着けるだけでなく、女性が安
心して居られる場所にしたいと考えていた。「たくさんの戦争未亡
人がいて、女子青年も多いのだが、働く場所がない。軍作業に行く
と強姦されたりすることがあって危険だし、何か収入の道につなが
る、自立できる技術を身につけさせようというのがねらいだった」
という [31]。占領直後、旧羽地村が隣接する本部半島には、各所に
米軍駐屯地があった。そうした駐屯地などで働けば賃金を得られた
が、米兵による強姦事件が多発しており危険だった [32]。

　1947 年、首里市に設立された首里文化洋裁講習所の所長・徳村

光子が残した資料からは、洋裁講習所がどのような女性たちの居場所だったかがわかる[33]。1947 年から 1949 年までの第 1 期から第 9 期の修了者 385 人の最終学歴が記録されており、内訳は初等学校卒 236 人、中学校卒 60 人、高校卒 10 人、戦前の高等女学校・女学校卒 79 人だった 。初等教育を終えた者が約 6 割と最多となり、各期には 30 〜 50 代の生徒が混じっていた。「初等学校卒」で終えたのは、戦前の尋常高等小や国民学校等、戦後教育制度の改変で義務教育となった中学校へ進学できなかったり、機会を逸した女性たちと見られる。洋裁講習所は、教育を十分に受けられなかったが、戦後を生きるために技術を身につけたいと願う女性たちが学んだ場所だった。

　羽地村立洋裁学校の 1 期生となった、仲間トミは 16 歳だった。「自分の一つ年下からは、新制中学に入学した」と言うように、新しい学制のはざまで、学ぶ機会を逸したことが洋裁学校へ入った理由だった。仲間は最年少で、約 40 人の生徒は皆年上だった。「ミシンを使うのは皆初めて。1 人あたりの使用時間を決め、数台のミシンを交替で使った。3 ヵ月かけて、ブラウス 1 枚を完成させた」。数十人で 1 台を使うため、わずかな時間で、初歩的な技術を学んだにすぎない。そのため、すぐに収入を得られるような仕事には就けなかった。だが、学んだという自信が、「農村に埋もれたままではいけない」と気持ちにつながり、20 歳の時、石川市の洋裁店に就職へと背を押したという[34]。

(2) 救済

　1949 年になると、困窮した女性の福祉を目的にした洋裁講習所が設立され始める。背景には、社会が「復興」しつつあっても、社会保障が十分に整備されず、戦争で夫を失った女性たちが取り残さ

れていたことがあった。

　初期の生活扶助は、「孤児、老人、失業、寡婦、病人、不具、疾病」の人々を対象に、無償の食料と衣類配給に限ったものだった[35]。1946年4月に、貨幣が復活すると同時に全ての職業に賃金制、全商品に公定価格が導入され、救済は現金扶助との2本立てとなった[36]。しかし、1950年には現金扶助に1本化され、さらに米軍の方針で沖縄群島政府[37]の社会事業費は縮減され扶助の対象は漸減した[38]。

　1949年5月、沖縄民政府社会事業局が調査を行い、「寡婦」約1万5000人の内、3分の2にあたる約1万人が「戦争未亡人」である事が判明し、「救済対策の重大課題」として浮上した[39]。那覇市の調査では、市内の救済の一部扶助の対象となった寡婦68人中、夫が戦死していた者が40人おり、年齢は30〜49歳で4〜5人を扶養する者が43人いるという実態が明らかになった[40]。救済の中で「寡婦」として把握されていた女性たちが、「戦争未亡人」としてその苦境が新たに見出されたのだった。新聞もしばしば、「戦争未亡人」の支援について取り上げている。1950年3月の新聞の社説「浮浪児の救済」は、「戦争未亡人」を子の養育に専念させるため、「授産の指導に力を注ぐこと。救済としての食料の配布だけでは救済の意味をなさない」と支援の拡充を訴えた[41]。同4月には2児を育てる「戦争未亡人」の投書が掲載され、支援がないことにいら立ちを記し、さらに日本の輸入品が入ってきたために、手持ち衣類や下駄の鼻緒の商いが立ちいかなくなったとした。そして、「『戦災未亡人』というありがたい名付けはすでに忘れられている」と苦境を訴えた[42]。同年12月の社説は、「復興」が進む中、格差が広がっている事を指摘し、「生活意欲が旺盛な人はいつの間にか家を建て、

産をなし、安定、貧富の差が著しく増えつつある。戦争未亡人の救済運動にのりだそう」と呼び掛けた[43]。しかし、対策はすぐには進まなかった。1951年には、2人の子をカマボコ売りをして育てていた36歳の「戦争未亡人」が「パンパン」として検挙されたことが報じられた[44]。「戦争未亡人」は、戦争や占領における社会の歪みを結節させた存在となっていた[45]。その存在が見出されたにもかかわらず、それまで同様に貧しさや欠乏の中に取り残され、自力による「復興」を求められていたのだった。

　「戦争未亡人」の苦境を救うために、那覇市婦人会[46]は「マザーハウス」運動を計画した。1949年、那覇市内で「戦争未亡人」854人が2013人の子を扶養しており、大部分が救済の対象外であるという危機的状況だった。「マザーハウス」の計画は、「戦争未亡人」たちの自立を可能にするさまざまな事業を柱にしていた。無料の洋裁講習、家政婦の養成、商店共同経営、授産指導、物資共同購入など、事業規模は大きく、施設を維持する財源は事業収益と援護金で賄う計画だった[47]。関連する動きとして、4月には那覇市在住の850人が寡婦組合を結成している。さらに、7月には「マザーハウス」の基金募集の興行が行われた[48]。12月には、「マザーハウス」の女性たちが、カトリック開南教会のランドリー施設で、洗濯事業を始めている[49]。後述するが、カトリック開南教会は「ミシン部」を立ち上げており、「戦争未亡人」の支援は連携があったことが分かる。また、「マザーハウス」事業の一つの柱である、洋裁講習は、米軍政府と沖縄民政府の援助でララ物資のミシン1台と生地配給も受け、洋裁講習所として、「竹原洋裁店」を借り受けて行われた。同年7月、1期生47人が3ヵ月の講習を修了し、さらに2期生25人が入所した。洋裁講習は着実に成果を上げ、1950年3月

には「竹原洋裁店」は公的性格を帯びた「ララ洋裁講習所」として再出発し、市町村窓口を通して、那覇近郊の「貧困家庭婦女子及び未亡人」を募集した。1951年9月には修了生の仕事に「住宅公園」の米人家屋用カヤ2000枚、カーテン2万枚約40万B円分（B円とは1958年まで通貨として使用された米軍票）を受注し事業は拡大した[50]。しかし、「マザーハウス」運動をけん引した許田せいが1951年に急逝、さらに1954年に那覇市と首里市、小禄村が合併したことが、那覇市婦人会の独自の取り組みを困難にしたようで、その後に「マザーハウス」が実際建築されたかは分かっていない。

1949年10月、沖縄カトリック教区は「戦争罹災者」のための「二大救済事業」と銘打ち、那覇市のカトリック開南教会[51]にミシン部とランドリー部を設立した[52]。ミシン部に設置された「シンガーミシン」は、グアムを訪れた神父が、沖縄の「戦争未亡人」の窮状を伝えたことにより、信者から支援として、「最も実用的なミシン」が贈られたものだった[53]。台湾から引き揚げた宮平芳子は、マラリアで夫を亡くした。生活困難などで途方に暮れていた時にミシン部事業に誘われ、他の「戦争未亡人」たちにも声を掛けた。1950年3月、「戦争未亡人」と孤児、15人で洋裁学校が開校した。午前の部が学校で、洋裁学院の院長からミシンの足踏みから型紙の原型の作り方、スカート製作の基本を習い、午後はミシン部として小物作りから始めた。

教会の近くにあった市場で商いをする「戦争未亡人」や、寡婦の子どもたちが中学校を卒業した後に、洋裁学校で学び始めた。那覇市前島出身の上間悦子は、沖縄戦で父親を失った[54]。学童疎開で九州へ渡り、敗戦後に、一般疎開していた母親と合流し、1946年沖縄に引き揚げた。九州配電沖縄支店に勤めた父親は沖縄戦で亡く

なっていた。母子は引揚げ家族が割り当てられた那覇市6区（現、那覇市の開南と呼ばれる一帯）の米軍支給のテントで戦後を歩みだした。当時、近くには「闇」市場ができつつあった。「母親は朝起きたら、大きな鍋にジューシー（炊き込み御飯）を炊いて、街に売りにいく。大きい籠に入れて、人通りに立って売っていた」。苦労する母親の姿を見て、上間は高校に進学することは全く考えず、ただ母親を助けようと思った。父の死について悩み、救いを求めてカトリック開南教会に通っていたことから、自然に洋裁学校に通い始めた。

　沖縄島北部の収容地区から引き揚げた津波古敏子[55]は、戦前に父親を亡くし、戦後は母親が市場で野菜を売り生計を立てた。「国場から野菜とか芋とかを買ってきて。野菜を置く台もなく、河原にざーっと（女性たちが）並んで商売した」。母の収入だけでは生活するのが精一杯で、津波古は高校進学を断念した。中学の恩師が、無料で通えるカトリック開南教会の洋裁学校へ進むように励ました。「何ヵ月か先に入った4、5人がいて、世話してくれた。同級生は3名ぐらいで、4つぐらい上のお姉さんたちがいた」。「若い子だろうが、おばさんだろうが一緒に働いた。ミシン部のおばさんたちは、母と同世代。子どもたちを2、3人連れてきていた。おばさんたちも一生懸命だった」[56]。売り上げはミシン部で平等に分けあった。賃金は僅かだったが上間も津波古も、給与袋の封を切らず母親に渡した。しかし、「戦争未亡人」の中には生活できず辞める人もいた。

4 「既製品」の誕生

(1) 市場と「既製品屋」

　配給衣料は漸次消耗。被服廉価販売は停止。日本製品の充足で価格が高騰、地元に衣類生産はみるべきものない――[57]。新聞社の年鑑が示すように 1950 年の衣類供給の概況は、配給が減り、生産体制がないため、安い衣類が手に入りにくいというものだった。しかし、生産者は皆無ではなく、洋裁講習所が衣料生産を担っていたことが教師らの記録や証言で分かっている。

　首里文化洋裁講習所の日誌には、所長の徳村光子と教師たちが、首里市役所の制服や沖縄初の女性議員の衣類などを注文に応じて仕立てたと記録されている[58]。また、羽地村立洋裁学校もララ物資や米軍払い下げの服をもらって、衣類を製造して販売した[59]。1948 年、旧真和志村に 2 校目の真和志洋裁学校を開いた嘉数津子は、仕立部も同時に設置している。嘉数と近隣村の修了生が衣類を縫い、隣接する那覇市の商店に卸した。デザインを工夫した安い製品は「既製服」と呼ばれ、飛ぶように売れた。「物のない時代だったので、洋服はもちろんのこと、帽子やカバンなど、つくれば何でも売れた。材料はといえば、クロンボーと呼んでいた米軍払い下げのぶかぶかの服や、落下傘である」とする[60]。同年、沖縄民政府は洋裁講習所に対して、被服製作の注文の可否など調査しており、前述の 3 ヵ所だけでなく、注文や既製服を縫っていた講習所は多かったことがうかがえる。配給制度が終焉しつつあり、事業所設立が自由化された 1949 年、衣類生産が事業として成り立つにつれ、市場もつくられつつあったのである。

戦後の那覇市の新しい中心地「うぃまち（上の町）」（のちの那覇市の平和通り周辺）と呼ばれた商店街から、南西側に下った湿地帯。そこに、風呂敷や木箱の上に品物を広げ、立ち売りをする人々が現れた。6区と呼ばれた一帯は、1946年9月海外引揚者の一時収容所「インヌミ・ヤードイ」から、那覇復帰を求めて、20日間も動こうとしなかった人々が、那覇市と交渉し移り住んでいる。こうして引揚者が次々と移り住んだ結果、市ができるようになった。「簡単服」と呼ばれたワンピースや、鶏や食用うさぎ肉まで日用に必要な物が売られていた[61]。売り手の多くは「戦争未亡人」で[62]、人数が増え、市が拡大すると、「うぃまち」に対して「しちゃまち（下の町）」と呼ばれるようになった。一帯を流れる「ガーブ川」は梅雨や大雨の時には度々氾濫を繰り返し、周囲は汚水で水浸しとなったため、戦前には使われず放置されていた場所だった。「戦争未亡人」たちが、そんな条件の悪い場所で立ち売りをしたのは、「うぃまち」が市場として整備されたためだ。

　「うぃまち」と呼ばれた場所では、1947年ごろから、台湾や香港、日本との密貿易品、米軍物資の横流し品を売る露店が立ち並んだ[63]。那覇市はこれらの「闇」市場を、1948年4月に食料と衣類の2つの公設市場として整備することで管理を始めた[64]。指導員が配置され、使用者の共済会が設立される一方で[65]、立ち売りは厳しく排除され、管理人が路上の豆腐売りを殴る暴力事件すら起きた。立ち売りや露店を出していた人々なども含めて、市場を追われ、条件の悪い湿地帯に移動し商いを始めた[66]。同地で製粉業を始めた人物は、まず荷馬車で土を運び湿地帯を造成しなければならないほどだった[67]。

　戦前に沖縄県内に3700台しかなかったミシンが、1952年には

1万台に増えており、洋裁ブームが起きていると新聞が報じた[68]。そのころ、「しちゃまち」一帯に現れた「既製品屋」と呼ばれる新しい商売が、しばしば新聞で取り上げられている。この頃には、「しちゃまち」にも店舗が出来ていたが、そこがまだ開店しない早朝、子どもを背負った女性たちが、風呂敷にパンツやブラウス・ワンピース・子ども服・シミーズを広げ、地方からの仲買や店主に、立ち売りで卸販売をしていた。「戦争未亡人や家庭婦人の手内職」で仕上げられた大量の既製品だった。日本や米国から輸入する製品に対抗するため、「既製品屋」は、1日にパンツなら100枚、ブラウス30枚、ワンピース20枚を仕上げたという。商店が開店すると、立ち売りの「既製品屋」は邪魔になる。売れ残った商品を抱えて、各商店を行商して回るが、時には原価を割っても卸すこともあったという[69]。「既製品屋」は、その日の売り上げで、新たに布を買い、家で裁断、縫製、仕上げを夜中まで行い、全ての商品を売りきらないと、商売の元手も、生活費も手にはいらなかった。

　しかし、工賃は1枚が、わずか2〜3B円で、1日の収入は100B円程度だった。「袋折り」と同様の、「おかみさん」の手内職は、家庭内の長時間労働によって支えられていたのである[70]。だが安いが粗悪な商品は、日本の工場などで作られる競合品が入荷し始めると、「既製品屋さんは沖縄の味噌醤油製造業者と同じ運命」と見られ、やがて消えゆくものと思われた[71]。

(2) 女性たちの「新天地」

　1953年2月27日の新聞に、「新天地卸市場開設　一.　場所　那覇市六区十六組　朝日商会後、衣料品並びに既製品の卸」という広告が掲載された[72]。「既製品屋」と呼ばれた人々が、この時、「新

写真5 開場1年目の那覇市の「新天地市場」。女性たちがそれぞれのコマに衣類を積み、商売をしている。（沖縄タイムス社所蔵）

天地（卸）市場」を結成し、名乗りをあげた瞬間だった。

　市場形成過程は、土地所有者の息子、辰野榮一が記憶している。1952年、疎開先の広島県から戻った辰野は、戦前、「ターブックヮ（田んぼ）」と呼ばれ田芋を取る以外は使われなかった湿地帯で、女性たちが「品物を広げて売っていた」様子を覚えている[73]。既に、近くでは農連市場の整備が進んでいた[74]。やがて大きな市場が開設され人通りができると考えた父親が、青空市場に屋根を掛け、少しずつ市場を広げたという。近隣の市場は琉球農連や那覇市の公設市場など、公的組織が整備していた。だが、「既製品屋」の女性がいた場所に出来た市場は、辰野の父親が造った私設の市場だった。女性たちの立ち売りは、辰野の父親に新しい商機を与えた。そのことにより、女性たちも立ち売りから、那覇市の街中に座って商売が

できる場所を確保できたのである。父親は市場管理を、戦前、警察官をしていた知人に任せた。商売の元手が少なくても商いができるように、女性たちは売り場を工夫した。売り場は「コマ」と呼ばれ、1コマの大きさはわずか2尺（53センチ）四方しかなかった。高さ30センチの一畳の台を三等分したのが一つのコマだった。一台に3人が衣類を並べて座り、最盛期には約500人が既製品を商った[75]。だが、市場開設直後は、その日売る分だけしか商品がなく、売り切ると、女性たちはすぐに店仕舞いしていた。しかし、安価な既製品の市場として人気を徐々に博すと、女性たちは、衣類をコマに高く積み上げて、洋服に埋もれるようにして商うようになった。作った物を1日で売り切らなければいけなかった「既製品屋」の時代とはちがった。

　市場開場から2年もたつと、当時300人の店子たちが、子ども服や帽子、下着、男性用シャツやズボン、婦人服を販売する「庶民の店」として知られるようになっていた。「自分で作って自分で売るから、一般の小売商より1割から2割安い」のは、夜おそくまでミシンをふみ、朝には市場に持っていき販売するという生産から販売までを一手に行うことで、実現していたのだった。価格は子ども用パンツ10 B円前後、大人用15 B円、大人用ズボン70〜200 B円、ワンピース100 B円という価格だった。パンツ一枚から1 B円ほどの利益しかもうからない値に設定されており、一般家庭で布地を買ってきて作るより安かったという[76]。

　女性たちはやがて在庫を抱える余裕もできた。売り場もそれに伴って変化していった。各コマは木製の枠で囲われ、留め金つきの蓋がつけられるようになった。そうすることで、商品を持ち帰らず、市場で保管できるようになった。翌朝には蓋を開けて、衣類を並べ

直し、女性がコマの中に座れば、商売を始めることができた。「最初は木箱だったけど、雨漏りなどがひどくなると、誰かが蓋にトタンをまきつけた。皆同じように真似をして補強した」という[77]。湿地に立った一人ひとりの女性の生きる力が、市場形成へとつながり、女性たちの商売の工夫は「新天地市場」の形を変化させ続けた。やがて、商売で大当たりして、一コマだけでなく、複数のコマを手にする女性たちも登場した[78]。

(3)「ヒキヒキー」の絆——本部の人々

「新天地市場」の女性たちは、多くが沖縄島北部にある旧本部村や旧上本部村出身だった[79]。女性が「ヒキヒキー（誘い合う）」と表現される、同郷者の誘いによって、最初は見習いの縫い子として、後には独立して、コマを得て衣類を売った。

「新天地市場」で最初に商いをしたのは、戦後、米軍飛行場に土地を接収された旧上本部村と旧本部村の人々や貧困からの脱出を目指した「戦争未亡人」たちの世代である。旧上本部村の人々は、沖縄戦後、住民が旧久志村にあった大浦崎収容地区から帰還すると、集落も畑も、米軍飛行場として真っ白に敷きならされていた。人々は飛行場とされてしまった元の集落に近い場所に住んだが、1948年12月、米軍は再び土地を接収するために、約500世帯3500人に立ち退きを命じた。農地を失い、さらに再建した家屋まで立ち退きを命じられたことで、人々は故郷での生活再建をあきらめざるを得ず、沖縄島中南部へ職を求めて集団で移り住んだのである[80]。那覇市近郊では、隣接する旧真和志村に戦後できた集落三原近郊に移り、男性は軍作業、女性は雑貨商やミシン業を始めた。1953年2月に「新天地市場」が形成される前、露天で商った「既

製品屋」と呼ばれたのも、この地域の女性たちが中心だったと考えられる。

　「新天地市場」で衣料店を営む前原トキの義母は、旧上本部村桃原の出身だった。義母はズロースを縫った既製品屋だった。当初は十分に材料が手に入らないため、「パンツのゴム紐はタイヤを切った物を入れていた」という[81]。備瀬出身の「戦争未亡人」の女性は、2児を育てるために、「未亡人」仲間と配給米を那覇に運ぶ商売やコーラの街頭販売、護岸工事などあらゆる仕事をした。最後に、那覇市へ出て、初めて使うミシンで既製品を縫い始めたという[82]。「新天地市場」で商いをした旧上本部出身の女性たちは、同郷者同志で誘い合うと同時に、技術を互いに教え合ったため、パンツだけ、ワンピースだけといった同じ種類の商品を縫うことが多かった[83]。

　旧本部村渡久地出身の座覇政為の母親は「戦争未亡人」だった。4人の子がおり、市場で天ぷらを揚げて売るだけでは暮らせなかった。1957年、母親は、高校生の座覇が夏休みに工事現場で働いた金で借金を返済し、子どもたちを残し那覇市へ出た。「新天地市場」で商売をしていた女きょうだいに、誘われたのだった。母親はコマに空きがでるまで、市場周辺でアイスケーキや天ぷらを立ち売りしてしのいだ。なんとか、コマを手に入れると、戦前大阪の紡績工場に女工として出稼ぎをしていた時に身に着けた和裁で、ネル生地の着物を縫った。商いが軌道にのり始めると、故郷に残していた子どもたちを1人ずつ呼び寄せた[84]。

　羽地村立洋裁学校1期生だった仲間トミは、「新天地市場」ですでに成功を収めた元洋裁店主の呼び寄せで、那覇市へ出ている。「右も左もわからない那覇に、いとこから借金して出てきた」。仲間は、洋裁店主の家に住み込んで働き始めた。やがて、独立用に贈ら

れたメルトン生地でコート 10 着を仕立てて卸し、すぐに借金を返すことができた。商売の元手を得て、高価な工業用ミシンを買い入れると、1956 年には「新天地市場」にコマを得て、独立を果たした[85]。

コマの女性の背後には、縫子として働きながら、独立を目指す大勢の少女たちがいた。本部村並里出身の城間美代子は、1953 年に中学を卒業した後、働くために村を出るのは当然のことと考えていた[86]。実家には「両親が食べるためだけの畑しかなかった」からだ。母親の知り合いで、「新天地市場」にコマをもつ同郷の女性の家で住み込みで働いた。その女性は戦前に大阪で洋裁を習い、戦後は本部村で既製品を縫って、那覇市に出て露店を経て、「新天地市場」で商いをしていた。城間が働きはじめた時には、他に住み込みの弟子 5、6 人がいた。15 歳の城間は、最も若い弟子で、子守りから始めて、次にアイロンがけ、ワンピースの裾かがり、ボタン付けと洋裁の技術を一つひとつ身に付けていった。「5、6 年かけて 1 人で既製品を縫えるようになった」という。9 年間、女性の下で修業をして、24 歳になった 1961 年にコマを紹介してもらい、独立を果たした。最初は 1 人でワンピースを仕立てたが、すぐに 4、5 人の縫い子を雇うようになった。

1960 年は「新天地市場」は最盛期を迎えていた。母親が市場で商いをしていた座覇は高校卒業後に本部村から那覇市へ移って仕事をする傍ら、空いた時間に母親の仕事を手伝った[87]。座覇が輸入信用状（LC）を組み、日本から布地を輸入して、他の店主に販売する新しい事業も始めた。当時、縫い子は住み込み 4 人、内職 4 人の計 8 人を抱え、市場でも最も大きな事業所になっていた。母親が当時生産していたのは、米兵好みの派手な刺繍を凝らした土産用の着物だった。旧コザ市の「スーベニール」と呼ばれた土産専門店が

やって来て、倉庫中にある商品を丸ごと買い付けるほど商品は売れていた。だが、はぶりが良くなっても、母親は「戦争未亡人」として味わった苦労を忘れなかった。自分と同じ立場の「戦争未亡人」の女性たちには特別に配慮して着物を卸していた。「倉庫から在庫を自宅にまで隠して、糸満の未亡人のおばさんたちに渡していた。その人たちは米兵のペイデー（給料日）前になると、たくさん着物を仕入れて、バスに乗って金武のゲート前に集団で座って、売っていた」。「既製品屋」が何もない湿地で商売をしたように、糸満の女性たちも、生きるためにゲート前の地面に座り込み、米兵相手に土産物を売ったのだった。

「新天地市場」開場7年目の1959年2月16日の新聞広告がある。「新天地卸市場　琉球一安い市場。琉球独特の市場」[88]。新聞に広告を打てるほどになった女性たちは、「独特の市場」という簡潔な言葉によって、女性たちの生存の軌跡を表現した。沖縄戦で夫を失い、米軍基地に追い出され、行き場を失った女性たちが、那覇市で手に入れた居場所、2尺四方の小さなコマ。コマにうず高く積まれた「既製品」は、朝から晩まで働く女性たちの一人ひとりの「復興」の夢が託されていた。

(4)「既製品村」——旧南風原村喜屋武

那覇市郊外の南風原町喜屋武には、村の名産や特徴を歌う「喜屋武音頭」がある。その4番と5番は女性たちの手仕事を称える。

　　（4番）
　　琉球絣の名産部落　小布端布で衣服も仕立て
　　日々の服装　日々の服装整えて　ギッタンバッタン
　　ソレササ　ソレササ　喜屋武はよいシマ情けシマ　ソレサー

サー

（5番）

　若き乙女はミシンの業も　　副業豊かな我らの村は

　村の乙女は　村の乙女は何時も春　ギッタンバッタン[89]

　喜屋武は戦前から琉球絣（りゅうきゅうかすり）の産地として知られていた。戦後は生活用の布を織る副業もさらに盛んとなっていた。戦前は那覇市垣花（かちぬはな）で生活用の布が織られていたが、戦後は米軍の那覇軍港になり、再興されなかったこともあったという[90]。戦後、女性たちは、那覇市の市場で「既製品」が売れるようになると、各家庭がミシンを購入して参入し、集落約160世帯中、約120世帯にミシンがある「既製品村」と呼ばれた[91]。旧真和志村国場の真和志洋裁学校で学び、ミシン業に入り、もともと地域の人が行っていた布団打ち直しの技術を取り入れ丹前も作った[92]。ミシン業の縫い子の多くは、中学校を卒業したばかりの少女たちだった。

　1948年、南風原中学1期生として卒業した中村トミ子は、同級生の多くがそうだったように高校へは進学しなかった[93]。だが、学びたいと強く思い、友人と誘い合って、その年、旧真和志村に出来たばかりの真和志洋裁学校に入った。戦後すぐに父親を亡くし、母親が那覇で野菜を売って生計を立てていた。喜屋武の多くの女性たちが、那覇市で同様に商いをしており、「既製品」が売れていることから、各家庭が競うようにミシンを買い始めたという。「儲けられるんだろうと、ミシンを買ったと思う」。中村が「仮小屋」と呼んだ茅葺（かやぶき）の家は、戦後、収容地区から引き揚げた時に建てたもので、材木が足りずに床には隙間があり、そこから地面が見えるようなものだった。そんな部屋に、母親は新品の「福助ミシン」を据えた[94]。

母親が那覇から買ってきた食糧配給用の袋をほどいてズボンを縫う布にした。袋2枚分で、大人用ズボン1本ができる。集落にはこの時、専門の染め屋もできていたが、母親は費用を浮かせるために自宅で布を染めた。毎朝、朝食後に中村は布地にアイロンをかけ、型紙をあてて裁断し、ミシンでズボンに仕立てた。「型紙は（講習所で）習ったものと違い、タックを入れるなど工夫した」。中村はさらに、簡単に仕立てる方法も考え、ポケットは布地を上から縫い付けることにして、1日5、6本のズボンを縫い上げた。「既製品」が売れる旧盆や旧正月の前には、1日に10本縫うこともあった。深夜までかかる時は、集落内で個人がモーターで配電していた電気が頼りで、裸電球の下でミシンをかけた。だが、送電は午後10時まで。「電気が切れたら、ミシンにロウソクを立てて縫った」という。ミシンがけが、深夜に及ぶことも度々あり、夜遊びから戻る青年の下駄の音が聞こえる頃に、仕事を終えるようなこともあった。

　母親は、完成したズボン持って早朝、那覇へ卸しに行った。「あの時までは座る所はなかったから」と中村が言うように、母親は露天で商った「既製品屋」だった。商品は売れたものの、「食べることは出来たが、生活はよくならない。それでも毎日やっていた」という。売り場をもたずに、安値で商品を卸すだけでは、十分な利益を出すことはできなかった。

　だが、野原ヨシ子が数年遅れでミシン業を始めた時は状況が違っていた。当初、野原は中学を終えた後、2年ほど母親とともに絣を織っていた。しかし、周りの家が「既製品」を縫い始めたので、「蛇ノ目ミシン」を買い込み、ミシン業に参入した。その後、母親が「新天地市場」にコマをもったため、家族全員が分業して製品を作った[95]。喜屋武の女性でコマをもったのは5人ほどだが、野原

の母親は戦前、絣品評会の検査役をするほど腕が良く、やり手だった。母親は市場で商いをする間、父親が農業をして、家では子どもの世話をした。夕方、母親が市場の帰りに布地を買って帰ると、夜に父親が型紙に合わせ裁断をした。早朝、野原が裁断された布を縫って、ズボンを完成させた。当初縫っていたものは、デニム生地を使ったズボンで、集落の言葉では「カッパイー（堅い）」と呼ばれた。野原は19歳で結婚して家を出たが、その後も実家のミシン業を続けた。その頃には、学校を終えた妹もミシンを使い、姉妹が2台で製品を縫った。「父は免許を取って車を買って、市場に母親を送るようになった。（ミシン業で）車を買ったのも喜屋武でも2人ぐらいだった」。商いは上り調子だった。そのころ縫っていた製品は、デニム製の「カッパイー」から替ズボンに変わっていた。「少し難しくなっていた。上等な生地を買ってきて、後ろは玉縁の袋ポケットに仕上げる。『カッパイー』とは全然違う。勤め人が着るようなもの」。野原は忙しくて那覇に出るようなことはなかったが、家でミシンをかけながら、縫う製品を通して、時代の移り変わりを感じとっていた。

　野原はミシンに特別な思いをもっていた。戦前、喜屋武の集落には2台、ミシンを持っている家庭があったと記憶する。幼いころ、「卓上に置いたミシンを使う女学生の姿を垣根越しに眺めた」。憧れのミシンは、意外にも沖縄戦の後、家にやってきた。日本軍が壕に隠したミシンを、父親が探しだし、家に保管していたのだった。ミシンが家に来た時のときめき、誰にも教わらず動かしてみて、家族の服を縫い上げた時のうれしさは、忘れることはなかった。だが、そのミシンはすぐに人の手に渡ってしまった。幼いきょうだいたちがいて、中学校を卒業した時も学費が心配で、洋裁学校に行きたい

と言えなかった。家がミシン業を始めた時も、ミシンの扱いも洋裁技術も全て独習し、仕事を通して技術を磨いていた。ミシンは野原にとって、1人で学ぶ学校のようなものだった。「アメリカ洋服をはずして見返しだけで、六枚はぎのスカートを作った。型紙とか無く自分の考えで。私は『趣味』があったから」。こうした言葉で表現されたのは、「既製品村」という表現からはこぼれる少女たちの希望だった[96]。

5　ミシンという希望

(1)「カトリ縫製」

　「新天地市場」ができる少し前の那覇市の「しちゃまち」。風呂敷を広げて商う女性たちに交じり、カトリック開南教会のミシン部の少女たちが、下駄の鼻緒を売っていた。「ミシン部」は、ミシン板を動かす稽古から始め、注文を受けた高校の名札や鉢巻きを縫い、市場で売るために下駄の鼻緒を作った。市場には、石川吉子ら少女たちが交代で立った[97]。「下駄の鼻緒を、ソーメン箱みたいなものに布を敷いて置いた。よそのお店のかたはらぐゎー（側）を貸してもらって、売っていた」。靴が手に入らず、皆が沖縄製の下駄をはいたが道が悪く鼻緒が切れたため、替えが市場でよく売れていた。

　「ミシン部」の女性たちは、腕が上達すると衣類を縫い始めた。神父が米軍から布地を仕入れて、大人用のワンピースを仕立てた。市場には、軍払下げの茶や緑色の軍服を売る衣料店が多かった。「ミシン部」の色鮮やかなアメリカ製布地で作られたワンピースは、目をひく商品で人気を集めた。しばらくすると、神父が米軍人の

家庭から仕立ての注文を受けるようになった。「既製品」ではなく、高価な布地を用いて、一点一点の注文に応じるオーダーメイドの受注だった。時間を決めて、米人の女性が仮縫いにやってきて、調整しながら丁寧に仕立てる。オーダーメイドは納期があり難しかったものの、「ミシン部」の仕事は安定し、市場で「既製品」を売る必要はなくなった。津波古敏子は「（アメリカの）夫人たちは『ヴォーグ』を持ってきて、こういうのを作ってほしいという。だけど、製図は載ってないので自分で考えた」と苦労を話す。洋裁学校では十分に習わなかったパターン起こしや高度な技術が必要になると、その都度、洋裁学院の講師に教えを請うた[98]。まだプロとは言えない少女や「戦争未亡人」たちに、米軍人家庭が注文を与えたことを、「貧しい人たちのためにと（注文）を持ってきたと思う」と慈善的な意味合いがあったとする[99]。「ミシン部」もこうした期待に応えるために、製図や裁断、縫製を分業で取り組む態勢を整え、それぞれが技術を磨いた。こうした事が後に大量に生産する必要がある制服受注に役立つことになった。

　ある時、教会付属の幼稚園の紺の上下に白いカラーのブラウスの制服が、かわいらしいと評判になった。それからは次々と仕事が舞い込んだ。米軍の社交クラブ「ハーバービュー・クラブ」のウェイトレスの白い制服、沖縄中央病院看護学校の制服、バスガイドの制服など、「ミシン部」の仕事は制服が中心となっていった[100]。当時、軍が運営していた電力や船舶・食料などの各部門が民間企業として独立していた。こうした企業からも制服の注文が入った。食糧配給機構が1950年に沖縄食糧株式会社として発足すると、「FOOD」の刺繍を背中に入れた作業用ツナギの制服の注文も来た。石川は「やり方が分からない。考えた末に、刺繍枠をはめ、ミシンの押さえ金

をはずし、手で加減して刺繡を入れた。刺繡糸もなく、一文字を仕上げるのにとても大変だった」と振り返る[101]。津波古は「制服の仕事は一度に何十着と縫う。夏服と冬服の切り替え時期には徹夜することもあった。普通は午前8時から午後5時までだが、そうは言っておれなかった」という。ミシン部の仕事は、沖縄社会の「復興」とともに成長していった。

　ミシン部創立15年目の1965年、沖縄カトリック教区は、「戦争未亡人」救済が一定程度の役割を果たしたとして、「ミシン部」の女性たちに自立するよう求めた。女性たちは戸惑いながらも那覇市内に事務所を借り、カトリックから取った名前を付けた事業所「カトリ縫製」を立ち上げた。その時残った職員は宮平芳子ら「戦争未亡人」2人、上間悦子ら若い女性たち約10人だった。「いろんな仕事がいっぱいきて、けっこう給料も良かった」という。茶色の半ズボンのアメリカン・ボーイ・スカウトの制服、盛んになりつつあった観光業の花形であるバスガイドの制服などを引き受けた。「ボーイスカウトは8歳から15歳の年齢を作っておかないといけない。毎日買いにくるので、年から年中作っていた」。ガイドの制服は複数の会社に衣替えに合わせ採寸に出向き、仕上げた。しかし、1972年、沖縄の施政権が日本に返還された「復帰」が一つの転機となった。米軍占領下の沖縄のアメリカン・ボーイ・スカウトは、日本ボーイスカウト連盟の一支部となったため、「カトリ縫製」は仕事の大きな柱を失った。その後も、銀行やバス会社の制服を受注したが、1985年「ミシン部」設置から36年目に解散した。

　「カトリ縫製」で働いた上間はその後も裁断の技術を生かし、仕事を続けた。街中で、「カトリ縫製」が手掛けた銀行やバスガイドの制服を見かけると、「頑張って作った制服。うれしかった」とい

う。上間は、結婚と子育てをしながら、半世紀近くミシンの仕事に携わった。母を助けるため高校進学をあきらめ、ミシン業の道に入ったが、「ミシンで生計を立てる、これ以外に私にはできなかったんだと思う」と言う。選択肢は多くはなかったが、自ら選んだ道を信じ、ミシンとともに前へ進んだ。「教会の教えもならい、人間らしく成長した。父が元気だったら、おそらく教会も洋裁も知らない（知らなかった）。苦しい時に、『ミシン部』で育てられた。ミシンは恩人」と言う。

(2) 希望の道具

　1949年、八重山の洋裁ブームを伝える記事は、洋裁を学ぶ若い女性の言葉「貞操の次にくる重要なことと思います」を紹介している。その理由を、結婚したらミシンで家族の衣生活を支え、もし夫に不測の事態が起きた場合は、ミシンで身を立てられるからだとしている[102]。「貞操」とミシンを同列に並べて言及する言説は、ミシンが妻や母として模範的な生き方を象徴するものとしてイメージされていたことを示している。1951年には、別の記事がやはり同様な視点から書かれている。戦後の混乱で生活が立ちいかなく、自暴自棄になった母親に捨てられた19歳の長女が、幼い弟妹8人の面倒を1人で見ているという記事が大きな反響を呼んだ。その結果、義援金を受け取ることになった長女は、ミシンを買って生活を立て直したいという考えを抱いている。理由は、「恒久的な自活の途を拓くこと」と「家庭にあって幼い者たちを見守る」ためだった[103]。長女にとってミシンとは、壊れた家族を再生するためのものであり、八重山の若い女性が抱いたように、そこには当時の社会に模範的な母や女性の生き方を実現するものとしてのミシンへのまなざしが

あったことがわかる。

　羽地村立洋裁学校で教え、後に新聞記者になった伊波圭子の1950年4月に書いた記事にもこうした女性が登場する。洋裁店店先にたむろする「パンパン」となった女性たちだ[104]。「『足を洗って洋裁店をやりたい』これはヤミの女達の希望であるとか」。「若い2人の洋裁師はまた彼女たちの尊敬を一身にあつめている。ここにさえおれば、MPもCP（Military Police＝米軍警察、Civilian Police＝民警察）も彼女達をそくばくしない」。社会から排除された彼女たちが安らげる場所が、女性の洋裁師が働く洋裁店の店先だった。伊波の温かい筆致は、自らも冷静な観察者としてではなく、その場への共感を示す。

　だが、「パンパン」の女性の一言が、伊波・洋裁師と「パンパン」女性との間を一瞬で隔てる。「私達は汚いでしょ。汚らわしいと思わない。姉さん達いいわね」。女性は36歳の「戦争未亡人」だった。夫を失った彼女は、生活の面倒を見てもらう約束で、子のいない夫婦の代わりに子どもを産んだ。しかし、約束は破られてしまう。そして、自らの子も、病で失ってしまったのだった。その後、女性は「パンパン」として生きていたのだった。「これが私たちの運命というものでしょ」。いくつもの希望を手折られ、絶望を生きる「戦争未亡人」は、投げやりな言葉を発する。しかし彼女は、すぐに言葉を継ぐ。「だが、私ミシンでも1台買って、この泥沼から逃れたい」。ミシンは、「戦争未亡人」にとって、裂け目を越えて、洋裁師と伊波のいる場に再び立つ方法であり、生きるための一筋の希望だった。ミシンが象徴する妻や母親の模範と「貞操」。手にいれることはもう無理かもしれないものを求めて、彼女は洋裁屋店先をうろつき、ミシンを踏む洋裁師を憧憬していた。「戦争未亡人」の女性は、

戦争と占領の暴力にさらされ続けてきた自らの生を、ミシンによって生きなおしたいと願ったのだった。彼女の祈りのようなつぶやきを、伊波は聞き逃がすことなく、書き留めたのだった。

第 2 章

移動と引揚げがつくった「金武湾」という地
―米軍占領下、沖縄の生存と労働―

1945 年 5 月、沖縄戦で米兵の説得に応じて壕から投降したやせ細った女性。米兵に渡された缶詰をかきこんでいる。（沖縄県公文書館所蔵、「米国海兵隊 『米海兵隊写真資料 12』」0000112255、写真番号 78-11-4）

1 忘れられた「金武湾」

うるま市具志川、金武湾を見渡す赤野の浜に、一つの碑が立つ。「旅や　浜宿り　草の葉と枕　寝ても忘ららぬ　我やのおそば」(旅は浜に宿をし、草の葉の枕　寝ても忘れられない　私の親のお側)。沖縄でよく知られる琉球民謡「浜千鳥(ちじゅやー)」の元となった琉歌だ[1]。首里王府時代に汚職事件に巻き込まれて、首里を追われた男性が、具志川の浜で寂しく暮らした時に詠んだと言われるもの。戻ることができない故郷、会うことができない親を思う悲しさを表現した歌だ。「浜千鳥」の歌碑のある赤野の浜を南へ進むと、地元の人々が「ブラマの浜」と呼ぶ場所がある。ここは、米軍占領下で、物資運搬の海上拠点だった。

米軍は「ブラマの浜」をブラック・ビーチ[2]、旧日本軍が物資運搬に使った勝連半島南側の平敷屋の浜をホワイト・ビーチと名付け、LST (Landing Ship Tank＝戦車揚陸艦) が接岸する米軍港として利用した[3]。これらの港には、大量の物資が陸揚げされ、その荷役作業に当たったのが那覇市の垣花出身者[4]だった。沖縄戦後1945年10月、沖縄の人々の収容地区からの帰還が始まったにもかかわらず、垣花を含む那覇市民は収容地区に残留していた。帰るべき那覇市が物資集積地区となっており、移動することができなかったためだ。その中から、垣花の仲仕たちが、この一帯へと移動してきた。海沿いの元々は畑や原野だった場所を米軍が「キャンプ・チンワン」として使っていた。そして、垣花の人びとが住み始めてから、「金武湾」と呼ばれるようになった。

1945年8月、金武湾を望む、旧石川市や旧具志川村の農村地帯

などに、米軍政府や沖縄側の行政や教育機関が次々と設置された[5]。旧石川市には米軍政府の諮問機関の沖縄諮詢会[6]、旧具志川村には、沖縄文教学校や沖縄英語学校[7]、東恩納博物館[8]などが置かれた。米軍港から搬入される食料や衣料、資材を保管する倉庫群、各地へ運送する車両が集結したモータープール（車輌の待機場所）。戦前の人口がわずか1万6000人だった地域は、3万人余へと膨れた[9]。垣花の仲仕が住んだ「金武湾」もまたそうした賑わいの中で生まれた集落だった[10]。「浜千鳥」に歌われたように、故郷を追われて帰郷という旅の途上にいる人々だった。

　最盛期の「金武湾」には、約5000人が住んだと言われる[11]。1946年末に那覇軍港で働くために垣花の人々が移動し、同年に始まった県外・海外引揚によって行き場のない那覇市出身者がここに移動させられている。しかし、1950年代初頭になると、那覇市が開放されたため移りすむ人々が増えた。「金武湾」はわずか数年で、空き地が目立つ寂しい集落に変貌した。集落の名前であった「金武湾」という名は、今は多くの人にとって沖合の湾の名としか、知られていない。

　ここで子ども時代を過ごした70歳代の元教師は、「30年の教員生活で、『金武湾』について同僚に話しても知っていたのは数人だった」と話す[12]。元教師や金武湾で子ども時代を送った人々が、2016年に「金武湾を語る会」をつくり、記録活動を始めた。かつて「金武湾」で子ども時代を送った彼らの世代が記録しなければ、もはや記録を残すことが不可能になるからだ。「浜千鳥」の歌のように、旅の宿だった「金武湾」は、わずか数年しか賑わいがなかった場所だが、これほど個々の人に愛着をもって思い出される一方で、他の人には全く知られていないのはなぜだろう。

「金武湾」の記憶が忘れ去られたのは、生存と労働、「復興」が絡み合いながら、人々の移動と再移動が繰り返されたことにある。それは外形的に「金武湾」を賑やかにもし、やがて急速に衰退させた。その過程で主体が再編され、コミュニティも流動性を内包し、変化していった。「金武湾」という地域のとらえがたい複雑さはこうしたことが原因になっている。

　移動を研究する伊豫谷登士翁は、主体の名付けによって、移動の過程が空白化してしまい、移動後の「正常な回帰」だけが語られると指摘する [13]。「金武湾」は、これまで北部収容地区から那覇市出身者が移動し、「金武湾」を経て、「那覇港湾作業隊」という名で、那覇市近郊の特別行政区域「みなと村」へと移動したと記述されてきた [14]。しかし、この移動の中心をなしてきたのが、那覇市垣花出身者の集団であったことは、注目されることはなかった。収容地区からの那覇市民の移動がとりわけ困難だったのは、帰還先がなく、就労先がなかったことが理由である。しかし、垣花の人々の仲仕という労働特性のひとつが、米軍政府の移動と労働の管理で、重要な意味をもっていたのである。しかし同時に、軍労働に仕事を確保して移り住んでいくことは、集団から、働くことができない人々を移動の度に置き去りにしてしまうことでもあった。

　垣花の三つの集落、住吉町と垣花町、そして山下町の一部は、現在もなお那覇軍港として接収されている。住んでいた人々の元の集落への帰還は未完となっている [15]。沖縄の戦後と基地問題を語る中で「基地に消えた故郷」という問題設定は、むしろ垣花の人々よりは、沖縄島中部の嘉手納飛行場や普天間飛行場の周辺において、メディアによってしばしば取り上げられてきた。伊豫谷が指摘する「正常な回帰」とは、この場合、米軍基地が返還され、元の集落に

帰還することだといえる。米軍基地の返還がすぐにはみこめないために、「戻ることができない」という当事者の複雑な思いと経験は、常に基地返還後の帰還、または基地跡利用の来るべき未来に重点が置かれた、「正常な回帰」を希求する物語に回収され、現在までの来し方は注視されにくい。そのため、伊豫谷が指摘する、「仮」の場所の移動経験、共有制の維持と再編、場所の創造、移動の創造を歴史化するという課題が残されるのである[16]。「金武湾」もまたそうである。

　本章は、「金武湾」を、人々の移動と再移動の途上で形成された「生活圏」として、記述する。「正常な回帰」に向けて、再移動の機会を待つことが、「生活圏」に流動性をもたらしていた。再移動の条件、就労が提示された時に、出自を元に集団をつくっていた人々は次なる移動を選んでいった。同郷集団は労働、移動という要因によって再編されていったのである。「金武湾」を記述することは、「正常な回帰」をより詳細に記録したり、補完するためではない。移動と主体の再編に着目して、占領下の人々の生存を描くことが目的である。そこには、不動の土地を係留点とした歴史叙述からは見えなくなる人々がいる。

　まず、「金武湾」が、いかに書き残されてきたのかを簡単にまとめよう。同区があった旧具志川村に関する戦後の記録『村勢要覧1959年版』は、「金武湾」の始まりについて、那覇市垣花の人々が集結して「金武湾」集落が形成され、海外引揚者も入ったと紹介する[17]。「金武湾」に関する記述が深まるのは、2000年代の『具志川市史第5巻　戦争篇　戦時記録』（2005年）編纂によってであり、「金武湾」を、他の5ヵ所同様、軍労働者の集住地区「カンパン（Compound, 労働キャンプ）」として位置付けた[18]。また、編

纂の過程で那覇市出身者による2つの座談会を記録にまとめている[19]。旧具志川市具志川区による字誌『具志川字誌　上巻』（2012年）と『具志川字誌　下巻』（2013年）は、前述の『具志川市史』の視点を踏襲し、地元住民から見た那覇市出身者の集落として記録した。しかし、双方とも、地元の歴史を記録することが主眼であり、「金武湾」を移動の視点からはとらえてはいない[20]。

　では、「金武湾」にいた那覇市出身者にとって最終の帰還地であった那覇市ではどのように記述されているだろうか。那覇市企画部市史編集室による『那覇市史　資料編第3巻第8　市民の戦時・戦後体験記録　戦後・海外編』（1981年）は、「那覇港湾作業隊」として「みなと村」へ再移動した人々について触れている。しかし、証言者は、作業隊の規模拡大以降に参加したとみられ、「金武湾」に居住しておらず、また垣花出身でもないため、「金武湾」への言及はない。移動の結果、流動化する主体をとらえて、歴史経験を書くことは難しく[21]、前述の「語る会」が、金武湾小中学校の同窓集団であったように、つながりが継続しやすい社会集団としての学校の記録が、みなと・城岳中等学校、垣花尋常小（国民）学校などの学校誌として残されている[22]。那覇軍港となった垣花の土地を歴史の係留点ともできず、移動経験を取り込みながら断片的に書かれた歴史しか垣花の人々は、これまでもつことができなかったといえるだろう[23]。

　また、戦前・沖縄戦・米軍占領下という時代区分が、個人や集団の連続する経験を、ばらばらに記述しているという問題がある。移動の経験は、沖縄戦の記述では、疎開、「北部引揚げ」、戦場の彷徨、収容地区への送還・帰還として、戦後の日本と海外からの引揚げは主に移民研究の分野[24]で考察されてきた。また沖縄島内の収容地

区からの帰還は地域誌の分野で、各集落の「復興」の始まりとして記述されてきた。しかし、連続する経験を、時代で区分することは、重なりあう経験を断片化し、人々の生きた経験として捉えることを難しくする。本章では、時代区分によって断片化した移動の経験を接合し、人々の連続する経験としてとらえ、「生活圏」における共同性の維持と再編[25]を考察する。

2 那覇出身者の生存

ここでは、那覇市垣花の人々の経験を連続したものとして考えるために、戦前・沖縄戦・米軍占領下という区分ではなく、生存の危機にさらされた人々にとって、食料と労働が生きる条件となっていたことを人々の身体から考える。

(1)「ナファシラミ（那覇のシラミ）」

1944年10月10日の「十・十空襲」以降、那覇市民の疎開者が押し寄せたことで、シラミが増えたという意味の「ナファシラミ（那覇のしらみ）」という、沖縄の言葉が、沖縄島北部にはあった[26]。この言葉は、農村地域の人々の生活が疎開民の集中で急変したことに対するいら立ち、生活基盤や収入の術を失った那覇市民の窮状を同時に写し取っている。こうした言葉が使われたのは、沖縄戦直前の中南部から北部への住民の「北部引揚げ」の移動があったからである。沖縄県は1945年2月、日本軍が6ヵ月分の住民食糧確保、老幼婦女子の北部への緊急退避を要請した事で、人口移動と食糧関係の2業務に集中する戦時行政へ転換し、3月中に10万人を北部へ移すことを決めている[27]。戦場になる中南部で戦闘の邪魔とな

る住民を立ち去らせること、同時に人々を食料生産に従事させることが目的であった[28]。民間人用の食糧は、すでに枯渇していた。「十・十空襲」で、那覇港に陸揚げされていた沖縄県民用の食糧は焼失していた。1945年2月にはもはやその食料はほとんど底をつき、盛んに食糧増産が取り組まれていた。那覇市では、「十・十空襲」で、この時に、既に配給網も崩壊していた[29]。那覇市民にとっては、配給食料もなく、農業経験もないにもかかわらず、畑を耕し自活せよ、という無理な命令を下されたのだった。

那覇市民の避難先に指定された大宜味村は、福地曠昭によって、喜如嘉集落の資料が残されている。同村は、避難民が来る以前の人口は約7500人にすぎない。しかし、そこに沖縄県が割り当てたのは、那覇市民1529人、真和志村民4212人、豊見城村民2674人、他の地域からも合わせ1万438人という、人口をはるかに上回る人数だった[30]。同村に来た引揚者は、地元民が使っていない土地を畑にするための共同作業や、非常食のソテツ採取に参加を求められている[31]。また、食料配給に制限が加えられ、「今回十月十日ノ空襲後本村ニ避難セル（罹災者ヲ含ム）者ノ中」、世帯関係者が村内に土地や家屋を所持するなど余裕がある者の米配給を停止する方針が出されている[32]。食料生産への動員、配給制限など次々と打ち出された措置は、村の食糧事情のひっ迫を反映していた。

1945年4月1日の米軍の沖縄島上陸後に、大宜味村役場は、保管していた約3トンの米を村民や疎開者に一部分配した[33]。これが同村最後の配給で、4月初めのことと考えられる[34]。これ以降、配給は途絶え、「引揚者」は、頼みの綱を断たれた結果、戦闘の間をぬって山中で食料採集をせざるを得なくなり、飢餓へと追い立てられていくのである[35]。

那覇市垣花の住まいを「十・十空襲」で失った登川キク子と家族は、空襲後、隣接する旧豊見城村や兼城村などを転々として暮らしていた。そして、1945年2月の沖縄戦直前の北部への「引揚げ」の時、那覇市民は指定された大宜味村へ避難している。村に到着すると、あらためて引き受け集落が決められ、他の家族とともに謝名城集落に割り当てられている。大宜味村は山を背負い、浜沿いに集落が広がる地域だった。割り当てられた謝名城は、そうした浜辺の集落と違い、何度か山を越えた山中にあり、地元の人びとが避難民のために建てた避難小屋は、集落からさらに山奥へ2キロほど入った場所にあった。

　登川の家族は、携行が許可された荷物一袋を役場宛てに送っていたが届かなかった。中身は家族の服とわずかな保存食だった。登川は、山奥の避難小屋には配給がなかったと記憶する。すぐに、「食料地獄」に陥った。毎日、家族は避難小屋を出て、あちこち歩き回り食料を拾い集めた。カエルや蛇、シイの実、木の実、野草、口にできる物は、手当たりしだい拾った。他の家族も同様だ。街育ちの登川らにとって、食料探しは難しいことだった。運がよければ、数日に1回、カエルにありつけた。家族が捕まえた1匹はたいそうなご馳走だった。「1匹全部を1人で食べることはなく、家族で少しずつ分けた」。避難小屋の周辺で、どうしても、食べる物が探せないと、山道を1時間半も降りて、謝名城の集落へ出た。この山奥の集落でも食料はほとんどなかった。住民の芋畑にそっと入って掘り残しがないか探すが、ありつけるのは根のような細い芋だった。だから、芋の葉が残っているだけでも、ずいぶんましだった。「芋の葉を水炊きした。調味料はなにもない。のとのとーした（トロトロとした）よだれがでる。それを丸のみした」。なんの味もない葉っ

ぱで、食いつないだという[36]。

　那覇市前島出身の西平メリ子は、久志村三原の避難小屋を朝出ると、歩き回って家族10人のために食べ物を探すのが日課だった。野草が目に入ると「うり、かまりーしなー（これは食べられるかな）」と村の人に聞いて、食べられると分かれば大切に持ち帰った。持参した米はすでになく、地元から分けてもらう食糧は足りない。汁一杯の食事に野草を入れて具を増やした。1945年6月には集落の食糧が底をつき、危険をおかして村民とともに集落外への食糧探しに出始めた。厳しい山道10キロを上り、日本軍が放置していた食糧集積所から米をとり、わずかな米をかかえて走り続けた。「あっちで採って、きょうはどこへ行ってと。帰ってきたら日が暮れている。1日がとても早かった」。三原の集落内には、多くの那覇市民が避難していたが、互いに打ち解ける余裕もなく、食料を探すのに必死だった。

　戦闘はまだ終わっていなかったが、食料が払底し、もう自宅へ戻ったほうがいいと「那覇突破」を目指すが、米軍の攻撃の中を動くことはできなかった。15キロの山道を越えて、親族とともに東海岸の名護町大南へ出た。「避難民が芋ほりをしても大丈夫らしい」と聞いたからだ。大勢の避難民が畑で芋を掘っていた。川向こうには米兵たちの姿があったが、避難民の芋ほりはそのままにしていた。西平らの戦争は終わらず、山から下りては食料探しがずっと続いた[37]。

　地元の人々もまた、自前の食糧を確保しなければ餓死する危険があった。大宜味村津波では、3月末から村役場とも連絡がとれず、「ナーアガキ、アガキ（めいめい個人で生きる方法をさがす）」していた。課題は、米軍の攻撃、食料を要求する日本軍への対応、甘藷

畑を守ること――だった。他所から甘藷を掘りに来るのを阻止する
ために、進入路をふせごうと、「住民防衛隊」10人が、やって来た
人を銃で追い返したという[38]。一方、地元民は、山中の那覇市民
の姿を伝えている。「(山に隠匿された避難米を) みんな奪いあって。
那覇の方なんかは、足腰も強くないから、ヤンバル (山原、沖縄島
北部の通称) の人のように、荷物をもってあんな傾斜の道を上がる
ことはできない。取り切れない人もいたさ」[39]「畑をもたない避難
民はみじめであった。班ごとのちり捨て場をあさり、芋の皮を奪
いあっていた」[40]。「『この子に食べ物を恵んで下さい。母親より』
と書き残し死んだ母親もいた。山中のあちこちの木の下には死者を
埋葬した土まんじゅうがあった」[41]。同じように配給が断たれても、
ふだん農業や山の暮らしが日常の地元の人々と、那覇市民とでは大
きな違いがあったのだ。地元の人々が見た那覇市民の姿は酸鼻を極
めるものだった。

　閣議決定によって、沖縄島北部へ送られた人々は、民間用食料が
足りなかったため、自力で食料を生産することを求められた。しか
し、もともと畑が少ない北部でそうした沖縄県が描いた方針は絵空
事だった。とくに農耕の経験がない那覇市民は、採取生活を強いら
れ、次々と餓死していったのである。

(2) 生存のための労働

　沖縄戦時のやんばるで、どれほどの餓死がでたかはわからないが、
2万人という指摘もある[42]。かろうじて、生きながらえた人々は、
米軍の「捕虜」となって下山し、村々に設けられた収容地区に連れ
て行かれた。しかし、飢餓と長い避難生活のために衰弱した人々は、
収容地区でもマラリアなどの蔓延により次々と死んでいった。

「戦争は負けたらしい」と聞いた避難小屋の人たちは、民間人の着物姿の敗残兵が掲げた白旗を先頭に山を下りた。登川キク子は「下山した日ははっきりしない」と振り返る。山中での苦しさが記憶を遠ざけているのだ。1944年の「十・十空襲」から避難をずっと続けて9ヵ月たったころ、1945年の7月か8月ころだ。大宜味村喜如嘉では、民家に分散して住んだ。喜如嘉では米軍の配給で食いつないだが、食べたのはメリケン粉だけという記憶しかない。「水を沸騰させ、メリケン粉を入れ、溶く。味も何もない。空腹を満たすだけだった」。配給では足りず、食料探しは続いていた。避難小屋にいたころは、山中に救荒食物のソテツはなかった。山を下りて、ソテツに初めてありつけた。見よう見まねでソテツを切り出し、幹を割る。芯を取り出し、川で水にさらして毒を抜く。それを砕いてデンプンにし団子を作ってゆでた。こんな処理を2、3日おきに繰り返さなければならなかった。「それでも、ソテツはごちそうだった」。

　家族は無事だったが、他の「引揚者」の幼児や高齢者は次々と亡くなっていった。登川の父親は、死者を運ぶために毎日呼び出された。「きょうはあの家、明日はこの家というふうに手伝っていた。そのうち、登川もマラリアを発症した。1946年1月、辺士名ハイスクール女子部に通い始めてやっと生活らしいものがもどってきたと思っていたころだ。ぞくっと寒気を感じると、じきに震えがくる。友だちとおしゃべりをしていても、その予兆があると、急いで家に帰った。横になり、毛布をかぶる。寒気でがたがたと震えがくる。家中の毛布や服を掛けても、震えは止まらない。母親が体におおいかぶさるようにして温めてくれた。「意識はある。とても寒くて、震えは30分ぐらい続いた」。震えが止まっても、力が抜けて、ぐっ

写真6 1945年7月、久志村辺野古の大浦崎収容地区で呆然とする女性。ここに連れてこられた那覇や伊江の人々は、萱や木の枝を拾い集め、生活の場をつくった。（沖縄県公文書館所蔵、「米国海軍『米海軍写真資料2』」0000112177、写真番号112-11-4）

たりする。登川は、若かったから回復できたという。「年寄りだったらもたない。衰弱している人がかかったら助からなかった」[43]。喜如嘉で亡くなった人々の名前は、「疎開者（避難民）死亡届受付簿（1945.7－12）」に記録されているが、記載者269人中、那覇市出身者は44人にも上っている。

　沖縄島北部の収容地区には、北部で「捕虜」になった人々に加え、沖縄島中南部で保護された人々で北部地区へ移動させられた人々がいた。沖縄島にいた約30万人のうち25万人が、石川と仲泊を結ぶ6号線道路より北側にいたのである。「食料は1日分の手持ちがあればそれで十分といった状態」だったという[44]。この移送は、人々を北部に送っている間に、米軍が普天間飛行場など、現在の沖縄に

ある米軍基地の建設を進めるためだった。最大で北部収容地区には、約25万人がいたとされる[45]。収容地区から外へ出ることは禁止されており、その結果、沖縄の人々も動員して回収された食料や衣類など、全て米軍の配給に頼っていた。

食料に関して、配給量の確保や輸送など米軍の運営のまずさから、収容地区では飢餓が起こっている。こうした状況が重なり、収容地区までたどり着いた衰弱者をさらに死に追いやったといえる。こうした死者には空襲で焼け出され、1944年10月以降、避難を続け、やんばるの「引揚げ」の最中、採取生活を強いられた那覇市出身者が目立つ。

破壊を免れた集落が収容地区となり、1945年6月から、軍政府は人々にレーション（兵士用の野戦携行食）の配布を始めた。軍政地区の食料22％にあたる100万から150万食が軍政府から配布された。秋以降、人々は75％を軍政府支給に頼り、月750万食が配布されていた[46]。しかし、10月に、辺土名と田井等で起きた飢餓は、米軍の食料輸送の失敗が原因だった。前月の9月、米軍が、沖縄島南部から北部地区へ輸送する予定のレーション150万食が、台風のために届けることができなかったのだ。その頃、米軍は、朝鮮と日本間で邦人を引揚げさせるための船舶確保を優先したため、沖縄の食料輸送用の船が確保出来なかったという。その結果、9月27日から、沖縄の人々の食糧配給は、レーションを半分に減らされてしまう[47]。10月にもなってもその状況は変わらなかった。収容地区で当初計画された農耕による食料生産は成功せず、人々はレーションなど配給のみに頼っていた。田井等では同月ほとんど配給がなく、1度だけ芋1人当たり22匁（約83グラム）あっただけだった。病人が8000人ほどでていた。辺土名市では2人が餓死し、瀬高市

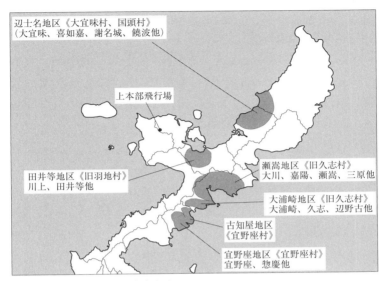

地図1　沖縄島北部の民間人収容地区
　名護市史編さん委員会編『名護市史本編・3　名護やんばるの沖縄戦　資料編 3　米軍政府と民間人収容地区　1945-1946 年　名護・やんばるを中心に』名護市役所、2019 年、345 頁を参考に作成。集落名は本文に登場する場所だけを記載。

ではマラリアで 700 人が死亡していた[48]。

　米軍の配給食糧の陸揚げや管理は、占領直後から失策続きだった。陸上の運搬を担う陸軍は、陸揚げや運送の車両が不足し、レーションが港に到着しても陸揚げできなかった。代わりに海軍が、東海岸の物流拠点から陸揚げすることで陸軍と合意した。10 月 24 日になってやっと、沖縄の人々の食糧配給は以前の状態に回復したという[49]。しかし、その間、飢えに耐えかねた人々が収容地区を抜け出て、立ち入りが禁止されている軍管理地区の中に入って、食料を探しまわった。そのため、1 日平均 125 人が捕えられ、拘留される事態となっていた[50]。

(3) 収容所の失業者

　戦後、世界中で食料総量が不足する中で[51]、米軍にとっても収容地区の人々への配給は大きな負担だった。1945年7月には1日平均29万5000人に食料をあたえており、輸入食糧率は59％に達していた。7月までに地元で調達できる食料が底をつき、さらに戦闘後に残っていた畑や灌漑システムも基地建設によって破壊されたためだった[52]。10月末、米軍は人々の労働力を沖縄の「復興」に生かすため、軍が使っていない地域へ順次、人々を帰還させ始めた[53]。しかし、この時、那覇市民は帰るべき場所がなかったのである。那覇港を物資運搬拠点としていた米軍は、米軍施設や倉庫地帯として広大な面積を接収しており、沖縄戦前に官庁、商業地域、交通拠点が集中した那覇市のほとんど全てを米軍が使用していると言っても過言ではなかった。

　人々の労働力を「復興」に有効にいかすため、米軍はそれまで無償で配っていた食料配給をこの時から労働と紐づけるような形に制度を徐々に変更していった。最終的には現金で購入する形にした。こうした変更は、帰る場所を失い、収容地区に残留したまま就労することができない那覇市民をさらに苦境へと追いやっていったのである。

　そうなると、北部収容地区から那覇市民をどこへ送るのかが大きな問題となった。移動場所を巡って、沖縄側代表の沖縄諮詢会（後に沖縄民政府）と、海軍軍政府の間で定期的に行われた軍民連絡会議では、頻繁にやりとりがなされている。1945年9月、那覇市民の中から希望者を島尻と中頭に移動させることが決まる[54]。しかし、那覇市へ移動したいという要望については、海軍軍政府は、那覇市

は「商工方面」という方針を示すに留まっている[55]。この時、陸軍は、戦前に耕作地が集中していた6号線道路以南で、2万9180エーカー（118㎢）の農地使用を認めなかった[56]。すなわち、中南部では戦前の農地36%しか使えないことを意味した。戦前の沖縄県の人々の職業は農民が多数を占めており、土地が使えないことは、人々がたとえ元の集落に帰還できたとしても、戦前のように農業を始める事が困難なことを意味した。それにこの時、海軍政府が示した「商工方面」による「復興」の方針にそって、すぐに那覇市民を移動させることはできず、解決できない課題が山積していたのだった[57]。

　11月の軍民連絡会議で、沖縄諮詢会は那覇市民を適当な場所へ移動させるよう再度打診している。しかし、この時も、海軍政府は那覇市民の移動は「第2次計画だ」として、要望には応えていない。この時、11月18日から30日まで配給がなく5490人の北部への「引揚げ」者のうち、子どもや高齢者が死に瀕していることが報告された。沖縄側代表の「軍作業もなく、副産物もない。配給のみ。移動を早くすべき」[58]という言葉からは、収容地区を出ることができないために、餓死が起きているという認識があったことを示す。また大宜味村饒波では外来者に芋などをわけ与えたものの、郷里に帰らせることを市長に申し出ている[59]。10月から11月にかけ、340人が死亡している[60]。辺土名区に含まれた大宜味村喜如嘉は、那覇市民が多く残留していた地域だ。そこで1945年7～12月にかけて、269人もが死亡している[61]。沖縄島北部の食料不足を補うために与論島の人々が、隠密裏に芋を運んできて、収容地区の人々の着物と交換する光景もみられたという[62]。那覇市民の移動先を決めて、就労させることが喫緊の課題となった。

　12月、収容地区から他の町村の人々が次々帰還していた最中、

「食料受給券」制度（軍政府指令第68号）が導入される。同制度は、労働に就いた場合、報酬としてレーションを1個多く支給されるように変更する制度だった[63]。収容所に残留していた人々は、この受給券を得ようと、清掃や農耕、漁労、衛生作業などに積極的に参加しようとした。「那覇の金持ちの奥さんだった人が慣れぬ手つきで鎌を使う」光景や、戦前市内で物乞いをしていた者が、衛生作業に従事するなど、こうした仕事と縁のなかった者が働くように仕向けられたのだった[64]。この頃、那覇市垣花出身者たちも、旧具志川村の「ブラマの浜」で荷役作業に従事するために、北部収容地区から移動している[65]。

1946年1月の軍民連絡会議で、沖縄諮詢会は那覇市民を那覇市にある久茂地川以東への移動を打診している[66]。この時、海軍政府は陸軍が那覇市を管理していることから、那覇市民は「確実に永久に戻ることはない」と回答している[67]。この言葉から、米軍の中でも、当時民政を担当した海軍と陸軍の調整が難航していたことが分かるが、3月15日に諮詢会はなおも提案を続けている。戦前に那覇市は、真和志村と豊見城村、小禄と合併する構想があったことを説明し、それを前提に那覇市民を真和志村へ移動させてはどうかと打診している[68]。海軍政府はこの時、那覇市民は、元々が「商人。労働特性から労務と農業は不向き。特性を考えて移動先を考えるよう」にと指示している。この回答からは、移動先に仕事がなければ、移動そのものが難しいと米軍が考えていたことを示している。

1946年4月、通貨制度の復活のために、知事を初めとした全職業に公定賃金が、またあらゆる品々に公定価格が導入されている。人々が「無償配給時代」と呼んだ時代の終わりだった。それまで無償だった食料などの配給は、各集落に設置された共同売店から現金

で購入するように変更された[69]。

　この時、収容地区に残留する那覇市民は職を得られず、賃金を得られない失業者となってしまったのである。以降、沖縄民政府（沖縄諮詢会の後継組織）は、軍民連絡会議で、米軍に糸満地区で募集中の労働者500人に、失業中の那覇市民を採用するよう訴えるなど、那覇市民の就労を優先させるよう交渉している[70]。この時、中南部にいた米軍の部隊では、終戦によって兵員の帰還が始まっており、その結果、不足したドライバーや技術工に民間人を養成する動きが活発になっていた[71]。また民間の食料倉庫では約900人の沖縄の労働者が24時間働いており、海軍はさらに100人が必要であると要望していた。これに対して、前原と石川軍政区から対応できるとしている[72]。こうした動きを受けて、那覇市民を軍の労働力として採用させ、収容所から移動させる方向が出てくるのである。

3　生存への希求と「金武湾」

　収容地区から出ることを求められたが、仕事がなく、失業者となった那覇市出身者にとって、垣花の人々が軍労働によって移動した「金武湾」という場所は、重要な意味を帯び始める。本節では、「金武湾」を軍労働による移動（1945年12月〜1946年9月）と、引揚げ者の流入（1946年10月〜1948年ごろ）の二期に分け、米軍による沖縄の人々の移動と労働に関する方針が、那覇市出身者の「生活圏」を「金武湾」としていかに形成させ、また衰退させていったかを明らかにする。

(1) 垣花の人びとの収容地区からの移動と軍作業（1945年12月〜1946年9月）

　那覇市民の中でも壺屋と牧志への産業先遣隊と同時期に北部収容地区から移動し、「金武湾」で軍労働に就いた垣花出身者の動向をまず整理する。1945年10月、久志村から、戦前那覇港に支店があった大阪商船の社員だった与儀達清が責任者となって垣花出身仲仕 73) とその家族約1800人が、旧具志川村沿岸の川敷原へ移動している 74)。一帯は、米軍が使用した「キャンプ・チンワン」にちなみ「金武湾」と呼ばれ、LSTが上陸する「ブラマの浜」があった。近くには倉庫や兵舎、さらに近隣の旧具志川村田場と天願は物資集積地、前原は車両拠点のモータープールがあった。米軍の物資搬入は、南部の拠点が那覇軍港で、「ブラマの浜」、ホワイト・ビーチは、沖縄島中部における拠点だった 75)。「ブラマの浜」には常にLSTが2、3隻、多い時には4、5隻が停泊し、配給用食料や米軍の物資が

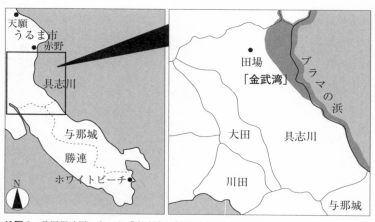

地図2　前原軍政区にあった「金武湾」（右の地図のアミ部分）

写真7　中城村久場の海軍作戦基地埠頭で、物資をクレーンで運ぶ米軍。垣花の人々が携わった荷役作業にも、こうしたクレーンが使われた。（沖縄県公文書館所蔵、「米国陸軍通信隊　沖縄関係　撮影地久場　1945年」「占領初期沖縄関係写真資料『陸軍02』」000112186、写真番号02-24-3）

クレーンなどを使って陸揚げされていた[76]。「金武湾」は、旧具志川村内に軍労働者が居住する6つのカンパン（労働キャンプ）の一つと見られていた。しかし、通常のカンパンと異なり「金武湾」には「自治があった」という見方もある[77]。

　「金武湾」に移動したのは、垣花の仲仕とその家族ではあったが、実はそれにとどまらなかった。食べていけない収容地区を脱出するために、仲仕ではなかった垣花出身者や帰還できない那覇市の人々もともに移動していたのである。具志川市史編さん室の聞きとりによると垣花出身の瀬名波ヒデ子と家族もそうした人々だった。北部

の旧羽地村川上の田井等収容地区にいたものの、食料配給の列に並んでも直前で配給品が無くなり、貰えないようなことがしばしば起きていた。さらに、収容地区には仕事はなく、労働の対価としての食料を得ることもできなかった。9人家族は、戦時と同じように、ツワブキなど野草を食べて飢えをしのいだものの、栄養失調のため皆の体はむくみはじめたという。その時ちょうど、垣花出身者が旧具志川村へ移動する話が持ち上がったのだった。「移動の話があるけど、どうすると家族で話し合ったら、こっちより悪いところはないんじゃないか」と、一も二もなく、移動に飛びついた。実際、「金武湾」では、さまざまな配給にありつくことができたという[78]。

　那覇市久茂地出身の瀬名波起勇は、軍労働に就いた後に、「金武湾」での港湾作業募集に応募している。「垣花の大きい人たちが那覇港で港湾経験者で、先遣隊として選ばれ、金武湾へ。垣花の人たちは体格が大きく力もち、軍にひっぱられ組を作っていた」。1946年1月3日に「金武湾」に着くと、「ダンガァン」と呼ばれた戦前の仲仕の親分格が指揮し、14～15人で一つの労働班を結成している。そうした班が1～7班まで編成されており、労働のグループに基づいて、「金武湾」の居住区域でも班ごとに住んでいた。瀬名波起勇と家族は、米軍将校住宅跡地に、7班の人々とともに住んだ。この時には、まだ具志川や田場・赤野など、元の集落の人々は、収容地区から帰還していなかったという[79]。瀬名波起勇の「軍にひっぱられ組を作っていた」との証言のように、当時、集団は「那覇垣花仲仕組合」とも表現されることもあった[80]。しかし、こうした労働特性が移動に重要な役割を果たしたとしても、そこだけに注目をすると収容地区から生き延びるために就労した瀬名波らのような人々の存在が見えなくなるといえる。

写真8 1948年4月、旧勝連村の米軍ホワイト・ビーチで、住民の生活物資を荷揚げする人々。（川平朝申氏蔵、那覇市歴史博物館提供、『大琉球写真帖』より、02001548）

　垣花という地縁によってよって移動して来た者もいた。垣花の山下町出身の平良眞助は、糸満地区の労働キャンプで道路整備などをしていたが、「金武湾」へと移動している。平良は戦前、那覇市内の商店や県外の紡績工場で勤めており、仲仕をしたことはなかった。「ダングァン」は、各地にいた垣花出身者を「金武湾」に集めるため糸満を尋ねてきたという。「戦前、那覇の桟橋で仕事をしていた人が、垣花出身者が移動してきているから来ないか」と誘われたのだった。平良は沖縄戦で家族全員を亡くしており、この時、垣花のつながりに引かれて、労働キャンプからトラックに乗り、「金武湾」に移動している[81]。

　垣花の人々が「金武湾」へ移動した直後の1946年1月、垣花や那覇市内の国民学校で教えた訓導が、文教部長の許可を得て、「具

志川海岸金武湾初等学校」を同地に開校している[82]。1班と呼ばれた海岸沿いに、テント2張を張っただけの学校は8学級が設けられ、144人の子どもたちが学び始めた。「具志川海岸」という名称からは、「金武湾」と、具志川村との関係が、はっきりしないものであったことが推測される。その後、3月末に校名は、「具志川村立金武湾初等学校」に改められている[83]。しかし、「金武湾」と具志川村との間に摩擦があったことが、食料配給を巡って表面化した。4月軍民会議で、「金武湾」から食料配給について、「前原地区から見落とされて困っている」という声が上がっていることが指摘された[84]。解決するために、前原地区からの独立と、軍政府からの直接配給を要望していたという。前原地区は、7つの軍政区の1つで、食糧倉庫は軍政区ごとに置かれていた。この時、食糧倉庫の管理が、米軍から沖縄民政府に移る予定だった[85]が、各地の倉庫では配給の不平等が問題になっていた[86]。こうした事が、「金武湾」の異議の背景にあったとみられる。

　「金武湾」で生活のためのさまざまな改善が取り組まれつつあった時ですら、多くの那覇市民がまだ収容地区に残留していた。北部収容地区からは1946年5月までに12万5000人が元の町村や近隣へ移動しているが、この時、那覇市民は2万2000人、読谷村民1万3000人、北谷村民1万2000人が留まったままだった[87]。沖縄民政府は1946年3月に、那覇市民の残留者が6577人もいた宜野座地区で、「普通人員220、仲仕22、鍛冶工10など15職種の384人」という具体的な職種と人数を上げて、米軍政府に対し軍労働に採用するように求めている。本土送還が決まっていた日本軍捕虜の代わりの労働力の代替要員とすることを要請したのだった[88]。また7月13日には、惣慶初等学校で約80人が集まり、那覇市民を那覇市

の軍作業に採用するように集会を開いている[89]。

　1946年2月、那覇市でも、旧真和志村西部に駐屯していた輸送を担う66TT部隊のカンパンの洗濯担当に、女性6人が那覇市在から初めて軍労働者として雇われた。那覇市への帰還は、壺屋の陶工や牧志の瓦工という産業先遣隊などに限って認められており、隊が入域した1945年10月から1946年末までの間に、那覇市民8079人中、民間の仕事に就いたのは396人、軍労働では360人が働いていた[90]。1946年2月に軍労働での採用が始まっても、那覇市で仕事に就けたのはわずか800人弱でしかなかった。那覇市に帰還したとしても、就労する先がなかったのである。同時期の労働状況のまとめによると、沖縄島での可動可能者は19万9794人で、農業11万4973人、官公庁・団体2万3545人、軍需2万630人であった。一方、未就業者は1万4024人で7.5％を占めた[91]。しかし、農地の使用は米軍によって大幅に制限されている中での統計であり、農業をしていたとしても、それだけで暮らすことができなかったのは容易に想像できる状況だった。

　こうした状況で、那覇市民の移動は、「金武湾」のように、就労と移動がセットにされた方法で行われていった。軍労働では、北部の収容地区に残留していた那覇市民を戦禍で破壊された那覇市泊浄水場の再建工事に従事することを条件に、旧真和志村に移動させており、そこは後に「平野区」となっている[92]。米軍の労働力提供には供給する「住民の部落がなければならない」という条件は[93]、那覇市民の場合は軍労働に就くことで居住地を確保することでもあった。

　1946年8月、沖縄島北部の久志村の大浦崎収容地区が解消された。この時もまだ同地域に残っていた那覇市民300人の内、45人

が本部村へ、残りが前原地区の美里村明道へ移動することになった。明道で区長を務めることになった人物は、移動先で就農して生計を立てると答えている[94]。経験のない農業をするしか、これらの人々が移動先で仕事を得る術はなくなっていたのだった。沖縄戦前の北部への「引揚げ」の時から、経験したことがない農耕によって食糧生産を要求された結果、多くが飢餓に陥り命を落とした。それにもかかわらず、占領下でも、あらためて、人々は就農して移動せざるをえなかったのだ。住む場所もなく、仕事も選ぶことができず、遠くやんばるで生きた人々の無念はいかほどだっただろうか。

　しかし、何の仕事にもつけず、収容地区であった地域にはりつくようにして生きざるを得ない人々がいた。例えば、「金武湾」へ移動するためには、仲仕として軍労働に参加することが条件だった。経験はないものの仲仕として「金武湾」へ移動した瀬名波起勇は、「女の人たちにはできないので力仕事ができる男世帯の家族が優先に集められました」としている[95]。仲仕の仕事につけない女性や高齢者たちが、収容地区だった場所に取り残されていたのである。その人々は後に、「村人の情によって建直された避難小屋の生活を未だ続けている老人や子持ちの未亡人家族の痛々しい姿」として記録されている[96]。

　収容地区で就労できなかった那覇市民が失業者となったように、これらの人々は、収容地区が解消された後には自力で移動することもできず、他所の集落で生活を再建できない困窮者としてぎりぎりの状態で生きていたのだった。1953年に生活保護法が整備されたことで、那覇市はこうした困窮者の一部を新しい市営住宅へと帰郷させている[97]。沖縄戦直前の北部避難後、収容地区に収容され、労働による移動に参加できなかった那覇市出身者が、福祉制度

によって救済対象者となっていた。これらの人々の背後には、やんばるの山中をさまよい、餓死した多くの人々の屍があったのである。

(2) 外地引揚者の収容と那覇港湾作業隊の移動（1946年10月～1946年12月）

旧具志川村の人々にとって「金武湾」は「活気あふれるまち」であり、そこで働く人々は「たくましい那覇人」として記憶される[98]。しかし、そこに埋没しているのは、那覇市出身者の外地や戦時疎開という移動の経験、自由化された商売で身を立て、再移動を準備していた経験である。

「金武湾」へ垣花の人々が移動して約8ヵ月後の1946年8月、米軍占領下の沖縄へ日本や海外から引き揚げてくる約18万人の受け入れが課題として浮上した[99]。

外地や疎開先から引き揚げてきた人々は、キャンプ・コステロと呼ばれた引揚収容所（通称インヌミ・ヤードィ、現沖縄市高原）に収容後、出身地別に送り届けられたが、那覇市出身者の扱いについては当初から混乱していた。収容所で働いていた男性は「当時、那覇（市内に）は入れませんから、那覇の人は（他町村の）どのグループにも入っていました」とする[100]。また、引揚者を送り届ける係だったトラックの運転手は、那覇市出身者を那覇市壺屋近郊に残していったという。「一面田んぼのようなところで、そこの東側だけがぬかるんでいなかったので、そこに那覇の人たちを降ろして、ワッターヤ、チャーヒンギ（僕たちはさっさと逃げ帰ったんです）。そこにおると、『テントを捜してきて家を作ってくれ』と頼まれますので」[101]。帰還先がない那覇市出身の人々が、やっかい者扱いされていたことがこの証言でも分かる[102]。

1946年1月29日に発令された米国海軍軍政本部指令第109号「二万四千人沖縄人復帰計画案」は、初期の引き揚げ受け入れを定めたものと見られ、受け入れは「ブラウン海岸」からキャンプ・コステロ、馬天からは第30NCBキャンプ、そして「金武湾」からはオールドカブ第17番へ収容された後に、糸満7200人など7軍政区にそれぞれ人員が割り当てられていた。それによると、「金武湾」で受け入れを予定したのは3600人、その受け入れのため60張のテントが用意された。しかし、宿泊やキャンプの維持、食料の配給は、キャンプ所在地の村落によっていた[103]。そのため、軍政区ごとに割り当てられても次のような事態が発生した。

軍民連絡会議でも那覇市民の受け入れ先を巡るトラブルが報告されている。9月6日、糸満区へ送った那覇市の「引揚者」約200〜300人が、同区からはこれ以上受け入れられないとして、引揚げ収容所に戻された。9月13日に米軍は、ある村へ送った那覇人が受け入れられなかったことに対し、「そんなことはないはずだ」と否定していたものの、実際には各軍政区が飽和状態でこうしたことが頻発していた。こうした事も重なり、同23日には、どこへも移動できない那覇市出身者400〜500人が滞留しており、沖縄側委員が「具志川村長にテントを出させる」と対応策を上げている。そして、10月4日には、米軍は「那覇人」を分散させる方針を出す[104]。

この事態を受けて、沖縄民政府は、米軍用地を開放して、具志川の海岸に5000人を受け入れるよう要求する。しかし、この時には軍政府の所管が、海軍から陸軍に代わっていたため、米軍政府は同地が海軍所有であるとして難色を示している[105]。海軍が軍政府を担当していた時、那覇市民の那覇市への帰還は陸軍政府によって徹底的に拒否されていたが、陸軍が軍政府を担当した時には、今度

は海軍が拒否するという事態が起きていた。帰還は、沖縄の人々に配慮したものではなく、米軍の都合を優先していたのである。その後、海軍が受け入れを認めたようで、具志川村が資材の提供を受けて、家屋建設を引き受けた上で、同地域へ引揚者を入れることになった[106]。

引揚者の居住区となった「金武湾」の10班〜15班は、米軍がキャンプをしていた跡地の丘陵にあり、「道上」と呼ばれた地域だった。道を挟んで海岸沿いには、垣花出身者や港湾作業に従事する人々がいた1班から9班があり、そこは「道下」と呼ばれていた。「道上」への入居状況の詳細は分からないが、証言によると、例えば14班には、1946年11月に大分、1947年12月に台湾、1948年3月に九州からの引揚者が入っている[107]。また、時期は不明だが「満州」引揚の家族が10班に居住している[108]。住居は当時、幕舎と呼ばれており、米軍から払い下げられたテントだった。台湾から引き揚げてきた河田光由によれば「上の幕舎は5㎡に4世帯が入った」といい、すし詰めの状態だった[109]。なお、こうした引揚者は、「ブラマの浜」や旧具志川村で軍労働に就いている。

1946年に疎開先の宮崎県から戻った我那覇生三は「割り当てられた『道上』の10班」に住んだという[110]。垣花住吉町出身の我那覇の実家は、「石巻き漁」という仕掛けを考案するなど漁業で有名な一族であったが、仲仕の仕事をしていたグループとは関係がなかった。だが、この時は港湾作業で、クレーンの担当者として働き始めている。「クレーンは3機ぐらい。5、6人ぐらいで担当した。皆、垣花の先輩だった。作業をしながら扱い方を覚えた」という。前出の河田光由は港湾作業の後、田場倉庫、さらに基地建設を請け負った米民間会社 AJ 社と、具志川村に集中していた米軍基地関連

の仕事についた[111]。

　当時の「金武湾」での暮らしを、我那覇は「楽しみはほとんどなかった。垣花の人が慣れ親しんだ漁業もできない。皆が軍作業に入っていった」と振り返っている。我那覇は沖縄戦前に、那覇市立商業学校の就学途中で疎開していた。なんとか、宮崎県の中学には編入できたものの、授業はほとんどなく、飛行場建設の勤労奉仕などに駆り出されていた。終戦後は、職をさがせずに地元の農家で働き、やったこともない農業をして生きていた。「私たちの世代が一番損をしたのでは」と我那覇が語るのは、学ぶ機会を奪われて、肉体労働に従事しなければならなかったのだ。それは、「那覇港湾作業隊」として、「みなと村」へ移動していった後も同じだった。彼にとっての当時の「金武湾」には、地元の人が抱いたような華やかなイメージはかけらもなかった。

　引揚者が「金武湾」に再移動していた最中の1946年11月、那覇軍港で荷役をしていた日本軍捕虜の代わりに那覇市出身者に仕事をさせることを米軍政府が提案した。その結果、「金武湾」の垣花出身者が「那覇港湾作業隊」として移動することが決まった。「那覇港湾作業隊」の人員は、3000〜4000人といわれ、「金武湾」に来た垣花の集団1800人よりはるかに多かった。そのため、新たに石川の労務事務所で労働者を募集している[112]。

　米軍は、それをまとめる隊長について、「将来那覇市長になる人物を」推薦するよう、沖縄民政府に求めている。その結果、戦前から土木工事で名をなした国場幸太郎が推薦されたのだった。しかし後に、「那覇市長」ではなく「那覇港湾作業隊」を管理する人物であることが判明するが[113]、労働による移動という観点から、「那覇市長となる人」という風に受け取られていたことは、あながち間

違いではなかった[114]。新聞は移動してきた「那覇港湾作業隊」を、那覇市民の受け入れと報じている[115]。世論も那覇市出身者の帰還として受け止めていたのである。

(3)「たくましい那覇人」

旧具志川村の人々の記憶に残る「金武湾」における、「たくましい那覇人」「根っこからの商い上手の那覇人」[116] というイメージは、1946 年 12 月に那覇港湾作業隊の人々が去った後に形成されたものだ。「引揚げ者が来てから、金武湾デパートができた」という証言[117] にあるように「金武湾」が先のイメージと重ねられるのは、引揚者たちが商いを始めた 1947 年以降からだとみられる。商業が盛んになった背景には、一帯の変化があった。1946 年末における「那覇港湾作業隊」の那覇軍港への移動は、日本兵捕虜の代替労働力に充てるためだったが、軍政区の前原にあった倉庫やモータプールなどの移転や規模の縮小、軍政府と沖縄民政府の旧佐敷村への移転などから、一帯が果たしていた民政や米軍物流拠点という役割は失われつつあった。そのころ、「道上」の人々は商業を始め、徐々に商店街「銀座通り」が形成されたのだった。通りには、「金武湾ホテル」「金武湾デパート」など、「金武湾」の名を冠した様々な店があり、パン屋・パチンコ屋・貸本屋・理髪店・風呂屋など、那覇市出身者が店を開いていた。沖縄島内の五大劇場に数えられた「道下」の海辺沿いにあった「金武湾劇場」もあり、近隣市町村の人々が「金武湾」に遊びに来たのだという。こうした「金武湾」での成功が彼らの再移動を可能にし、人々は次々と那覇市へ出て、事業を起こしている。運送業や料亭、または服装学院など「金武湾」発で、那覇市で成功した事業家は多い。地元の人々はこうした人々を商売

上手な「たくましい那覇人」として見ていたのである[118]。

　しかし、こうした見方を那覇市出身者全般に適用してしまうと、「引き揚げ」による困窮の経験などが取りこぼされてしまう。1946年12月、台湾から引き揚げた、野村よしのの父親は警察官だったため、「金武湾」でもシビリアン・ポリス（民警）の職を得た。しかし、台湾と「金武湾」の暮らしは天と地ほどの差があったという。「家族が養えず、母親は慣れない『闇商売』を始めた」「幼い妹が（裕福な暮らしだった台湾の）家でおにぎりを作り、（ここに）また帰ってこよう、と言った」というほど、日々の暮らしには困っていたのだった[119]。

　「那覇港湾作業隊」が那覇軍港での軍労働に就労するため集団で移動したのと異なり、その後の「金武湾」の人々は、自力で家と仕事を探して、那覇市へ移動しなければならなかった。そして、誰もが移動できたわけではなかった。

　「金武湾青年会」が1948年に発行した文芸誌『若人　WAKAUDO 二号』には、自力で移動できない「金武湾」の人を象徴する女性が描かれている。筆名「秋良」の詩「パンの為に」には、カマボコ売りの女性が登場する。女性は、家に乳のみ子を置いたまま商売にでなければならない。行き先は「那覇」だ。作者の「カマボコはよく売れますか」という問いに、女性は「はい」と悲しい目で答える。「金武湾」にも、カマボコを売る市場はあるはずなのに、女性はあえて「那覇」へ向かう。貧しい行商人の女性は、那覇の賑わいには似合わない、汗まみれで日焼けした姿だ。「金武湾」に住む彼女は、那覇出身者だっただろう。カマボコを商うだけでは、日々の生活をおくるのがやっとで、「那覇」へ戻る元手や仕事を得ることができない。置き去りにされた女性の困苦の原因は、「親か、夫か、子供か、政府か？」と作者は問う。しかし、「金武湾」にいる者なら誰しも、

それが沖縄戦であり占領ゆえであることを知っていただろう。そうとは声に出せないことを、那覇へ向かう貧しい女性の姿として描いたのである[120]。

　等しい貧しさにあったはずの那覇市出身の人々は、占領直後には収容所の失業者として、さらには収容所跡地に残った被救済者として社会問題化された。しかし、「復興」が進む中で、「金武湾」では「カマボコ売りの貧しい女性」に象徴される「金武湾」の人々の問題として固有化されていったのである。

4　「金武湾人」という主体の消失

(1)「金武湾」の「那覇人」

　最盛期には約5000人程度だった「金武湾」の人口は、1949年に那覇市が一部開放されると急速に減少していった。那覇市への再移動こそが「正常な回帰」として考えられた結果、那覇市の「復興」ぶりと「金武湾」の衰退が常に比較された。「那覇市に移動する者が増え、転校児童も年々多く学校もさびれる状態」[121]、「金武湾、終戦当時そのままの小屋、取り残された女世帯」「最近は労務者でも月に2週間仕事にありつければよい方、女の草刈り作業やメイドも減る」という「金武湾」が新聞で繰り返し報じられた[122]。1958年、「金武湾」は139世帯705人まで減少し[123]、「一時賑わったこともあるが今はその面影もない」とされた[124]。

　那覇市へと移動した人が住んでいた「道下」の空き屋には、10班〜15班の「道上」集落から、移り住む者もあった。「那覇市の引揚げが出たので『道下』の8班へ転居」した家族や[125]、「生活が落ち着き始め、米軍の資材が手に入ったため、家を造ろうと『道上』

の10班から土地が空いていた『道下』の4班へ」と再移動している[126]。こうした言葉が伝えるのは、那覇市に戻らなくても、「金武湾」の中で、それぞれが生活をよりよくしようと努力する姿である。山下町出身の平良眞助は「那覇港湾作業隊」の移動に同行せずに、「金武湾」に残り、軍労働者として働き続けた。「軍時代は日給制だからさ。台風があったりしたら仕事はない。船が入らないとお金が入らないんだよ。那覇に行っても仕事がどうなるかわからないからね」。仕事がいつまで続くかという不安、さらに「金武湾」で結婚し、家族がいたこともあり留まった。米軍の資材で作った家は、最初は一間しかない家だった。しかし、平良は「ツーバイフォー（2×4インチ製材）を貰ってきて伸ばし伸ばしした。家は次第に頑丈になっていった」。だが、資材が足りず、屋根は米軍から払い下げたテントを使っていた。そうした「金武湾」の家々からは、平良のような父親や青年たちが、夜明け前から軍の迎えのトラックに乗って軍労働に出て行ったのである[127]。

　戦後石川の収容地区で生まれた照屋早智子は、祖父が垣花出身だったため、「金武湾」に住むようになった。「金武湾」が米軍物流拠点だったころ、米軍物資を抜き取る「戦果」が生活を支えるために盛んだった[128]。照屋の母親も、祖父と大勢の兄弟姉妹の家族を支えるため闇商売をしていたという。「食料品の『戦果』をあげた。ものすごい儲かったらしい」。しかし、それもわずか一時のことだった。照屋が物心ついた1950年代も半ばには、「金武湾」の人々は那覇市へ再移動しており、住んでいた4班にはもう数軒の民家しか残っていなかった。「金武湾」に来た時、祖父はすでに50代半ばを越えており、「『金武湾』には仲仕以外の仕事がなかったため」、農業をするしかなかった。約300坪の畑で、細々とサトウキビや野菜

をつくり、近所に売って生計をたてていた。母親は、「帽子クマー（編み）」など内職で家計を支えた[129]。

　垣花出身の儀間真則は、疎開先の九州で父親を亡くし、母親は儀間を連れて、弟を頼って「金武湾」に引揚げてきた。かつて、金武湾小中学校があった1班に住み、母親は米軍のランドリーで働いた[130]。儀間がいつも聞かされたのは「『金武湾』はすごいところだった」という眼前の光景とは異なる話だった。引揚げ直後は家があるだけでありがたかったが、戦後何年もたった幕舎やトタン屋根の家は貧しさの象徴となっていた。しかしその屋根の下で、人々は助け合いながら生きていた。1班は海に近く、台風が来ると強風が襲い、粗末な家は大きく揺れた。「同じカバやー《幕舎》だけど、頑丈な家に5、6世帯で避難した。子どもたちはヒラヤーチー《小麦粉にネギなどを入れ焼いた物》、そーめんちゃんぷるー《素麺炒め》を食べて、楽しかった」。人々は、生活の欠乏を互助でしのいでいた。

　平良の娘の前里恵美子は「楽しかったのは結婚式のグスージ《祝い》。自宅でやるのに100人余りも集まった。お母さんたちがくーぶイリチー《昆布を炒めた伝統料理》などを折り詰めにしてね」。青年会は地域の生活のために力を合わせた、水屋箪笥など家具作りすら行っていた[131]。

　新聞記事が常に那覇市と「金武湾」を比較し、その衰退を取り上げたのは、「仮の宿」として「金武湾」を見つめていたからだろう。「正常な回帰」から振り返って、移動途上の居場所を人口の減少や経済的な数字で測るだけでは、そこにある「生活圏」を捉え損なう。この時、人々は「金武湾人」という新しい主体に再編成されつつあったのである。

(2)「那覇人」と「金武湾人」

　「金武湾を語る会」は、1943年生の金武湾小学校や同中学校の在籍者を中心に結集されている。ほとんどが就学途中または、卒業後に「金武湾」を去っている。2016年の時点で、既に70歳代に入っていた人々が自らの記録を編み始めたのは、前述のように「金武湾」に関する記録が旧具志川市の地域史による視点によるもの以外、ほとんどなかったためである。「語る会」参加者は、「金武湾」の生活に留まらず、移動を大きな変化の連続として向き合っているのが特徴だ。

　島袋栄一は、引揚者の多い「道上」の10班から、垣花出身者が住んでいた「道下」の4班へ移ったことで、生活が大きく変わったという。九州疎開の生活が長く「共通語」しか話せない島袋は、「先輩たちから、徹底的に方言を教えられた」という。引揚者がほとんどで、生真面目で勉強ができた「道上」の子から、わんぱくな「道下」の子の仲間入りをした。野山で遊び、先輩と「戦果」と称して、大人のように米軍物資のメリケン粉をくすねることもあった。「道下」に移った後は、地域が「皆でどうやって食べていけるか考えて」いたことが強く印象に残っていた。しかし、転機が訪れた。1950年代初頭、島袋が小学3年の時、父親がガラス工場の経営に参加し那覇市へ引き揚げたのだった。家族にとっては「復興」の始まりだったにもかかわらず、島袋の記憶はほろ苦い。その頃は、家と学校を往復した記憶以外はなく、毎日がまるで「規則の中で暮らしているよう」にしか思い出せないという。多くの大人たちにとっては「正常な回帰」の旅の途上であった「金武湾」は、那覇市へ帰還を果たした後には、顧みる必要がない場所になっていった。しか

写真9 1956年7月、住民が那覇市へ転居し、家がまばらになった「金武湾」の集落。多くの住宅が建てかえられないまま老朽化している。（沖縄タイムス社所蔵）

し、「僕らは『金武湾』で生まれたようなものだった」と語る島袋は、「金武湾」の不安定な生活を支える互助の濃密な人間関係の中で育まれたのである[132]。

　母子家庭だった安次嶺進は「金武湾」で10年暮らしている。「家族に男手がいないから軍作業ができず」、母親は果物の行商やサトウキビ作りで家計を支えた。小学生の時に、姉が高校を卒業し那覇市で就職したことを足掛かりに、家族で那覇へ引っ越した。「金武湾」にいたころ、先に引っ越した親戚の家を訪ねて見た那覇市はまぶしく、「きれいだ」と胸が高鳴った。しかし、いざ引っ越してみると、安次嶺と家族の生活は、「金武湾」のころとさして変わらなかった。「母はパン屋からパンや菓子を仕入れ、行商をし」、家の一

間は、家計の足しにと貸間にして人を住まわせていた。学校では、転校生だと因縁をつけられ、いきなり喧嘩をふっかけられることもしばしばあった。安次嶺は「『金武湾』時代があるから僕のほうが強かった」という。「正常な回帰」を果たして那覇市にいながらも、安次嶺や島袋は、「金武湾」にあった「協同性」や互助を想起して生きていたのである[133]。安次嶺は成人した後、「あまんかい、そーてぃんじ　とらせー（あそこへ連れて行っておくれ）」と頼む母親を連れて、何度も「金武湾」を訪ねている。当時の面影もない細い路地に立つと、母親は「家があった13班の場所に立って、『金武湾』の暮らしを懐かしんでいた」という[134]。母親がそこに見たのは何だったのだろうか。那覇市への帰還という「正常な回帰」を果たすことは、「金武湾」にあった「協同性」から離脱することだった。そして、歩みを進めるほどに、それぞれがもはや交わることのない生を生きることになったのである。「金武湾」を成り立たせていた「協同性」は、一人ひとりが過ぎ去ることで失われていったのである。安次嶺の母親が見ようとしたのは、その痕跡だったのではないか。

　「語る会」は自らの手で記録を作ったが、「金武湾」から那覇市へ戻るきっかけを得られなかった人々はその経験をほとんど書き残していない。照屋早智子は「金武湾」の家での夕餉の風景を強く記憶する。「農作業を終えた祖父は、晩酌をしながら、私の母と365日那覇の話をした」。「金武湾」から引っ越していく家族を近所総出で見送った儀間真則は、「1、2人去っていき、ああ、もう行くんだ、良かったなという気持ちもある。でも寂しかった。『金武湾人』が居なくなって。那覇に消えていく感じ。もう会えないのだから」。

　「復興」を求めた移動の過程で形成された「生活圏」は、地域の衰退という土地の記録に平準化され、「金武湾」の人々を主体に語

る言葉は獲得されなかった。儀間が「『金武湾人』がいなくなって」という言葉に託したのは、移動と再移動の過程で起こる主体の再編成をとらえようとした言葉だったといえるだろう。

　「金武湾」は人口減少によって 1960 年代に具志川区に組み入れられた。現在、「金武湾」という名前をとどめるのは、同地域にあるバス停「金武湾」のみである。

第 3 章

「復興」の中の離散
─垣花と軍港で働く人々─

1949 年、「みなと村」2 周年を祝い、奥武山地区
青年会が戦後初めてつくった垣花の旗頭。(渡口
麗秀氏蔵、那覇市歴史博物館提供、02000501)

1 那覇軍港と海町垣花

(1) 忘れられた町

　1946年「金武湾」から移動してきた垣花の人々が働いたのが、那覇市の西海岸にある那覇軍港だった。軍港は、それから75年以上経っても、那覇市最大の米軍施設として存在する。

　国道58号沿いに続くフェンスから眺める港内は、月に数度、米軍物資を運ぶ大型船が時折接岸する以外は遊休化している。米軍機が激しい爆音をたてながら離着陸する米軍飛行場と異なり、軍港は米軍基地であることを忘れさせる程、静かだ。1950年初頭の朝鮮戦争、1960年代のベトナム戦争、そして1990年のイラク戦争と、米軍はここから戦地へ物資を積み出した。埠頭で積み込みを待つ車両の迷彩塗装は、濃い緑から、砂色へと戦地によって変化した。こうした長い年月が、沖縄戦で米軍がこの港を接収したことを、かつてここに那覇市垣花という地域があった事を忘れさせている。

　1950年時点で、米軍基地によって土地を接収され、故郷に戻れない「再定住未定集落」は、那覇市内では那覇軍港となった垣花町と住吉町だけだった[1]。1974年に日米で返還が合意され、移設が前提となったものの、合意はたなざらしになっていた。しかし、2020年夏、浦添市がキャンプ・キンザー沖の浦添市西岸に合意したことで2028年以降の返還が現実味をましてきている[2]。

　垣花は、垣花町・住吉町・山下町、三つの町を総称した名だ。沖縄戦前、対岸の那覇港とその後背地に、那覇市の中心街があった。垣花は那覇市といっても市街地ではなく、農村だった小禄村に元々属していたが、1903年の那覇市の市域拡大によって、編入された

写真 10 沖縄戦で破壊される前の垣花。対岸に那覇港に停泊する船が見える。（那覇市歴史博物館所蔵、02000320）

地域だ[3]。海に突き出した浮島のような「屋良座森城」。17世紀に琉球国に攻めて来た薩摩軍を大砲で攻撃した砲台跡は、戦前は垣花の人々が出漁無事を願う拝所となっていた。冊封貿易による積み荷を保管した岩小島の「御物城」には海の町の魅力を生かした料亭が立ち、那覇市の人々の接待場所としてにぎわいを見せた。

　さわやかな潮風が通り抜ける海の町垣花には、海と関わりのある生業の人々が住んだ。住吉町は、鮪延縄とマチ一本釣りで知られ、発動機導入によって漁船の大型化に成功していた。漁師の我那覇一族が生み出した仕掛け「石巻き漁」が有名で、1937年の漁獲高は県全体の約2割を占めていた[4]。住吉町に並ぶ赤瓦の家々は裕福さの証だった。立派な屋敷を構え、港湾や市街地で働く人向けに貸間を営んだり、商店に敷地を貸しているところもあった。対岸の那覇港で仲仕をした人々は「通堂ビョー（日雇い）」と呼ばれ、75〜80キロある黒糖桶を肩で担いで、馬車から倉庫に小走りで30ｍを運び、それを1日中繰り返す[5]。そんな頑健さで知られていた。そうした仲仕たちが、垣花町に集団で住んでいた。山下町にはさまざま

な商店があり、那覇市の郊外である事から、対岸の市街地に働きに出る人々も多かった[6]。沖縄戦前、1939年の人口調査では、垣花には1万1450人が住み、それは那覇市の人口の1.5割にあたっていた[7]。那覇最大の祭、那覇大綱挽では、垣花は「カーシー旗」（加勢する旗頭）を、那覇発祥の四町（東・西・若狭・泉崎）の人々に敬意を評して白足袋で掲げる、そんな人々だった[8]。

だが、地上戦の前年1944年10月10日、米軍の「十・十空襲」は、沖縄県内の飛行場や港湾施設・軍施設を徹底的に破壊した。日本軍が物資運搬に使った那覇港と垣花の集落は、激しい攻撃で甚大な被害を出した。垣花など那覇市は約9割が焼け落ち、日本軍に漁船ごと徴用されていた漁民も死亡している。瓦礫の町と化した垣花から、人々は沖縄島北部や近隣の村へ避難している。経済的に余裕があるものは、地上戦直前の1945年3月までに九州へ疎開している。この時、二度と垣花に戻れなくなるとは思わずに、垣花を後にしたのだった。

1945年4月1日、米軍が沖縄島に上陸すると、5月には那覇を制圧している。そして、戦争がまだ終わらない内から、大型船舶が接岸できるように那覇港を拡張している。那覇港の対岸だった垣花一帯も、瓦礫となっていた集落は敷きならされ跡形もなくなり、「屋良座森城」も含めて、コンクリートで固められ、灰色の桟橋となったのだった。

垣花の人々は、戦後米軍に収容された後は、前章で見たように、北部収容地区から移動して沖縄島中部の「金武湾」で軍作業員として働いたが、垣花が那覇軍港となったため帰還を果たしていない。しかし、こうした垣花の人々の歩みは、移動を繰り返した結果、離散していった事で沖縄戦後史からは見えづらいのである。

⑵ 見えない軌跡

　垣花は、今までどのように書き残されてきたのだろうか。沖縄戦記録の嚆矢、琉球政府文教局の『沖縄県史第9巻　各論編8　沖縄戦記録1』（琉球政府、1971年）は、市町村ごとの「座談会方式」と呼ばれた手法をとることによって、歴史記述から落ちがちな女性や年少者も含めた幅広い年齢とグループの証言の記録に成功した。この方式によって、市町村ごとに証言は手厚く編集されているが、那覇市については1人の証言しか収録していない[9]。それから10年を経て編纂された『那覇市史　資料編　第3巻8　市民の戦時・戦後体験記2（戦後・海外編）』（那覇市企画部市史編集室、1981年）も、那覇市役所や行政組織など特徴ある証言に重点を置き、『沖縄県史』が確立し今も市町村史に受け継がれている、地域を軸にしたような記録のスタイルをとってはいない。証言者を探すことが難しいのは、垣花をふくめ那覇市民が、戦後長らく那覇に戻れなかったため、各地に離散した事が影響している。

　「那覇港湾作業隊」の居住区、特殊行政区域「みなと村」は、軍作業との関係から注目を集め、沖縄戦後史に記述されてきた。前章で述べたように、『那覇市史　資料編第3巻8　市民の戦時・戦後体験記録2　（戦後・海外編）』には「那覇港湾作業隊」の証言として座談会「沖縄のすべてを賄った『みなと村』」、渡口麗秀による「異色ずくめの『みなと村』」を収録する。盛根良一による『特殊行政区域　みなと村のあゆみ〈資料編〉1947.5 - 1950.7』（1982年）は、同村元事務所職員から提供された資料を元に、概況をまとめた貴重な資料集で、これ以外は村が残した資料は見つかっていない。若林千代『ジープと砂塵　米軍占領下の沖縄の政治と社会と東アジア冷

戦　1945 ― 1950』（有志舎、2015 年）、鳥山淳『沖縄／基地社会の
起源と相克　1945 ― 1956』（勁草書房、2013 年）が、「みなと村」
に関連して発掘した米軍資料・民政府資料を基礎にしながらも、本
章では垣花出身者に注目して記述する。旧具志川村の「金武湾」か
ら移動して、「那覇港湾作業隊」として「みなと村」にたどり着い
た仲仕や漁業者は、生業が軍作業化された結果、疎外されていく。
そこに働いた占領下の権力構造を明らかにし、人々が生存のために
選んだ選択に焦点をあて叙述する。

2　「那覇港湾作業隊」の管理と排除

⑴ 作業隊と「みなと村」

　前章の「金武湾」から垣花の人々が「那覇港湾作業隊」として移
動してきた経過をまとめる。

　「那覇港湾作業隊」を受け入れるためには住居が必要だった。那
覇軍港の東側の奥武山、南側の山下町、旧真和志村の壺川で、作業
隊の住居建築が始まった。1946 年 12 月上旬には、戦前は公園や神
社があった奥武山に作業隊本部がいち早く完成している[10]。作業
隊第 1 陣は、1946 年 12 月 20 日に「金武湾」から、トラックで移動
している[11]。港湾仲仕先遣隊 200 人余は、小禄村北部で住居建築
に従事し、1947 年 1 月にさらに奥武山地区で住宅群の建設を始め
た[12]。1 軒 6.6 坪の規格住宅 240 軒が完成すると[13]、隊員とその家
族 2000 人余が移り住んでいる[14]。

　作業隊の居住区域は、すでにその他の人々が住んでいた地域も対
象としていた。隣接する旧真和志村では、壺川、さらに楚辺が「那
覇港湾作業隊」の住宅地域に指定されている。そこに住んでいた旧

真和志村民は、北部収容地区を出た後、旧摩文仁村、旧豊見城村と、移動を繰り返し、やっと開放された村へ帰還したばかりだった。しかし、1947年1月ごろ真和志村役場は、港湾作業隊対象の居住地域になった場所の人々に対し、住み続ける場合は家族から1人が港湾作業隊で働かなければならないと通達した。もし応じないのであれば、移動しなければならず、その先は村東部の寄宮が示された。何度も移動を繰り返し、やっと故郷に建てることができた粗末な家を解体し、その資材を持って人々は移らざるをなかった[15]。また、真和志村に移動する前にいた豊見城村嘉数に戻された人々もいたという[16]。そして残る事を選んだ人々を待ち受けていたのは、港湾作業という重労働だったのである。

1947年5月、半年の稼働後、「那覇港湾作業隊」は業務が軌道にのったとして、管理は米軍政府から米軍61輸送部隊（61st Tc Service Group）に移管されている[17]。作業隊の体制は、米国人マネージャー B. C. ワーラーの下に[18]、沖縄側支配人の国場幸太郎[19]と副支配人2人がいた[20]。作業隊は事務所と港湾現場で構成され、事務所には総務・経理・労務・キャンプ・家屋などの課があり、約80人の職員がいたという[21]。事務所が管理した労働者は、「金武湾」から移動してきた作業隊の隊長やタイムキーパーなど港で指導的立場にあるグループと、各町村から動員されてキャンプに住みながら働く人々の2つのグループがあった。事務所の家屋課が仲仕たちの規格住宅を割り当てるなど面倒を見、キャンプ課は町村から動員者約1000人の送迎と食事の世話をしていた。港湾現場では、大隊（約300人）の下に、中隊（120〜130人）があり、それはいくつかの班（18人）で構成されていた。大隊長は戦前から仲仕を指揮した垣花出身の上原仁慶と渡嘉敷邦光の2人が務め、その下に中

隊長がおり、戦前からの仲仕が務めていた。また、積み荷を点検するチェッカーや作業員の出勤と勤務時間を記録するタイムキーパーがついていた。労働は3交代制をとっていた。大隊長の息子だった渡嘉敷邦彦は父親の仕事の様子を「朝は早い時は午前6時とか、奥武山から歩いていった。各船を荷役する。（父親は）各船を見回っていた。監督、通訳からの指示を受けて、陸におろして濡れないように管理したり、倉庫に入れたりなどをした」と話す[22]。

　賃金は事務所が月給、港湾現場は時給制だった[23]。垣花出身者にとり、軍作業化した港湾作業は、戦前の大阪商船の商運組で働いた時代とも異なり[24]、米軍と沖縄側事務所という二重の管理下にあることを意味した。

　「那覇港湾作業隊」が米軍の直接管理を受けるようになった1947年5月、沖縄民政府は作業隊の居住区だった真和志村の5字と那覇市の一部、23万3284坪に、布告によって特殊行政区域「みなと村」を設立している[25]。村の申請書類を整えた男性によれば、区域内の作業隊の行政事務処理のため、村設置の必要性があったとする[26]。みなと村長は、作業隊支配人の国場が兼任した。みなと村役場には、助役・収入役が置かれ、4課（庶務・産業・商務・衛生）が設置された。選挙管理委員会、厚生委員、村議会、初等・中等学校、幼稚園、診療所、水産組合、農業組合も設けられ、他の町村と変わりない行政機能が整えられた。奥武山には、役場や診療所・労働者のキャンプが設置され、壺川とペリー・楚辺3区は作業隊員向け住居、美田には農連職員用住宅がつくられている[27]。村内には7つの行政区、奥武山・ペリー・壺川・美田・楚辺一・楚辺二・松尾を設置し、区長を任命した。しかし、役場職員の前職は事務所課長や、タイムキーパー・チェッカー・仲仕班長など作業隊員がほとん

写真 11 奥武山にあった大型規格住宅を 2 棟つなげた「みなと村役場」。(島崎健氏蔵、那覇市歴史博物館提供、2010336)

どで、区長は作業隊長の仕事を兼任していた。1948 年 3 月のデータになるが、「みなと村」稼働者 2588 人中で約 85 ％が軍作業で働いていた[28]。こうした労働組織の指揮構成と役場の組織構成を同じような態勢にしたのは、作業隊の労務管理を円滑にするためだったという。

　垣花の人々がいた「金武湾」でも、居住は、労働の班ごとにまとまっており、生活はある程度、軍労働と関連づけられていた。だが、「みなと村」の場合は、労働を統制する権力が容易に生活の場でも振るわれるという危険がある態勢へと整えられていたのである。

(2) 労働と生活の管理

　「那覇港湾作業隊」を巡って、軍労働への就労を動機づけるため、住居や食料が厚遇された事はしばしば報道で取り上げられている。住宅の場合、1947 年には、沖縄戦で破壊された住宅や公共の建物

写真12 「みなと村」楚辺地域に立っていた茅葺きの規格住宅。（渡口麗秀氏蔵、那覇市歴史博物館提供、02000498）

を2年間で10万戸を建築するという計画が進められていた[29]。沖縄民政府がまとめた同年5月の住宅進捗状況は、「みなと村」では建築予定1333軒中すでに1028軒が完成しており、進捗率77％に達していた。一方、旧首里市では53％、旧那覇市は33％と達成率は低く[30]、「みなと村」の優遇ぶりがわかる。住宅難の状況で港湾作業に入れば家が手に入ることは、那覇市出身者にとっては大きな魅力となった。ある男性の場合、1946年に台湾から引き揚げ、旧石川市に住んでいる時に「那覇に入れる」と聞いて、旧真和志村が那覇市民受け入れのために貸した楚辺の傾斜地へ移り住んだ。そこではテント小屋1軒に、男性の6人家族と、さらに4家族が同居しなければいけなかった。床も貼られておらず、地面に粗末なむしろを直に敷いてその上で暮らすというありさまだった。男性の元を、「那覇港湾作業隊」の大隊長上原仁慶が訪れたことで、「チェッカーでも、仲仕でもよ

いからと喜んで」[31]、働くことを決めた。作業隊員向けの家は、楚辺のなだらかな丘に建つ、茅葺き屋根の住宅群だった。「規格住宅」は、わずか 6.6 坪しかなかった。だが、引き揚げた後に、米軍払い下げのテントに雑居する人々にとっては、羨望の的だった。隣接する壺川にいた小学生は、「みなと村」の規格住宅の床下に潜り込んで木材などが残っていないか探しまわったという。そうして探した端材は、自宅のテント家を修理するための貴重な資材になった[32]。

　しかし、他の地域の人々にとっては、倉庫からの必要な生活物資を抜き取る、当時「戦果」と呼ばれた行為ができないため、「作業隊に入ったら住宅の割り当てがある、というキャッチフレーズで懸命に誘った」ものの、人集めには苦労したという[33]。那覇市出身者は、「那覇港湾作業隊」に就労することで、雑居生活から抜け出すことができた。しかし、地方に家をもつ人々にとっては、労働管理が厳しく不人気だった。その結果、後に各地域に割り当てた労働者が集まらず、港湾作業が滞ったとして、米軍は各地域の共同売店を一斉に閉店させ、食料配給停止を命令するという暴挙に出たのだった[34]。

　食料配給についても、「那覇港湾作業隊」は優遇されていた。作業隊の人々は、米軍内での労働力採用の試金石として配慮がなされ、食料配給は 3000 カロリー分支給されると当初は報道されている[35]。作業隊稼働後の、配給カロリーは「軍労務」2800 カロリーであったが、それでも 21 歳〜60 歳のカロリーの 1.75 倍だった[36]。しかし、これは「みなと村」に居住する作業隊員に対するものであり、地方から労働者として集められて、カンパン（労働キャンプ）に住む人々の状況は別だったようだ。一般公募の労働者が入るカンパンは出入りが監視されていた。食事は食堂で提供されたが、デンプンを

いれたようなジューシー（雑炊）と汁、粉ミルクなどだった。一方、規格住宅に住む人々はこうした事はなかった[37]。こうした労働条件の相違が、労働者の募集にも影響したと考えられる。

　しかし、一見厚遇策と見られる裏では、港湾作業隊の労働に厳しい条件が課されていたことはあまり知られていない。例えば、無届けで3日欠勤したり、一ヵ月の労働時間が160時間を下回ると、「みなと村」の規格住宅を強制的に退去させられた[38]。また、「みなと村」設置とともに結成された「みなと村水産組合」の漁民は、魚を村内に食料として配給するという契約で住宅に入居を許されている[39]。

　港湾現場の労働状況を管理するのが事務所の仕事であった。事務所で翻訳を担当した小那覇全人は「Evacuate in few days（数日以内に退去）」という文書を度々作成しなければならなかった。港湾現場での労働者の勤務状況はタイムキーパーが記録した。無届け欠勤など居住条件を満たさなければ、上司が退去命令を書き、翻訳担当の小那覇に回してきた。小那覇は「エバキュエートという単語が脳裏に焼き付いた」ほど、書類を書かなければならず、そうした仕事をすることに複雑な思いを抱いた[40]。「みなと村」を退去させられた人々には、妻が出産したため仕事を5日間休んだ男性や[41]、村内の食料事情を改善するため私費を投じて機械を購入し素麺を製造した男性などの例があった[42]。

　垣花出身の人々は、あきらめを抱いて那覇軍港で働かざるをえなかった。住吉町出身の我那覇生三は「金武湾」から「みなと村」の楚辺へ移り、那覇軍港となった垣花でタイムキーパーとして働き始めた。戦前、住吉町の自宅は海岸から約50m陸地に入った場所にあったが、軍港が拡張されたことで海の底になっていた。住吉神社

や地域開祖の偉人、沖縄に芋を伝えた儀間真常の墓や、那覇港に入港する船から見えた、木々が生い茂っていた垣花のムイ（沖縄の言葉で「小高い丘」）は跡形もなかった。我那覇は「びっくりしてね。アスファルトが敷かれていた」という。九州への疎開後、実に4年ぶり戻ってきた、故郷はすっかり失われていた。しかし、ここで働かなければ、「みなと村」の家すら追い出されてしまう。「皆、土地がなく諦めている。闘争心はないですよ」[43]。故郷は失われ、行く場所もない。皆、生きるための労働に甘んじたのだった。「那覇港湾作業隊」で働き、「みなと村」に住むことで、労働によって生活が厳しく管理された結果、互いに助け合いながら生きようとする人々のつながり、故郷を希求した人々の希望は打ち砕かれた。「みなと村」とは、軍労働に統制された特別な村だった。

(3) 事務所と仲仕の対立

　厳しい労務管理について、港湾現場の人々は、米軍ではなく支配人と事務所によるものだと考えていた[44]。それが、港湾の現場で働く仲仕を中心にした、「港湾自由労働組合」結成の動きにつながっていくのだった。キャンプで、労働者に演説した現場の仲仕のリーダーの男性は、配給基準が守られず、「小さいパンしか与えられず、数日休めば、配給は減量」されるため[45]、ホワイト・ビーチでの5時間労働[46]に耐えられないと憤っている。旧真和志村楚辺など、後から「みなと村」になった場所に住み続けるため、適格者がいなくても家族から1人が港湾作業に就かなければならず、職業の自由がないとも訴えている[47]。男性は、港湾現場の米軍が桟橋監督官として採用しているフィリピン・スカウト[48]による発砲や暴力の問題を[49]事務所が放置しているとも指摘している。米

軍の黒人兵やフィリピン・スカウトの下で働かされることに加え、「他の人が寝ているような夜すら、厳しく働かされている。我々が、足を骨折し鼻をそぎ落とすような大けがをしようが、国場支配人と彼の職員は気にすることはない」と批判している[50]。直接現場に立ったフィリピン・スカウトの暴力は深刻だった。「戦果」を挙げた労働者が、フィリピン・スカウトに発砲されて死亡する事件も起きた[51]。「フィリピン人は鞭を振り回しながら沖縄の人に命令し、威張っていた。反感をかっていた」という[52]。また、コールタールのドラム缶を転がしながら運搬している所を怒鳴られたあげく、後ろから蹴飛ばされることもあった。少しでも労働者が反抗すると、軍作業で働くための労務カードが取り上げられてしまった。カードがなければ、仕事も住まいも配給も全て失う事を意味した。食住が厚遇された「那覇港湾作業隊」と「みなと村」では、それが管理手段となって、人々を束縛していたのだった。

　仲仕たちが中心となって「港湾自由労働組合」を結成する過程で、垣花の人々と事務所側との対立が鮮明になっていく。垣花の人々は自ら資料を残しておらず、監視する立場の琉球警察や「那覇港湾作業隊」事務所による資料であることを考慮しながら、組合結成の動きを追ってみたい。「みなと村」が設置されてから3ヵ月後の1947年8月10日、現在の那覇市山下にあたるペリー区の隊長会議で「支配人追放」「事務所廃止」が話し合われている。9月9日は、組合の楚辺分会を結成する会議で、大隊長の上原仁慶は、「那覇港湾作業隊」の構造的な課題について述べている。「港湾運営にはBN隊長（BNが何を意味するか不明）、会社の隊長、タイムキーパー、チェッカー、通訳だけで足りる。支配人と職員は、港湾運営に必要なく、運営が我が手に移れば、効率をもっと上げられる」と

している[53]。ペリー区長の新垣松助[54]は、「戦前は商運組が多額の荷役料をとっていた。仲仕の収入は少なかった。放置すれば資本家が拡張し、仲仕は再び搾取される。我々は資本家（支配人の国場）を港湾作業から排除しなければならない」と訴えている[55]。

上原はさらに、支配人国場が「仲仕の気持ちは分かると言うが、彼が理解しているのは、大工や労務者の気持ちである」と、港湾で働いてきた仲仕たちの伝統や心意気を理解しないことを批判した[56]。上原は、長らく港湾作業で指導者だった家の出身だった。当時40歳だった上原は、戦前に中央大学を卒業しており、沖縄県庁に勤務後、父親から港湾作業を請け負う「上原組」を引き継いでいた。また戦前に、那覇市議にも当選していた[57]。上原は、支配人の国場幸太郎が、元々は国頭村出身の大工であり、戦前から軍工事など土木工事で名を成したことを「大工や労務者の気持ちが分かる」と表現し、港湾事業とは畑違いであることを批判したのである。そのことが、「那覇港湾作業隊」の労働効率の悪さにつながったことも指摘している。日本の中部地方で米軍が大規模に駐屯していた名古屋の港湾作業を例に挙げ、「名古屋の作業隊が8なら、那覇は3」とした。その理由を、作業隊の2割が管理側である事務職員が占めているためだと批判した[58]。

上原がそう指摘するには理由があった。事務所職員は、文書作成や米軍との調整で英語を話す必要もあったため、旧制中学・師範学校出身者が多かった[59]。賃金は月給制で安定しており、さらに「みなと村」に住むにも、仲仕のように必要な労働時間を課されることもなかった。上原は占領から解放された後は、「米軍の信用を得て、港湾作業運営は作業隊50人の手に移る」と、自らの主張の正当性を表現している[60]。「港湾自由労働組合」とは、上原ら仲仕らが、

軍作業化された港湾作業を支配人の国場を象徴とする米軍との間に入った管理者を排除して、仲仕たちの伝統的な仕事として取り返すことで自律を獲得しようとした動きだったといえるだろう。そのため、上原らは米軍に対しては抵抗ののろしをあげてはいなかったのだ。

　「港湾労働自由組合」と同時期に起こっていた「みなと村」那覇市編入の動きも、問題となって浮上した。上原らにとって、「みなと村」の那覇市編入は、国場の支配を脱し、那覇市へ帰還するという二つの意味をもっていた。1947年9月1日、那覇市編入の公聴会が開かれている。その場で、楚辺の第4中隊長仲本政勝は「みなと村では、労働と政府が接近している。那覇の人々は那覇市へ帰りたい。疑いを持たず、再建のために協力したい」と述べている。また、別の男性は国頭地区に残留している那覇出身者にふれて、「我々はこれらの人々を早く那覇市に連れて来ることを要望する」と提案している[61]。「みなと村」が出来たころの出身地別統計では、6469人の人口中、那覇市出身者が4817人と最も多かった[62]。軍作業に参加することで移動し「生活圏」を形成してきた人々は、この時、労働と生活を切り離し、移動のたびに離散した人々の再結集を求めようともしていたのである。

　こうした垣花の人々に着目すれば、組合結成と那覇市編入とは、埠頭での自律を取り戻し、故郷への帰還を可能な限りにおいて実現しようとした「復興」を目指す取り組みだったといえるだろう[63]。

(4) 追放

　次に港湾自由労働組合と那覇市編入の動きを時系列にまとめる。事務所側と琉球警察という仲仕たちを監視する側が残した資料は何

を問題視していたかを浮き彫りにしている。

　事務所の作業隊副支配人による報告書は、1947年8月10日に開かれたペリー区の隊長会議には、大隊長上原と中隊長数人とともに、米軍が敵視する沖縄人民党の瀬長亀次郎が参加していたという。この時、討議されたのは、「支配人国場の追放、事務所廃止」であり、ペリー区長の新垣が人民党支部の結成を提案したという。新垣は、この年、立ち上げた沖縄人民党の名簿に名を連ねている。

　また、作業隊と人民党が那覇市に働きかけた事によって、同月15日に「みなと村」を那覇市に編入するかどうかの公聴会が開かれたと指摘する。公聴会では、合併の意志の有無、合併するとすれば翌年に予定された市町村長選の前か後のいずれを希望するかが聴取されたという。この時、ペリー区と壺川区、組合結成の動きの中心となった地域は、那覇市合併後の選挙実施を求めている。那覇市への編入前なら、再び村長として国場が選ばれると考えたためだろう。一方、支配人国場や事務所と「みなと村」の職員、代表以外の壺川の人々が合併そのものに反対している[64]。

　事務所の報告では、9月2日、壺川区であった会合では、楚辺第4中隊長の仲本が「みなと村は、支配人と村長を国場が兼任、自由と労働が抑圧されている」と主張したとする。解決手段としてストライキも辞さないと、強い手段をとろうと呼び掛けている。もし那覇市に合併する事ができれば、港湾作業の労働者確保や共済の整備、配給の増量、高額な税金など諸問題を解決できるとした。同日、那覇市合併に向けた署名運動も取り組み始めた。そして5日には、ペリー区で人民党支部が結成されたと記録している[65]。しかし、同日の首里警察の報告では、集会の議長であるペリー区長新垣は、組合のペリー支部と発言している。その目的は、「親和と相互

扶助及福利増進」としており、それに沿った組合規約も掲載されている。仲本が主張した強硬手段ではなく、穏便な形で沖縄再建を目指したいとした。また、現場に不利な労務管理は、米軍の命令ではなく「悪辣な一部職員の策略」とし指摘し、事務所こそが問題の根源であると強調した[66]。当人たちが組合と発言しているが、事務所が人民党支部として報告をあげたのは、事務所との対立が、やがて米軍への抵抗の火種となることを警戒したためと考えられる。現場の作業隊が国場と事務所を批判することに対し、「みなと村」事務所は瀬長や人民党の関与に焦点をしぼり、批判をかわそうとしたと考えられる。

　事務所の報告によると、9月7日には組合の楚辺分会が結成されている。組合代表となっていた大隊長上原が、第4中隊長仲本を楚辺分会長に指名している。この時、感触では「楚辺区の80％が組合に賛成」と考えられていたが、当日は中隊長2人が欠席していた。態度表明を留保したのは、仲仕たちは、「那覇港湾作業隊」の仕事を失い、「みなと村」から追い出されたら生きていけないことを、収容地区を出てからの移動で身に染みていたからだと考えられる。事務所は「合併については楚辺第4（中）隊のみが賛同している。ほかは沈黙している」と報告している[67]。

　また、事務所から、マネージャーのワーラーに対する報告書の中で、共産主義の影響を強調して報告している。「言論、集会、結社の自由は沖縄の人にも保障される。だが許可されての自由。瀬長は共産主義者で、思想を普及させようとしている。演説や手法は共産党的傾向があり、埠頭運営に悪影響がある」と訴えた。また、仲仕たちが那覇市との合併を要求したのは、「みなと村」の村長でもある国場の支配から逃れようとしているだけだとした。人権が抑圧さ

れた労働状況の改善を求める垣花の人々の主張に対して、「無価値
で、嘘や共産主義の 唆 しにあふれ、人々を欺く」と、切り捨て
ていた。港湾労働者については、「遅刻しがちで、出勤状態が悪く、
運営は効率的でない」とし、配給必要量を達成しない漁民につい
ても、「闇で売れば儲かると考えている」と痛烈に批判している [68]。
そして、「港湾自由労働組合」を結成していること、那覇市編入を
希望していることを、「61 部隊で働かずにみなと村に住み、厭な仕
事を拒み、米軍管理の厳しい仕事ではなく別の良い仕事を求める」
ことが目的だとし、一連の動きは、間接的ではあるが米軍の指示に
したがっていないと報告している。これらを認めれば、「港湾作業
は弱体化する」とも強調している [69]。先の言葉は、「みなと村」とは、
労働管理の手段だったことを明言しているといえる。

　こうした報告を受けた軍政府労務部は、瀬長の存在から共産党の
影響が那覇軍港に及んでいると考えた。日本本土や朝鮮半島から引
き揚げた「扇動者」によって「共産党の策略が全琉へ広がる前触れ」
と捉えた。支配人国場を追放しようとする動きを「多数の賛同を
得られれば、軍が指名した支配人を追放できるという考え方が、占
領軍に対する直接的な抵抗である」と結論づけた。軍政府が懸念し
ていたのは、組合が結成されることで、「みなと地域、地元の管理
システムに対して、（人々が）デモに駆り立てられる」ことだった。
また、那覇市編入の動きは、「左翼の特徴として（沖縄民）政府を
コントロールしようとしている」とした [70]。

　この時、「9 〜 11 月までに膨大な物流が予想」されていた。組合
結成、那覇市編入は、米軍、事務所関係者に緊張を与え続けた。軍
政府は、「那覇港湾作業隊」の幹部や沖縄民政府労働部・首里警察
署の関係者を集め、9 月 9 日には支配人国場の自宅に上原ら五人を

呼び出している。その中で、米軍政府は「誰が沖縄の食糧を与えているのか」と問い、上原にそれが「米軍だ」であり、なければ「餓死する」とすら答えさせている。この時米軍は、もし軍の命令に従わなければ、配給食糧を販売する共同売店を閉鎖することも、ほのめかしている。また、那覇市への編入では、戦争でつぶれた那覇ではなく、「みなと村」が現在の那覇市であり、それを代表するのが支配人の国場であり、そむくことは米軍の軍命にそむくことであると批判している。上原らは弁明することも許されなかった。垣花の人々の港湾現場での自律と生存を目指した取り組みは、米軍と事務所の港湾管理体制の前に砕け散った。そして、大隊長・組合代表の上原、ペリー区長・分会長新垣、楚辺第4中隊長・楚辺分会長仲本ら5人は作業隊から追放された。その際、「みなと村」の家からの退去に留まらず、配給カードの取り上げ、また、今後軍政府・民政府関連の仕事にはいっさい就くことは許されず、さらに仲仕の仲間を引き連れていくことも禁止された。その結果、組合結成も那覇市編入の動きも挫折したのである。軍政側は一連の動きについて、「軍政府が素早く対応したことで、深刻化しなかった」と分析している[71]。

　新垣幸助は、父親の松助が、「みなと村」を出ていくように言われた時のことを覚えている。夜帰ってきた父親は「占領下だからか」と憤慨しており、その日で退去しようと急いで荷物などをまとめ始めたという。知人を介して、壺川に家を用意してもらい移り住んだのだという[72]。

　9月15日、垣花出身の労働者が、奥武山キャンプで監視員[73]に暴行され死亡する事件が、新聞に小さく報道された[74]。この事件は、上原らが何に対して決起したのか、それを象徴していた。1948年

には、「那覇港湾作業隊」に徴用される市町村労働者の稼働率の悪さが原因となって、米軍が、沖縄島内の人々が食料を購入する全ての売店の閉鎖を打ち出した。米軍に協力しなければ飢えて当然という仕打ちは大きな衝撃となり、知事や議会も米軍に陳情する騒動を引き起こし、その結果取りやめになっている。しかし、これは、食住の管理によって労働が課されていた「那覇港湾作業隊」におけるやり方を、沖縄全体まで及ぼそうとしていたことと同義だった。

3　それぞれの垣花

(1) 住吉漁民の帰還

　1945年10月、那覇市民が集住していた石川市で、住吉町出身者が、「石川市那覇水産組合」設立を試みている。漁船の配給には、水産組合の設立が必要で、沖縄各地で組合が相次いで設立されていた[75]。那覇市ではなく、他の地域に単独で水産組合をつくることには躊躇もあった。しかし、手続きに時間がかかってしまい、ガリオア船（ガリオア資金〈占領地域救済政府資金〉で建造され各漁協に配給された漁船）の配給から漏れる可能性があった。そのため当初の方針をかえて、半年以上たった1946年6月に、石川市水産組合の所属で那覇班を結成している。帰郷できない那覇市民が住んでいた旧石川市の3〜4区の住人26人が加入した。那覇班の設立目的は、「那覇市に移動前提処置として石川市に那覇水産組合」を結成し、「失業者を最小限に止め食料増産に邁進」することだった[76]。

　しかし、旧石川市で漁業を再興する事にはためらいもあった。それは、那覇班を結成した後に、組合員の中から旧那覇市壺屋へ移動する動きが出たこととして現れた。那覇班長は、移動を企図する

人々が、当時、那覇市民が移動できた壺屋に行こうとしていることに対し、同地域の製陶業や瓦業以外の入域が禁じられていること、また、先遣隊を派遣しての住宅建築、港湾使用の可否、那覇市場出身者が二つの組合を立ちあげる事などの、課題も挙げている。しかし、最終的には、壺屋へ移動したとしても、もし今後合流希望があれば受け入れるという内容のメモを同年6月付でまとめている[77]。8月、沖縄水産組合連合会職員が那覇班に送った手紙には、那覇市長との面談には那覇班員も同行するよう助言し、支部結成で舟艇配給を実現させたいと記している[78]。水産部先遣隊名簿には、壺屋班の立ち上げに関わった人々を含め34人が名を連ねた。

　旧那覇市の漁業の再興について、『那覇市概観　1952年版』は次のように記す。それは1946年1月、佐久川長吉が那覇市水産組合の許可をうけたことを始まりとする。2月には、当時、那覇地区が所属していた糸満区役所の労務班長の助けによって陶器業者と偽りの証明書を発行してもらい、漁業者が那覇へ入域を果たしたと記録している[79]。壺屋班の動きはこれに続くものとして考えられ、漁民たちはひそかに次々と那覇市へ帰ってきていたのだった。

　宜野座村惣慶にいた住吉町出身の普天間直精とその家族は、壺屋班に合流している。家族とともに壺屋に2棟あった長屋の1軒に住んだ。「1棟に10世帯ほどで住んだ。各家族から代表が出て来て自力でつくったカバヤー（幕舎）。材料もみんなアメリカからの流れもんさ。床は地面と同じ高さで、1世帯は2間ぐらい」。壺屋班が住んだのは、現在の那覇市の歓楽街、桜坂と呼ばれる地域の一角だった。当時は、近くに数軒家があるだけで、周囲は米軍の物資集積所が広がっていたという。徐々に引揚げて来た人々の家が建ち始めると、集積所に忍び込んで、電線や真鍮を盗って「戦果」を上げ

る者も出始めた。米兵はこうした人々を銃で威嚇した。一方、米兵も女性目的に、人々の家に侵入することがあった。人々は集落入口に下げたガスボンベの警鐘を乱打し、米兵を追い払っていたという[80]。

　壺屋は那覇市東部に位置する内陸部で、海岸には面していない。壺屋班の漁民は移動を果たしたが、漁場の確保ができず、水産組合の設立は難航した。それは船の配給の得られないことを意味した。その時、壺屋班に所属する船は、わずかにサバニ（刳り船）4隻だけだった。このサバニを20人の漁民で浦添の海岸まで移動させ、漁をしており、漁業だけで生活できる状況ではなかった。その後、船揚場を転々と移動し、一時は那覇市樋川に落ち着いた。しかし、樋川も那覇港湾から内陸に入っている上、壺屋からは離れていた。漁を軌道に乗せるのは難しく、組合解散の話も出た。しかし、9月に壺屋班は、米軍と再び交渉して、夜間は点灯しないこと、女性を連れて来ないことを条件に、旧那覇市の泊の台ノ瀬病院跡（現泊3丁目）の海沿いにようやく船揚場の小屋を造ることが認められた。泊一帯は、那覇軍港と物資集積所に近接していた、住吉の人々にとっても、故郷から北に位置した浜に海を開けることに成功したのだった。壺屋班は、ようやく1947年になって、船1隻の配給を受けているが、その後は、漁船8隻、サバニ25隻と順調に規模を拡大した[81]。

　普天間直精の父親は、米兵が船を壊すのを恐れ、船揚場からさらに安里川を遡り、旧真和志村安里に船を碇泊していた。普天間は、旧浦添村にある米軍牧港補給地区で働いていたが、旧那覇に戻った最初の1年間は、軍作業を終えると夕方から父親とともに漁にでた。「軍作業には、軍の車が送り迎えに来る。行く前に、親父が待って

おるからと相談して。泊高橋で車を降りて、親父と一緒に夜だけイカを釣った」。沖縄戦以降、誰も一帯で漁をしていなかったため、旧浦添村沖合のイナンビシと呼ばれた漁場は、タマン（ハマフエフキ）などが大量に捕れたという。「家族を支えたのは軍作業とイカ釣り。母が道の側に座って、タライに入れて売っていた」。家族総出で働いて、家計をささえていた。この頃、那覇北部に位置する真和志村安謝には、住吉の漁民が集まった集落ができており、操業を始めていた。「安謝はめいめい家を作っているから。アメリカ材料のツー・バイ・フォーで」[82]。当時、那覇市は米軍の物資集積場となっており、住吉出身の漁民たちもまた、自ら拠点をつくり、海を開けたのだった。

　「みなと村」から、真和志村安謝の住吉集落に移動した我那覇生三は次のように話す。「みなと村」で1年半ほど働いた1948年ごろ、漁師だった父親とともに安謝へ移ったという。「みなと村」の漁業は零細で、日々の食料分を釣るに過ぎなかった。「（旧真和志村の）楚辺にいる時は、親父は飛行機の燃料補助タンクをクリ船にして、チン（ミナミクロダイ）とか釣って、那覇港のフィリピン人が乗っている船へ行って、米と物々交換した。だいぶ助かった」。「みなと村」での漁業に見切りをつけて、住吉町伝統の深海鮪漁や鰹一本釣りの再興を志す者が出ていた。我那覇は「おやじたちはウミアッチャー（漁業者）だから、みなと村の仕事はやっていない。仲仕仕事はできないから、すぐに漁業で出て行った。親父の連中はこれしか仕事がないからね」と言う。安謝への移動は強引なものだったという。「漁民は死に物狂いですよ」というように、海辺沿いのテントの家に住み着くことで、集落をつくった。そうしなければ生きることはできなかった。「海に近いということが有利。自分の故郷

は帰れないでしょう。（安謝は）漁には最高の場所だと」。集落をつくるのに、米軍の物資から必要なものを調達し、運搬には軍作業にでている人たちがトラックで協力した。「盗ってきたモーターで戦後は機械化した。ガソリンがないといけない。運転手たちが（米軍から）抜いてきたものを分けてもらった。全部そんなものだった」。テグマ（器用な人）がサバニを作り、やがて本職の船大工も移り住むようになり、集落で船が造られるようになった。人々は共同作業で船揚場を造営した。近海の一本釣りでタマンやチンを釣り、底延縄も復活した。女性たちは初めて行商を担うようになった。「家の人がタライで小売して歩いた。うちは母もいたし、長姉もいた。タライにのせて那覇の町へ売りにいった。戦前はやっていなかった。こっちに移ってから、サバニ漁のちいさい魚だから」[83]。戦前の垣花には魚の卸市場が設けられ、仲買を通して対岸の那覇市場へ魚を出荷していた。家族が大型漁船にのる家の女性たちは、販売には関わっていなかった。しかし、戦後は流通網もないため、女性たちが魚を売る役割を担ったのである。

「みなと村」には1947年5月に沖縄民政府に認可された「みなと村水産組合」「楚辺水産組合」（ペリー区37戸、楚辺区12戸、奥武山1戸）があった。作業隊員の食料を確保し、あわせて住吉町出身者の漁業再興を目指した。結成時には仲仕をしていた漁師60人を組織し、発動機船4隻、サバニ22隻で操業を始めた[84]。しかし、1949年10月、米軍は2組合の漁民に村外退去を命じている[85]。みなと村の規格住宅の入居条件であった、カンパンと村に低価格で水産物を配給し、不漁期には港湾作業に就く条件を守らなかったことが理由とされた。沖縄民政府は漁民の残留を働きかけたが、米軍は那覇地区以外の北部地区へ移動するよう命じた。「みなと村」は、

翌年 1950 年 8 月には那覇市に合併しており、漁民が実際に追放されたのかどうかは現在のところ分からない。

　住吉出身者は、1951 年 2 月に、「みなと村」の 2 組合を包含する形で、安謝の真和志水産組合とともに那覇地区漁業協同組合を結成した（組合員 157 人、動力船 18 隻、サバニ 50 隻）[86]。真和志村安謝の住吉区に組合事務所を置き、鮪延縄とタイの一本釣りに従事した。1951 年 11 月、住吉区を取り上げた新聞記事は、当時の住吉漁民の様子を次のように伝える[87]。戦前の住吉町出身の漁業者は、旧那覇（壺屋）・ペリー・楚辺・真和志（安謝）に分散しているが「住吉漁業者としての誇りを持って一体となって漁業発展に尽力している」と。また、住吉区では 80 戸が漁業に従事し、4 〜 10 月は鮪延縄、11 月〜 3 月は一本釣と底延縄を行った。戦前は発動機船の導入で漁船大型化がすすんでいたため、「地下足袋を履いても足をぬらさない」で、漁をすることができた。当時の勢いには及ばないが、月平均 15 万斤の水揚げは那覇市場の供給のほとんどを占める、と報じている。

　普天間直精は「その時は安謝に人がいたからね。金武湾区にいた人が戻っている。山下町にいた連中は一時仲仕して、生活して、減ってきてから、ウミンチュ（漁民）している人がいるさ。ある程度つながりがある、仕事がやりやすいようにしてつながった」と話す[88]。

　それぞれに旧那覇へ戻り、海を開けた漁業者は、各地に離散しながら組合を結成した。「岩に根を下ろした老松のように辛酸をなめてタタキ上げてきた筋金入りの漁夫達」という記事[89]の表現は、漁業そのものの労苦にとどまらず、那覇への帰還、軍用地の中に海を開ける努力を続け、「復興」を求めた漁民たちをたたえた言葉と

もいえるだろう。

(2) 埋め立て地の垣花

1952 年、那覇市議会で「泊南岸埋め立て」事業が審議されている。那覇市西部、那覇港の北部にあたる海岸を埋め立てる計画で、1950 年に沖縄で始めて立案された都市計画の一環だった[90]。

1950 年、「みなと村」が合併したことで[91]、那覇市の面積は 50 万坪（165 万 2892 ㎡）増え、185 万 6401 坪（6136 万 862 ㎡）に拡大した[92]。しかし、市民 6 万 1950 人の 1 人当たり面積はわずか 17.18 坪（56.8 ㎡）で、市域面積は拡大したにも関わらず、戦前の 1 人当たり面積 19.5 坪（64.4 ㎡）に及ばなかった。市面積の 79 万坪（2611 万 570 ㎡）が、米軍用地になっていたためだ。

那覇市では 1945 年に壺屋・牧志に産業先遣隊の居住が許可されたが、戦前の那覇市の中心部である美栄橋・久茂地・松山・天妃・辻・若狭などは 1951 年まで解放されていない。それまで、那覇市は米軍の物資集積所となっており、モータープールが設置され、倉庫などが建てられていた。米軍の琉球軍司令部・補給部・物資集積所など 18 の米軍施設が集中していた。那覇市の土地の大規模な開放は、1954 年の壺川・久茂地・若狭の合計 2 万 4000 坪（7 万 9338 ㎡）と辻の 3 万 8000 坪（12 万 5619 ㎡）、1955 年の前島 5 万坪（16 万 5289 平方㎡）まで待つ必要があった[93]。沖縄戦が終わり、10 年近くをかけて徐々に土地が開放され、さらに都市計画の策定に時間を要したために、別の場所で暮らしながら開放の時を待ち、戻れないままに生活を築いた結果、移動途上の場所に住み着いた人々も多かったのである。

1952 年に那覇市長に当選した又吉康和は、「那覇市真和志村の合

併促進」「旧市内の開放促進」「埋立計画の実施」を公約とした。当時の那覇市が課題としたのは、軍用地からの開放、職を求めて殺到する人口を収容するため隣接する町村を合併し、市域を拡大することだった。市域拡大の手段の一つが、埋め立てであった。この埋め立て地の用途について、又吉は先の議会で、「軍用地使用によって土地を失った市民や都市計画の都合上移動を余儀なくされる市民の移住先」と明言している[94]。

「泊南岸埋め立て」事業は、米軍の泊港築港浚渫に伴いガリオア資金[95]で護岸約3万坪（9万9173㎡）を埋め立てた後に、那覇市が事業を引き継ぎ、1953年に完成させた。同年12月、那覇市は都市計画に基づく土地用途指定と入居者受け入れについて、市議会に諮問している[96]。添えられた計画案で示された土地用途は、商業地1万40坪（3万3190㎡）、住宅地約8285坪（2万7388㎡）、工業用地8283坪（2万7381㎡）の順に多かった。市長が明言していた埋め立ての目的、「軍用地によって土地を失った市民を受け入れる」のではなく、商業用地が住宅用地を上回る形計画になっていたのである。

これは、埋め立て地へ移る事を期待していた人々を裏切ることでもあった。垣花の人々の思いは、入居申し込みの希望面積の尋常ならざる数字となって現れていた。この時、住宅用地の入居は、県道拡張などの立ち退きで、泊や前島地域の人々も対象とした。しかし、垣花関係者は、8285坪の個人住宅用地の申し込みに、垣花復興期成会（宮里雄喜他1万2000人）が、36万坪（119万㎡）、那覇地区漁業協同組合（儀間真喜他299人）が9000坪（2万9752㎡）、「みなと村」にいた那覇市議の新垣松助（他3人）が「垣花住民クラブ」56坪（185㎡）の希望を出している[97]。さらに垣花復興期成会は3

万坪（9万9173㎡）を住宅兼商業地として貸すよう陳情してもいる。こうした垣花の人々が要望した面積を合計すると、埋め立て地のほぼ10倍以上に匹敵していた。無謀に見える垣花の人々の行為に込められた思いは、陳情書の切実な文面に託されている。「（戦前の垣花は）関係地主1063人、土地面積12万8776坪、これに居住して居た町民1万3500余人でした。之等町民は自己所有地を有しながら己むなしく那覇市及び地方に点在し年々窮迫した生活を余儀なくせしめられ全く焦燥に駆られ日夜落ちつかない状態であります」[98]。文面には移動を繰り返すことによって離散を強いられた垣花の人々の思いがぶつけられていた。ばらばらになってしまった人々が、埋め立て地に集い、垣花を再興することが人々の希望だった。

　諮問を審議した那覇市議会には、1947年に「那覇港湾作業隊」から排除された上原仁慶・新垣松助が議員として参加していた。1953年12月8日の定例会一般質問[99]で、新垣は那覇市には自分の土地に住めない3万人以上が、埋め立てで出来た住宅用地へ入居出来ると期待しているとし、垣花だけでなく那覇軍港の後背地として通堂や西新・西本というところへ米軍によって土地を接収された人々を入れるべきだと主張した。那覇市議の金城兼市は、本来埋め立ては垣花出身者を入れるために米軍が許可しており、その後に都市計画が被さった経過を指摘し、当初の通りに垣花の人を1人でも多く入れるべきだと主張した。この時、議長は、米軍施設に土地を取られ農村が疲弊し、職を求めた人々が那覇に押し寄せている現状を説明し、「那覇の人々の生活のあり方をどう方向づけるか、資本主義に向かって落伍者が多くでることを予測しなければならない」と発言している。議長の発言のように、米軍による軍用地接収、制御できない人口集中によって、都市計画は人々の「復興」の夢を積

写真13 1955年、那覇市に合併して5年たった「みなと村」の奥武山1区と2区。古びた規格住宅が建ち並ぶ。（沖縄タイムス社所蔵）

み残し、都市の「復興」優先へと舵を切っていったのだった。

　埋め立て地の土地用途の制定、住宅地域の受け入れ入居の調整は、有識者などによる委員会にゆだねられた[100]。その結果、垣花の人々で土地の割り当て対象となったものは、戦前の土地所有者で、その土地全てを軍用地に接収され返還の見込みがなく、移動を必要とする者という条件が定められた。宅地は1戸30坪を標準とし、垣花が割り当てられた住宅地域への受け入れの調整は「垣花復興期成会」が原案を策定することになった。

　そして、12月29日に那覇市議会は、市長宛てに結果を答申した。住宅地区には、旧垣花町民125世帯の入居が決まり、借地面積は3724坪だった[101]。戦前1063人だった地主は、この時点で垣花町・住吉町・山下町の894人となっており、借地条件を満たしたのは、

那覇市に住む 302 人、他市町村の 286 人の計 588 人に留まった。その中から、泊南岸埋め立てに入居する 125 人が絞り込まれたのだった。垣花の人々が要望した第 2 次受け入れ 7444 世帯の 2200 坪は、申請者自らが場所変更を希望し保留となった[102]。戦前、1 万 3500 人、那覇市の人口の 1.5 割を占めた垣花。そこに住んだ人々が、戦後に抱いた希望と復興への歩みは、旧那覇の「復興」という大きな課題にのみこまれ、離散した地域に埋没していったのである[103]。

第4章

「復興」に奪われた真和志村

1949年3月、村内移動2周年を記念して、真和志小学校校庭での「原山（はるやま）勝負」。農家が芋などの農産物の大きさを競い合った。(那覇市歴史博物館所蔵、02000533)

1 「魂魄之塔」という通過点

　真っ青な水平線が広がる糸満市の大度海岸。沖縄戦末期の1945年6月、米軍の南部侵攻によって、崖やサンゴ礁の浜に追い詰められた人々が命を落とした場所だ。浜に育つアダンや木々の間、サンゴの浜の岩陰に、死者の遺体は野ざらしとなり、あちこちで白骨の姿をさらしていた。大度海岸に近い米須には、沖縄戦の死者を弔う慰霊塔「魂魄之塔」が建つ。小さな素朴な碑に比べ、不釣り合いなほどコンクリートの台座が大きいのは、ガマ（鍾乳洞）の上に建てられたからだ。占領直後に野ざらしの遺骨を拾い、ガマに収めたのは旧真和志村民だった[1]。「魂魄之塔」は、戦後初めて沖縄県民が建てた慰霊碑だ[2]。

　戦前の教育者で、当時真和志村長を務めていた金城和信[3]は、2人の娘を「ひめゆり学徒」として亡くしていた。村民とともに、「ひめゆりの塔」と、男子学徒の慰霊碑「健児の塔」を建てている。こうした体験をもとに金城は戦後、遺族会活動に粉骨砕身する。この時、教育者の翁長助静[4]も金城とともに収骨活動を牽引し、真和志村の学校長として、米須で真和志村の再興に尽力した。翁長は、2018年に亡くなった前沖縄県知事、翁長雄志の父親である。生前の翁長雄志は、旧真和志村民による「魂魄之塔」を、自らの政治スタンスの原点として節目の度に訪れていた[5]。金城や翁長親子、さらに旧真和志村の人々にとって、この米須での体験は、戦後の生き方を規定する原点となって語り継がれてきたのである。また沖縄県民にとっても、「魂魄之塔」は、沖縄戦を追悼する原点の場であり続けている。毎年6月23日、沖縄戦の死者を追悼する「慰霊の日」

には、花束や菓子・飲み物・タバコなどの供物が円形の台座を埋める。こうした追悼の経験を通して、金城と真和志村民の人びとの戦後の始まりを摩文仁村（現糸満市）とする語りが、広く沖縄では共有されてきた。

　しかし、一方で、真和志村民の戦後が摩文仁村に始まるという語りは、村民にとってその前後の移動過程を見過ごさせてしまっている。旧真和志村の人々が、戦後旧摩文仁村米須にいたのは、沖縄島北部の収容地区から真和志村への帰還が米軍によって阻まれていたことを示している。1945年10月に、北部収容地区に収容されていた人々は、元の集落や近隣地域へ帰還を開始する。しかし、那覇市と読谷村・北谷村[6]・伊江村[7]は、軍用地として多くが接収されていたため開放されず、人々は収容地区に残留していた。真和志村も全地域が未開放であり、村民は収容地区に留め置かれていた。こうした苦境を脱するため、1946年1月、真和志村初代村長の金城和信は、摩文仁を管轄する米軍担当官と米須を下見し、真和志村民を移動させることを決めている[8]。翌2月、米軍が真和志村民を北部収容地区から移動させたのは、北部収容地区があった沖縄島北部の国頭地域の人口過密の解消と、沖縄島中南部での軍労務者を得るためという二つの理由からだった[9]。

　真和志村民がいた北部収容地区の宜野座から摩文仁までの約50キロの移動。そこからさらに豊見城村嘉数を経由して旧真和志村までの約14キロの再移動。今なら車で一時間もかからない距離は、米軍によって帰郷を閉ざされた真和志村民にとって、とてつもなく遠い距離だった。真和志村の人々は、沖縄島最南端の摩文仁村米須へ、さらにそこから豊見城村嘉数へ移動している。移動の度に農耕を一から始め、生き抜かなければならなかった。また、米須では、

収容地区から移動できたのに、マラリアなど病で命を落とす人々が続いていた[10]。米軍が、真和志村民に真和志村内への移動を許可したのは 1946 年 8 月になってからだ。収容地区からの全住民の帰還が始まってから、すでに 10 ヵ月が経っていた。しかし、村内への帰還が始まったものの、米軍が村の各所を接収したままで、必ずしも元の集落があった場所に戻れたわけではない。村内に仮の集落をつくり、さらに元の集落への帰還を求めて交渉を続け、移動の日を待たなければならなかったのである。

だが、村民が必死の思いで帰還しようとした真和志村内に、既に移り住み始めていた人々がいた。那覇軍港などの米軍施設や沖縄民政府で働いていた人々だ。真和志村は農村だったため村面積が広く、米軍の命令に基づいて村内の各地に労働者のキャンプや集住地域がつくられていた。「復興のあらゆる点で、米国の援助を受けている沖縄が軍作業は之に対する沖縄のなしうる唯一の協力奉仕」[11]。1946年、軍作業に従事する人々の多さを新聞はこう伝えている。この時、沖縄群島の軍労働者は 2 万 630 人を数え、全就業者の 14.4％にも上っていた[12]。真和志村に住んでいた人々はこうした人々だった。また、後に、米軍施設が集中して開放されなかった那覇市の人々が、真和志村に各地から移動している。こうしたことから、真和志村が1953 年に市へ昇格した時には、「真和志村の特徴は、総人口の 70％を他市町村からの転入者が占めている」という事態になっていたのである[13]。

真和志村は、米軍や沖縄民政府で働く人々の居住地、米軍用地として接収された。さらに、米軍の倉庫地帯となっていた那覇市へ人々が戻れなかったため、那覇市民をも受け入れる場所として活用されたのである。1953 年の「銃剣とブルドーザー」として知られ

る米軍による暴力的な土地接収以前に、他律的な要因によって真和
志村民は元の集落への帰還を阻まれ、土地を奪われ続けていた。こ
れが、戦後の真和志村のコミュニティー再建に、大きな影響を与え、
転入者が集中する流動的な地域へと変貌した要因である。

　こうした真和志村の人々の動向を知るためには、人の集中をも
たらした要因である移動・労働・地域再建を同時に見る必要があ
る。戦後初期の軍労働全般については、論文「基地で働く人々　占
領下沖縄の不条理を生き抜く」[14] など、鳥山淳による一連の研究が、
占領政策下の労働力編成について明らかにしている。また、戦後の
真和志村の地域形成の特徴については、石原昌家が、沖縄島北部や
離島出身者が基地内外の労働者として移動し定着し形成した同郷者
集団「郷友会」を通して考察している[15]。都市再建の視点からは、
田里友哲『論集　沖縄の集落研究』（離宇宙社、1985 年）が復興史
と都市史の観点から考察し、沖縄島の基地化が進行する過程で、那
覇市が真和志村など近隣市町村を合併した「戦災復興都市」として
都市化したと指摘する。加藤政洋『那覇　戦後の都市復興と歓楽街』
（フォレスト、2011 年）は、栄町という盛り場を係留地にして、合
併後の那覇市から真和志村「復興」を分節化している。これらの先
行研究は、個々の領域で研究されており、労働と移動と地域形成が
どう互いに影響したのかという全体像を描くのは難しい。また、真
和志村を考察する上で、他所出身の最大グループである那覇市民の
存在に注目する必要があるが、那覇市と真和志市が 1957 年に合併
したことによって、こうした論点も含めて真和志市の歴史を語る視
点は那覇市の歴史の中に埋没してしまったといえるだろう。

　本章は、「真和志村重要書類綴り」「真和志村議会会議録（1948－
1949）」（那覇市歴史博物館蔵）など、ほとんど着目されてこなかっ

た資料を通して、真和志村の人々が直面した課題を考察する。那覇市議会は『那覇市議会史 第5巻 資料編4 議会の記録 アメリカ統治期（合併前）』[16] を発行しているが、「真和志村議会会議録」からは議案のタイトルのみを収録しており、会議内容は記載されていない。そういう中で、上記記録は合併後の那覇市の歴史に回収された真和志村の実情を知る基本資料といえる。

これまで、軍労働と引き揚げによる居住地の形成が合併問題に影を落としたことによって、真和志村の人々の「復興」への希求は十分に書かれることはなかった。米軍による帰還や労働、管理の中に数としてだけ処理された人々が、帰還を地域の「復興」としてとらえ、再建に向けて、「生活圏」をいかに形成しようとしたのか、「復興」を基軸にこれらを記述することが、本章の目的である。

2 広大な土地と真和志村

⑴ 軍労働と引き揚げ

真和志村の歴史を特徴付けたのはその広大な土地が切り刻まれる歴史である。沖縄学の島袋全発は、首里王府時代[17] に真和志間切（村の単位）の一集落であった那覇が近世にかけ周囲の集落を飲み込み続け、真和志一円を包含する那覇市の発展は、一面では「真和志縮小記」であったと記す[18]。沖縄戦前には、那覇市と首里市、二つの市に挟まれた農村地帯には、沖縄県営鉄道の安里駅が置かれ、駅周辺は荷馬車なども運行され、沖縄島南部と那覇を結ぶ交通要所となっていた。こうした便利性から、沖縄県女子師範学校と県立第一高等女学校・沖縄県農事試験場といった公的機関などが、この時期に次々と設置されていった。

戦後には、沖縄島南部の米軍の物流拠点となった那覇軍港・那覇市に次々と移動してきた沖縄軍政府や沖縄民政府の職員、米軍基地で働く軍労働者の居住地域が設置されていった。前章で見たような那覇港湾作業隊の「みなと村」が真和志村の一部を取り込んで設置されたように、米軍の労働力となる人々の居住地という特徴を、戦後の真和志村は与えられていたのである。

　まず、沖縄戦終了後の真和志村の人々の帰還が、労働と一体となって実行され、その時々でいかなる米軍との交渉が行われたかを検討する。真和志村の人々は、北部収容地区の宜野座地区に残留していた。摩文仁村へ移動したのは、宜野座地区で別々の場所にいた二つの真和志村出身者の集団だった。1945 年 12 月 25 日、宜野座村岡野開墾にいた親泊仲信が率いた約 200 人が、摩文仁村米須米原に移動している [19]。1946 年 1 月には、真和志村初代村長に任命された金城和信が米軍地区担当者とともに米須を訪れ、村民の移動先に決めた。この時二つの集団となって移動した真和志村民は 4337 人だった。海岸からの強い風が吹き付ける中、米軍から与えられた大小のテントで人々は暮らした。食料生産のための農耕・製塩・砂糖製造の班がつくられ、生活道具を作るため鍛冶や桶・下駄・帽子製作の班も立ち上げられた。また、自給自足の生産活動とともに収骨も始まっている。当時の摩文仁には、収容地区から人々が次々と移送されて来たため、各集落出身者が雑居していた [20]。

　北部の収容地区から移動して来た人々は、「着くや否や青草にしがみつく状態」だったため、早急に食生活を改善する必要があった。一日も早く、真和志村へ戻り、戦闘で荒れた農地を蘇らせて、戦前のように農耕を再開する必要があった [21]。2 月、村長の金城は、摩文仁を管轄した米軍の糸満地区隊長に、村民が米軍に協力すること

を前提として、真和志への移動、農耕先発隊の許可、他の地区同様の軍作業就労を認めるよう陳情している[22]。

　金城の陳情が実ったのか、米軍は1946年4月20日に、真和志村に隣接する豊見城村嘉数と真玉橋に、村民が移動する事を許可した。移動は5月に入ってから行われ、月末までには完了している。豊見城村に村民が移動するため、最初に農耕班と工務班が結成され、豊見城村での耕作と家屋づくりが整うと、真和志村再建に向けた本格的な態勢がつくられ、早々と真和志村農協が再設立されている。また、農耕具などをつくるため、村行政に属していた鍛冶班が農協に移されており、村民の農業再建への高い期待がうかがえる[23]。摩文仁で設置された業務ごとの「行政班」から、戦前の村にあった集落26区中、23区が復活している[24]。人々は、ここで、その区ごとにテントに集まって住むようになり、村へ帰る期待を胸に日々を過ごしたのである。

　豊見城村に移ってから2ヵ月たった後に、米軍は7月24日に真和志村東部を最初に開放した。待望の帰還だったが、集落へ戻った人々が最初にやらなければいけない仕事は、戦闘で破壊された道路の整備、配給の資材を用いた規格住宅を共同作業で造ることだった。最初に開放された集落の上間では、16歳以上の全員が、首里市の工務所で受け取った資材を担いで集落へ運び込むため、資材を人力で担ぎ、坂道を何度も往復しなければならなかった。規格住宅が完成次第、集落民を嘉数から呼び寄せたが、全員が戻るには4～5ヵ月も要したという[25]。まさしく、人力で集落を再建したのだった。米軍は11月に真和志村西部の真地、東部の繁多川、南部の仲井真、国場を次々と開放した。最も遅く開放されたのは、1947年9月の那覇市との境目にある集落「二中前」であった[26]。

前述したように、米軍は、真和志村の人々を国頭地域の人口過密解消と、沖縄島中南部での軍労務者を得るために移動させたのだった[27]。米軍の都合による不利益も、真和志村民は後に、「純真な真和志村民」が「勤労精神に富み、盗みを知らぬ純真さ」によって、真和志村へ帰還でき、那覇市付近の軍作業員として労務を提供する機会を得た、ととらえなおし、新聞に報じられている[28]。軍労働を米軍に対する協力であるという考え方、村長の金城が、米軍の協力を前提に帰還を認めるよう求めたことからも分かるように、衣食住の配給を受け、畑がないなら収入を得るために軍労働に頼らざるをえなかった当時、「純真」「勤労」「盗みをしない」という態度が、軍労働には求められていたことを意味する。人々もまた自らの身振りを改め米軍に協力することで、就労や移動の機会を得ることができたのである。

　真和志村への帰還の中でも、米軍施設に隣接した地域の集落の人々の状況は困難を極めた。真和志村北西部の天久集落がそうだった。天久の人々は元の集落の場所に米軍施設があったために、すぐに戻ることができなかった。豊見城村から移動して1947年末から数ヵ月をかけて、真和志村東部の真嘉比集落の小字石原と後原地域へと移動している。その場所にいつまで住めるかという見通しがたたないため、他の集落のように規格住宅をつくり、生活を再建することもできなかった。支給された米軍野戦用テント一張りに3、4世帯が一緒に暮らすという、移動時の状態が継続する惨めな状況だった。また、不発弾が爆発し、集落民が死亡する悲劇も起きている。結局、仮の地では暮らしを再建できないため、天久の人々は元の集落のあった場所へ帰還できるように、米軍に繰り返し要請を続けたという。それが実を結び、1947年10月に旧集落に近い場所へ

移動が許可された。

　米軍が天久の人々の移動を拒んだのは、元の集落があった一帯に66TT部隊と呼ばれた輸送部隊があったことが理由だ。その近隣に人々を移動させる事は、施設に近すぎるとしたためだと考えられる。元々の天久集落の場所は、米軍モータープールと物資集積場になっており、周りにはフェンスがぐるりと張り巡らされていた。そのため天久の人々は、戦前の集落の郊外で原野だった小字の水溜原（みじたまいばる）や後原（くしばる）・東原（あがいばる）と呼ばれた地域に住むしかなかった。そこを集落として整備するため、日本軍の壕に残っていた梁（はり）や支柱の木材を外して持ち出し、戦前の県道１号のコンクリートすら切りだし、使ったという。また、激戦地だった一帯に散乱した薬きょうすら、家屋の材料になったという[29]。

　天久の人々が住んだ近くには、フェンスで隔てられた「第一キャンプ」というものがあった。そこには、ルーフィング（油脂を塗った段ボール）と呼ばれた資材を屋根にした家が整然と立ち並んでいた。戦前、近くに設置されていた泊（とまり）浄水場が沖縄戦で破壊されていたため、その改修のために北部の旧羽地村にあった田井等収容地区から連れてこられた労働者が住んだ地域だった。そこの約60家族は全員那覇市の出身者で、元々は教師・裁判所職員などをしていた人々だったという。米軍が沖縄島南部で不足した労働力を、北部収容地区に残留する那覇市出身者から充てる方向で調整し、それに応募した人々だった。この時、移動した仲里文江によると「屋根も、壁もテックスという素材で内装されていた。家の周囲を鶏が歩きまわるようなのどかな風景で、家族ぐるみで親しくなった」。浄水場の軍作業が終わった後は「割り当てられた家をそのままにもらい、それぞれの家庭は別の仕事に就いた」[30]という。米軍支給の

テントに住む人々がいた状況からすれば、一軒ずつ家を支給されていたのは格段に優遇されていたといえるだろう。

「第一キャンプ」があったのは、天久と銘苅集落の間だった。銘苅集落出身の眞榮城守晨はキャンプがあった場所について、「一帯は銘苅の水溜原と呼ばれた小字で、戦前は漆喰づくりの石灰岩の採掘場として使われ原野だった」[31] と話す。銘苅集落もまた、戦前の集落の場所は米軍に接収されていた。眞榮城は、金網で囲まれた元の集落の外側を回るようにして学校に通い、「第一キャンプ」の脇も通っている。だが、そこには知り合いはいなかった。「同級生はいなかった。天久、安謝は、戦前からの付き合いがあるからその集落にも遊びに行った」というが、「第一キャンプ」に行くことはなかったという。当時、「第一キャンプ」は、「小さなみなと村」とも言われていた[32]。

66TT 部隊の場所にあった上之屋集落の人々の真和志村への入域は、まず、上之屋東原に 60 ～ 70 人で芋を共同植え付けすることから始めている。その後、1946 年 11 月に豊見城村から真和志村東部の「真嘉比の前」と呼ばれた地域へ最初に移動している。天久の人々が元の集落に戻ったのと同じ、1947 年 10 月、元の集落近くの上之屋の小字東原へ再移動をしたのだった。そこで米軍のごみ捨て場で木材を拾い、茅葺きの家を建てたという[33]。

(2) 沖縄民政府構作隊と陸運課の街

真和志村安謝には、沖縄の建築再建のためにつくられた組織、沖縄民政府工務部構作隊[34] があった。安謝集落の青年たちの中には、豊見城村にいたころから、構作隊で働いた者もいた。周辺の土地利用状況を知った安謝集落の人々が米軍政府に帰還を要請した。1947

年1月になって、安謝集落の人々の移動は許可されたが、条件として構作隊で働くように米軍から命令されている[35]。しかし、米軍は衛生上の理由から、人々の居住地を米軍キャンプから見えない山影にするように指示し、さらに物資集積所のフェンスから100メートル以内を立ち入り禁止とした。人々は条件の悪い場所に集落を再建するしかなかった。厳しい条件をのまざるを得ない人々に対して、沖縄民政府は軍労働へ優先就労させることを提示し、「（真和志村の西部にあった米軍輸送部隊の）66（TT）部隊の労務者を出来るだけ貴村から出す。他市町村でも全部隊の労務者は優先的に受け入れる」[36]という条件を提示している。帰還したとしても、農業を再興できない人々を軍作業へ誘導する流れがつくられていたのである。

　沖縄民政府工務部構作隊の設立された場所は、沖縄戦で破壊された寿屋ブタノール工場の跡地の港原4万5000坪で、占領後は米軍が住民用資材集積所としていた場所だった。そこが開放されると、構作隊の本部が設置されている。約200人が、50〜60軒の家屋に集団で寝泊まりする合宿所で共同生活を送りながら、建設作業に従事している。構作隊の隊長は大宜味出身の大工集団を率い、戦前に那覇で国頭大工組合を結成した「大宜味大工（うじみせーく）」の大物、金城賢勇だった。1946年4月沖縄民政府工務部資材係長時代には、沖縄島北部の明治山から建築用の資材を切り出し、南部への運び出しを管理した。その後は、旧具志川村の「金武湾」にある、沖縄民政府の金武湾製材所で、規格住宅を考案した建築家仲座久雄とともに責任者を務めた。仲座が建築したツーバイフォーと呼ばれた資材を用いた規格住宅の型枠を金城が考案した。早急な住宅再建のため、素人でも組み立てができるように設計されており、その作業を指導していた。構作隊の隊員は、多くが戦前から金城と一緒に

仕事をした大宜味村大工たちだった。構作隊は第1から第5構作隊まであり、第1構作隊は真和志村安謝というように、那覇市壺屋・具志川村「金武湾」・真和志村三原・首里市にそれぞれ拠点を構えた。戦禍によって建物の95％が破壊されており、約7万棟の住宅建築や公共建造物の再建を担った[37]。

　後に「沖縄の陸運事業の発祥地」として知られるのは、沖縄民政府工務部陸運課の居住地域「大原」集落だ。ここは真和志村の戦前の中心地である寄宮（よりみや）近くに、1946年8月に陸運課職員が移動してできた集落である。寄宮集落の人々は、1947年7月に帰還した時に、「豊見城村から移動してきたが、その時すでに三百戸ほどの住宅が建てられていた」という[38]。その集落が陸運課の人々の集落だったと考えられる。

　陸運課は1946年、米軍政府が沖縄民政府にトラック450台を貸与し、戦前の自動車業界にいた人々約800人で発足している。彼らは、物流の輸送拠点である那覇軍港の近隣に住むように米軍から命令されていた。当初は、天久や安謝での居住を検討したが、水源を確保するため寄宮の小字の大石毛に決めたという[39]。陸運課職員は、寄宮の小字大石毛を米軍のブルドーザーを用いて整地をして、約120世帯が移り住んだ[40]。水道の他に電話や電気も敷設されており、周囲の集落との格差から「文化部落」と呼ばれ、羨望されていた。その後、各地にいた陸運課関係者が。知念市や石川市、田井等市から移り住み、1947年時点では148戸521人が「大原」集落に住んでいた。陸運課の仕事は那覇軍港に卸される米軍や民政用の物資運送だった。沖縄全域にある11モータープール間をトラック輸送で結び、復興資材の運搬、住民の収容地区への移動、また引き揚げ者の輸送を担ったという。

米軍や工務部の労働者以外に真和志村に入った最大のグループは那覇市出身者である。米軍政府は、北部収容地区や中部地区に残留していた那覇市出身者約3万人に、1946年8月に那覇近郊への移動を許可している。それまで移動先がなかった那覇の人々を送り出すために、米陸軍と軍政府の間で、那覇と近郊の一部を譲りうける交渉がまとまった結果だった。この流れに沿って、那覇市出身者を受け入れたのが真和志村の楚辺と樋川だったと考えられる[41]。後に、「那覇市行政」と呼ばれた地域である。

　また、同年10月以降には、県外と海外からの引き揚げが始まり、落ち着き先がなかった那覇市出身の引揚者が、真和志村の神里原一帯（6区）に送られている。こうした人々が持ち帰った品々などを販売する「闇」の商いを始め、それが後に市場の形成につながっていくのである。しかし、急場しのぎで那覇市出身者に開放された真和志村の地域は、後に大きな火種となっていくのである。

3　真和志村の真実の姿

　1946年の真和志村の村民への開放より先行して、那覇軍港などの米軍施設や沖縄民政府の労働者が村内に移り住んでいたが、当時、こうした状況は真和志村民には見えにくいことだった。米軍用地接収状況、村民でない人々が真和志村に住んでいるという実態は、沖縄戦で焼失した土地関係書類を復活させるために、沖縄民政府が全島で実施した地籍調査を住民自らが進める中で明らかになっていった。

(1) 地籍調査の絶望

　沖縄戦では、地形が変わるほどの激しい戦闘が行われた。占領後は、米軍が使用するため接収した土地も多かった。土地の境界を確定し所有権を確定するために、1946年2月、米海軍政府指令121号「土地所有関係資料収集に関する件」によって地籍調査が始まった。これを受けて、各町村は、土地関係資料の残存調査や町村の集落ごとに実際の測量作業をする委員を選出し、村と字の土地所有権委員会をそれぞれ設立している[42]。真和志村の場合、その当時、村内は立ち入り禁止であったことと、移動先の豊見城村嘉数で農耕生産の最中だったこともあり、委員会設立は遅れて同年6月だった。「戦争ノ惨害ヲ蒙リ住民ノ全財産ハ消失シタルモ住民ハ最後ノ土地所有権ニ執着」[43]という土地調査担当者の言葉からも、調査に対する期待が大きかったことが分かる。地籍確定は、沖縄戦で全てを失った人々の、戦争でも失われなかった唯一の財産を明らかにすると同時に、移動を繰り返してきた人々が戦前の様な暮らしを再建する希望の源流ともなっていたのである。

　1946年7月、村民の真和志村への帰還が許され始めると、多くの区が調査に着手し始めた[44]。村南部で、帰還が早かった国場区の調査の様子が詳細に記録されている。区民はまず、測量講習から受けている。道具も無く、測量板に米国製の四脚机、間縄には野戦用電話線、重りは小銃弾を代用した。作業は測量が簡単な元の集落内から始めた。集落外の畑などがあった小字では、地主に境界の杭を打たせて、彼らを立ち会わせた上で測量をした。一方、米軍に接収された地域の測量は困難だった。小字の洗田原は、米軍弾薬集積所になっており、測量のためと言っても立ち入りは許可されな

かった。村民は、米兵が巡回に出た隙に弾薬集積所に忍び込み、必死で測量を行った。しかし、小字の前原では、軍施設の建設で一帯が石灰岩とコールタールで厚く舗装されており、測量の目印となる地形が全く分からなくなっていた。その場合は測量不可能と決定し、地主たちの申告と各委員の記憶を元に図面を作成していった[45]。苦労続きの土地調査だったが、困難をものともしなかったのは、いつかは土地が戻ってくるという期待に支えられていたからだろう。

　真和志村の土地調査は、1946年7月の作業開始から、1949年12月に測量記録を記載した地籍簿縦覧が終了するまで、3年余を要した長期に亘る事業だった。しかし、この時、実質的に調査が可能だったのは、73万570坪、筆数では1万4895筆に留まっていた。米軍に接収されていた土地だけではなく、真和志村が那覇市民を受け入れるために貸していた壺川と楚辺の「那覇市行政」地域や、軍労働者が住む各地の集落は「他部落民ノ割込」として調査をする事ができなかった。だが、こうした地籍調査の結果、戦後の真和志村の土地がどうなっているかが明らかになった。真和志村北西部では、上之屋8万2628坪、天久8万1097坪など7集落で46万9015坪を米軍が使用していた。「他部落割込」も合わせると、その面積は村域の20〜25％にあたる、93万2642坪にも上った。当然ながら、農地も激減していた。戦前の真和志村の耕地面積は246万5614坪で、村面積の66％を占め、農家1864戸の一戸当たり平均耕地は1322坪だった[46]。戦前、真和志村の裕福な農家は約3000坪を所有していたという[47]。しかし、戦後の可耕地は129万6000坪に激減し、一戸当たりの耕地も690坪と半減していた[48]。将来の土地の返還を期待して行われた土地調査だったにもかかわらず、村民に突

き付けられたのは、土地が米軍や他所の人々の居住地として占有され、戦前に生業とした農業で地域を再興することが不可能になっている実態だった。

　調査を担当した真和志村役場土地主任の玉城徳成[49]は、個人の立場からまとめた意見書を沖縄民政府土地委員会へ提出している。玉城は真和志村の土地が軍の勝手に使われ、耕作地は村長の勝手に使われており、土地使用者が所有者より権力が強いため、村民の「土地を愛する観念が希薄」になりつつあると懸念した。そして、真和志村の農民の立場は、琉球王府時代から明治期まで続いた「地割」制度（土地私有を禁じた）の農奴と同じであると批判した。一日も早く所有権を確認し、農家を主体とする農地開放をし、自由経済に躍進することを望むという内容だった[50]。玉城は、農業を生業とした人の多い識名区（しきな）出身であり、真和志村の人々が、戦後の「復興」として農業を柱として、地域再興を切望していた事をこの文書は伝える。

(2) 労働キャンプから区へ

　こうして真和志村の地籍確定作業が進められる中、米軍労働者や沖縄民政府の労働者として村に移り住んでいた人々の地域は、次々と行政単位の区として、真和志村の行政の中に位置付けられていった。

　同村北西部、天久集落と銘苅集落の間にあった「第一キャンプ」は「平野」と名前を変えており、1949年1月に、真和志村に新しい区として認めるように陳情している。人口は、1948年時点で、99世帯252人になっていた。陳情を検討した真和志議会は、「平野」について次のよう討議している。「国頭郡羽地より軍の力で軍の使

用するために軍の命令で受け入れ」ており、住民は「全員軍労務者家族で、軍労務者は軍の援助、家族は村の援助」を受けているとした。労働者自身は軍に管理されているが、その家族は真和志村行政の対象であった。その意味するところは、「平野」の代表が、村からの伝達事項を聞くために区長会に参加するということであり、労働と居住地域は異なる括りとなっていた。また地域自体は天久集落の小字に所在していたが、農民が多い天久集落とは「生活様式が異なる」ため、「区」として独立することを求めていた。審議の結果、「平野」は、1949 年に区として認められている[51]。「平野」という名前を付けた理由を、仲里文江は「戦争が終わって、これからはずっと平和であるように。あの場所が『平和な野原の地であるように』という意味だった」とする[52]。

　前章で見た、軍労働の形式が居住区域をつくった「金武湾」、軍労働を指揮する態勢が暮らしと重なっていた「みなと村」とも違い、「平野」では、軍労働と生活は、それぞれ別のものとして営まれていたのだった。

　沖縄民政府工務部構作隊の町は、「岡野」という名前で、1949 年に区となっており、1950 年には土建業者の町として再出発を果たしている[53]。戦前は、建築現場を転々と移動した大宜味大工にとって、構作隊の拠点は、再建が進む那覇市や真和志村一帯の仕事を得る足掛かりとなったのである。

　「みんな家族みたいだった。トタン葺き、セメント瓦の家を建てた。ほとんどが建設業。商店の辺りは、トタン葺きの長い飯場があった。食堂があって、皆がそこで寝起きした。飯場は住居が中心」[54]。宮古島に根付いた大宜味大工を祖父にもつ金城幸成は、1950 年琉球大学進学をきっかけに、「岡野」に出入りし始めた。同

地域は 1947 年には 60 世帯 247 人だったが、1952 年には 228 世帯 1755 人に膨れあがっていた。大宜味大工たちが家族を呼び寄せ、さらに金城のように大宜味出身の人々が進学や就職を機に移り住むようになっていたからだ。その時点で、「岡野」区の人々の職業は①土建 1159 人②工業 188 人③日雇い・その他 152 人の順に多かった。大宜味大工・構作隊という経験が、この数字に表れていた。

また、沖縄民政府の陸運課が住んだ「大原」区では、1949 年 12 月末、日本製車両の輸入開始により民営のトラック輸送会社が誕生、以降、タクシー会社などが誕生していた。1950 年 8 月、沖縄民政府は米軍から貸与されていた車両を全て返還し、陸運課を廃止している。公営だった運送は完全に民間に移管することで、同地域では元陸運課関係者らが、次々と民営バスやトラック業を創業している。「大原」区には、1952 年で 326 世帯 1849 人が居住、就労先は①運輸通信業 102 世帯②商業 54 世帯③日雇い・その他 48 世帯と、約 3 分の 1 が運輸関係の職に就いていた[55]。

「平野」区や「大原」区の土地は、米軍や沖縄民政府労働者の居住地域を確保するために元々は民間が所有していた土地を使用していた。そのため、1951 年に土地の所有権が復活すると、真和志村に移動した人々が住んだ所は、「割当土地」制度による土地として処理された。砂川恵伸によると同制度は 1945 年 10 月 23 日海軍軍政府指令第 29 号「旧居住地移住の計画と方針」に基づくもので、米軍が占領直後に収容地区から人々を移動させた時点で居住を迅速に確保するため活用されていた。米軍地区隊長と市町村長によって、個人私有地・公有地を住居用に割り当てており、将来の所有権には影響はないとされた。この時点での布令や布告はなく、米軍が作った帰還計画の中に見られる方針でしかなかった。しかし、軍司令官

の命令で、軍政府機関と市町村が土地割り当てを行っており、当時は法制度と同等の絶対的なものだったという[56]。

　真和志村では、「割当土地」が「復興」に大きく影響していた。地籍確定で、「他部落ノ割込み」とされたのは、「割当土地」と呼ばれた仕組みによって集落ができた場所だったからだ。真和志村議会は、軍労働のために村内に集団で移り住んだ人々の集落を、所有権が復活する1951年4月以前に割当られたものとして、「割当土地」として処理している[57]。1955年には、割り当て土地の調査が全沖縄で行われ、真和志村内の「割当土地」は、那覇市合併後に、借地問題という大問題となっていった[58]。

(3) 呑み込まれる恐怖

　真和志村民から見れば「他部落ノ割込み」の集落とは、元々米軍が労働力を確保した労働キャンプであり、移動先がなかった那覇市民の引き揚げ先であり、それが「割当土地」として処理されたのだった。その結果真和志村と那覇市の間で大きな問題を引き起こしていった。

　那覇市出身者が住んだ、真和志村の「那覇市行政」地域（33万5763坪）は1955年の『真和志市誌』に記録されているが、現在はほとんど知られていない名称だ。同地域は、真和志村からの租借地33万5763坪だった[59]。これは、真和志村の民有地総面積253万6965坪の約1割を占め、「みなと村」に隣接している地域に、1948年に那覇市民を受け入れた楚辺と壺川、また1946年に県外海外からの引揚者が入った神里原であった。1952年時点で、同地域には約3万5000人が住んでいたが、沖縄戦前の那覇市域に住む市民は2万人しかおらず、つまり「那覇市行政」地域の住民が那覇市民の

1945 年

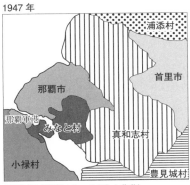

1947 年

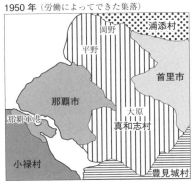

1950 年（労働によってできた集落）

地図 3　真和志村と那覇市の境界変化

過半をしめていたのである[60]。

　そのような中、1947年10月、真和志行政委員有志が沖縄民政府知事に宛てて、「真和志行政地域復帰と其の他に関する陳情」を提出した[61]。そこでは、真和志村中央部にある壺川・松尾・二中前・楚辺・樋川の5地域が「みなと村」になっていることについて、次のように説明している。「軍並び民政府のご命令を受諾せる村当局の御方針だと不本意ながら、利害関係を超越して、今日のように行政区域を変更」。陳情がなされたのは、これらの土地を所有する人々が、村南部の国場区の土地を借りて仮住まいを続け、生活の再建がままならなかったためだ。その惨状は、「テント小屋を主として形成したる全部落はいくら敗戦国民とはいえまったく断腸の思いを増すばかり」という貧しさだった。また、真和志村全体が、「人口密度一平方キロ二千四百人以上になり今後耕地対人口より推察しますと全く自給の体制をなし得ず一部の部落を除くまったく消費部落の形成を増大しつつある」と、農業の再興が実現できていないことを訴えている。同時期に事業所が次々と立地されており、村内にある農耕地と公有地が減少していた。「那覇市行政」地域を真和志村行政地区へ復帰させる事、真和志村南部にある沖縄県農業試験場用地の手つかずの「荒廃せる耕地」を村民に耕作させるよう開放を求めている[62]。有志に名を連ねた25人は、長年農業を基盤に暮らしてきた集落の人々が中心となっていた。

　しかし、沖縄民政府はこの陳情を退けている。総務部長による回答は、米軍が5地域を開放したのは、「那覇港の作業員並に那覇市内の軍への労務者を居住させ一部那覇市民をも同地域に居住させよ」という条件があったからだとしている。また、米軍政府・沖縄民政府・那覇市長・真和志村長による会議で、真和志村と那覇市に

所属する地域を「指令」された結果、その後、その地域が、「みなと村」となったと説明をしている。「那覇市地域が全面的に開放せられ都市計画が判然となれば、その時はそれぞれの考慮があるだろう」と同時点での変更ができないことを説明した。また、試験場の耕作についても、米軍が許可しないという理由で退けている[63]。真和志村の人々の要求は何一つ聞き届けられず、米軍の都合が優先し、那覇市や那覇市民の「復興」が選択されたのである。

さらに、1948年4月、米軍の指示によって、前述の陳情にあった地域を含めて、さらに真和志村の「二中前一区」・県庁前、那覇市上泉が、「みなと村」に編入されてしまう[64]。

それに先立つ1948年3月、第1回全島選挙では、真和志村ではこうした土地の問題が隠れた争点だったといえる。初代村長金城和信の下で助役を務めた翁長助静は、後継候補として立候補しており、対立候補の宮里栄輝は村政「革新」の立場から立候補している[65]。翁長は首里から移動して住み着いた屋取集落の出身であり、一方で宮里は代々の真和志村出身であることが、土地を巡る考え方にも反映された。翁長に対しては、「独裁村長和信の後をねらう翁長を倒せ」という批判も選挙中に上がったという[66]。しかし、この選挙では、宮里が破れている。

同年5月、那覇市と真和志村で、建築制限を巡って米軍が出した方針が混乱を引き起こす。米軍が命令した、那覇市内の未開放地に建てられた民家の強制撤去に端を発し[67]、米軍施設から1マイル（約1.6キロ）以内の住宅建築の禁止、那覇市内の新たな建築禁止が打ち出されたのである[68]。8月に打ち出された方針「那覇市並に真和志村に於ける住宅並びに商業建物の建築について」では、戦前真和志村にあった旧沖縄県営鉄道の東側のみ新建築を認めるという

ものだった[69]。すなわち建築は真和志村内のみしか認められなく
なるため、同村へのさらなる人口流入が加速されることを意味した。
さらに、米軍政府が那覇市と真和志村の新たな境界を提案しており、
それは旧県営鉄道の東側、首里市—真和志村泊間を走る道路の北側
を真和志村とする案だった。この案では「那覇市行政」地域を含め
て那覇市に移譲する事になり、真和志村の面積は大幅に削られてし
まい、陳情を上げた地域の人々がもはや村へ戻る術は失われてしま
うことを意味した。

　この提言に、真和志村議会は猛反発している。那覇市民受け入れ
のため土地を貸したのだから、「那覇市は真和志に恩」があるので
あり、それを考慮せずにこの地域の那覇市編入が打ち出されること
は、「那覇市は将来合併を企図」しているという警戒の声が上がっ
ている。戦前から真和志村と那覇市の合併は度々浮上しては消えて
いたが、新たな問題が積み増される中で、真和志の人々は合併に対
して態度を硬化させていった。また、議員らは「前村長は『楚辺校
区一帯は那覇開放まで一時貸の状態』であるとはっきりと言ってい
た」「真和志も摩文仁、豊見城と移動したが暫定的」「他村の者が自
分達の土地で生活する（のは）言語道断」であるとした。しかし、
さらに那覇市に土地を編入する事態が、真和志村の意志を無視して
決めようとされていたのである[70]。

　1948年8月、沖縄民政府が主導する形で、那覇市と真和志村の
両議員による「那覇市対真和志村境界線協議会」が開始された。し
かし協議会の場では、両者の主張は平行線をたどった。那覇市が訴
えたのは、未だ戻ることができない那覇市民の窮状だった。真和志
村に受け入れを待つ那覇市出身世帯は約600戸、中部の石川市の残
留が約6000人、それ以外の地域にも約5万人が残留しているとした。

真和志村側は、村の受け入れの矛盾を理由に、引き受けを拒否している。真和志村が開放直後、村内には「黒人部隊」「フィリピン人部隊」が駐屯したため、治安を考え村民が一時的に集落外に居住していた間に、村外移転者が次々と入域して来たという。また、楚辺の元々の住民の集落や耕作地、唯一の拝所が「那覇市行政」地域となっており、こうした事について前村長に対する反発があると訴えた[71]。協議会は、10月までに数度会合を開いているが、結論を出すことは出来なかった。しかし、沖縄民政府は、行政運営に支障があるとして、「みなと村」に隣接していた真和志村の宮城原・船増原・楚辺原のそれぞれ一部、神里原・樋川原・真地原・松尾原を那覇市へ編入し、真和志村との新しい境界にすることを決めている[72]。真和志村が返還を求めた地域は、元々の住民を国場区に放置して、那覇市へと編入されていったのである。真和志村内の「那覇市行政」地域は、那覇市民を居住させ、那覇市が行政権を有する名実ともに那覇市域となったのである[73]。

1949年3月、真和志村は度重なる土地の強制的な割譲に対抗するため、那覇市が使用していた真和志村の土地の行政権を回復する策に出た。米軍の排水施設「米軍ウォーターポイント」周辺で、那覇市が製帽、醤油会社などに使用許可を出していたこと[74]に対して、翁長村長は事業所を真和志村に編入すべきであると那覇市に通告した[75]。さらに、真和志村が独自に事業所の土地使用許可を発行する強硬策に出たことで、那覇市と行政区域決定の話し合いに持ち込んでいる。その過程で、那覇市が土地を利用したのは、前真和志村長金城・諮詢会工業部長・那覇市長の三者が協定をした結果だということが再び問題として浮上した[76]。

境界線問題、「米軍ウォーターポイント」問題の源流となったの

は、米軍や沖縄民政府・那覇市との間の土地貸借に関する協議であった。真和志村議会は、1949年6月に、前村長金城から事情を聞いている。金城は、「みなと村」について「（那覇市）前市長とも協議した覚えはありません。又書類もありません。あの時は那覇市は応急処置として真和志村に入れて呉れと云ふことで那覇市へ復帰できれば帰るからと云ふことであった」と、協議そのものを否定した。その上で、村内に那覇市民を受け入れた事は、人道的な立場で対処したことだと説明した。「神里原は那覇市がはいってくるということになっている」とし、県外や海外からの引き揚げの人々が入った結果として、真和志村内に「那覇市行政」地域がつくられたことを説明した。「米軍ウォーターポイント」については、「安里の平原は何にも可決していない」と那覇市との話し合いはなかったと説明している。金城は協議と言われたものに対しても、「お茶を飲みながらの話に鉄軌道線を中心として真和志村をこっちに入れようかという程度のものです」[77]と、正式な協議とも言えない場で、境界線の問題が提案されたことを説明している。だが、米軍による命令、または人道的な配慮による受け入れであったにしても、最終的には「割当土地」の制度で、村長だった金城が土地使用を決定したことになり、その結果、真和志村の土地が那覇市へ編入される事態が引き起こされていた。那覇市民の真和志村への移動や引揚げは「復興」であったが、真和志村民はそのことによって再建の可能性を閉ざされていたのである。村民にとっては、これは承服しがたい事態だったといえる。

　1949年、那覇港の港湾作業が入札に変わることを機に、那覇港湾作業隊が住んでいた「みなと村」が解消されることが決まった。この時、那覇市は「みなと村」だけでなく、真和志村も含めた合併

協議を行うことを目指していた。その目的は「国際都市建設、政治、経済、文化の中心とし遠大な計画」という物だった。しかし、この時、真和志村は合併に応じていない。翌年1950年の総選挙を控えて、「政治問題がからみ、微妙な動きを見せて真和志との間に幾多の障害」が生じたためだという。1950年1月、「みなと村議会」は、那覇市との合併を決議する[78]。「みなと村」村民の実質は、那覇市民が多数で、決議は「みなと村」行政区もろとも那覇市へ編入することで、那覇への帰還を完了させる意味もあった。これに対し、真和志村長翁長とこの時村議会議長となっていた宮里栄輝、有力村議の嘉数昇が、「みなと村」地域に含まれていた真和志村域の返還を知事に要請している[79]。しかし、知事は一市二村（那覇市・「みなと村」・真和志村）で合併するように求め、その回答を7月末までの期限とした[80]。この時、合併が不可避と考えられたのは、「三市村の禁止地区が開放されれば混乱」するという理由からだった。しかし、これは真和志村にとっては、もともとは属していた「那覇市行政」地域、「みなと村」の土地の問題を、合併して一つの那覇市とすることで、幕引きをはかろうとしたものだった[81]。

　那覇市と「みなと村」は合併を表明した。しかし、真和志村は那覇市とは対等合併し、新市長を選挙で選ぶよう求めている。それが実現できなければ、那覇市が使用している旧真和志地域の「那覇行政」地域を返還させる条件を突きつけていた[82]。三市村と沖縄民政府の話し合いでも、真和志村の出した条件が合意されることはなかった。沖縄民政府は、真和志村を合併させずに、那覇市と「みなと村」の2者のみで合併することを決めたのである。「みなと村」と那覇市の合併で、真和志村は突然、土俵から引きずり降ろされる形となった。「那覇市行政」地域や「みなと村」に含まれる真和志

村地域については、なんら考慮されることはなかった。この時、真和志村長翁長や議長の宮里、区長有志ら 70 人がトラック 2 台に分乗し、沖縄民政府に乗り付け、抗議をするという騒ぎが起きている。真和志青年会はみなと村の旧真和志地域返還運動を展開することを表明した[83]。しかし、「みなと村」は真和志村域を含んだまま、1950 年 8 月 1 日に、那覇市と合併してしまったのである[84]。

(4) 首長選で問う合併

　1950 年 9 月、第 2 回真和志村長選挙の大きな争点となったのが、那覇市との合併と経済「復興」の在り方だった。現職村長だった翁長は後に、「就任から 2 年間、私は那覇市との合併による発展を考え続け、二度目の選挙戦に於いて、合併促進の方針で臨んだ」として、この時、初めて合併推進を打ち出している。そして、再び立候補した宮里栄輝に対し、翁長は僅か 1 票差で辛勝している[85]。村民にとって、境界線の変更、「みなと村」への真和志村域の吸収への憤りが大激戦を招いたのである。宮里陣営は翁長の当選無効を求めて裁判所に提訴している[86]。同年 11 月、沖縄巡裁中央地区は、宮里 4652 票、翁長 4637 票と判定し、翁長当選は無効となる判決が出た[87]。翁長は上訴を決め、翁長を加勢する栄町市場の住民は合併推進運動を起こし、署名活動を始めた。また、1951 年 2 月、沖縄民政府の後継である沖縄群島政府知事に対し、村民の大半が那覇市合併を熱望し、経済・商業・交通から那覇市と真和志村が二分されたままでは影響が大きいと陳情した[88]。こうした動きに対し、合併促進に反対する宮里・真和志村助役・村議・農業組合長・区長は連名で、群島知事に陳情を提出した。合併については、村内各階層、ことに農業を中心とした集落に異論があり、商業都市としての

膨張を助長すべきでないという内容だった。また、翁長は上訴して裁判で時間をかせぎ、問題をうやむやにする間に、那覇市との合併を試みようとしていると批判した[89]。しかし、翁長は政治的意図はないとしている[90]。一方、翁長の支持者は、2月27日に群島知事に対して、合併を推進する陳情を行っている。栄町や真和志村以外の地域の出身が多い三原と楚辺、翁長の出身地である古島の4区長は、宮里らの陳情は半数の区長が署名をしておらず、全村民の意向ではない事を訴えた[91]。混乱を収束させるため、宮里は、翁長に上訴を「取り下げなければ村が二分される」と調整を申し出た結果、翁長は那覇市との合併早期促進、助役以下の職業保障などを条件に上訴を取り下げ、5月になって村長を辞任している[92]。こうして、村長選にからんだ混乱は、半年をかけてようやく終息した。

　新聞は、村長選が裁判にまで発展した事を、「党派争い、地域争い」に過ぎず、「だらしのない芝居は一寸例がない」とし痛烈に批判した。さらに真和志村を「いつまで経っても地域を超越した沖縄的人物はでてこない」と切り捨てている[93]。こうした、真和志村民の政治動向が合併を妨げ、那覇市の発展を阻害したという見方は現在も継続している。『那覇市史　資料編3の1　戦後の都市建設』は、1953年に首里市・小禄村が那覇市に合併した時に、真和志市（この年、市昇格）が「二市の合併は『現実の要請』としていた真和志として、合併に向けて動きださざるを得なかった」と記述する[94]。都市の発展が、合併による都市の拡大を必然とするのは、元々農村であった真和志の人々のかなわなかった「復興」を、とるに足らないものとして、位置付けてしまうのである。

　1953年、村長の宮里は真和志村の市昇格を成功させる。しかし、宮里自身も、かつて対等合併を推進しており、那覇市との合併を完

全に否定していたわけではなかった。そのため、1954年8月にあらためて、那覇市との合併について村民の住民投票が行われている。この時、農村を生業とした集落を中心に、合併反対が多数を占めた。宮里はこれを受けて、合併を進めることはなかった。

　一方の翁長は、合併を推進するため、1954年の市長選挙に再び立候補している。住民投票では合併推進が否定されたものの、ある手ごたえを感じていたという。翁長が肝いりで推進し、開発した商業地栄町が所在する安里地区への転入者が、貿易などをする際に住所を「真和志市安里」ではなく、「那覇市外安里」と記述するようになっていたことをその根拠のひとつとしていた。翁長はこうした事から「母村愛よりは"那覇市民"の響きを選択する人が多い」と考えていた。見立て通り、選挙は翁長が宮里に約2000票の差をつけ圧勝している[95]。翁長は、こうして那覇市合併へ道筋をつけていったのだった。

　真和志市は、1957年に那覇市と合併する直前に、『真和志市誌』をまとめている。1953年の市昇格時の「真和志市昇格市長の言葉」という原稿は、「出身地の如何を問わず渾然一体となって、市民の福利厚生」を推進することを訴えていた。戦後、摩文仁村に集結して以来、村民の歩んだ労苦をねぎらい、「総人口の70％を他市町村からの転入者が占めていることで、旧来の地元人口と転入人口の比率がこのような実情にあるに鑑みて痛感することは、出身地の如何を問わず全市民が渾然一体となって、新真和志市の発展興隆に大和一致の実を挙げて貰いたいことである」と強調している[96]。当時の市長宮里は、土地を那覇市に収奪され続け、さらに他所から人々が押し寄せていることについて、住民が苦い思いを抱いていることを理解しながらも、協力を訴えたのだった。「マチナト・ハウジン

写真 14 1957 年 12 月、那覇市と合併後、真和志市役所の表札を取り替える翁長助静真和志市長。(那覇市歴史博物館所蔵、02000838)

グ・エリア」造成のために始まった米軍による土地接収、他市町村の人々の転入という事態は、もはや真和志市がコントロールすることができない事態だった。もはや、「復興」の選択肢は残されていなかったのだ。

　だが、実はこの原稿には、当時の市長だった宮里の名前は記載されていない。真和志村のあるべき姿を問い、3 度の選挙を闘った宮里の名が記述されなかったように、彼が代表した旧真和志村民の「復興」の希望は、那覇市の「復興」の中に埋もれていったのである。

　それから 4 年後の 1961 年、那覇市が初めて出した「1961 年版那覇市統計書創刊号」によると旧那覇市民が元々の住民人口を上回ったのは旧真和志地域だけだった [97]。

第5章

「オフ・リミッツ」と「米琉親善」による境界編成

1950年、軍政長官シーツから救援物資を贈られる「戦争未亡人」の代表。右は沖縄知事志喜屋孝信。(嘉手納政子氏蔵、那覇市歴史博物館提供、『大琉球写真帖』より、02001717)

1　ドラム缶トイレと公衆便所

　川を見下ろす岸辺に、ずらりと並ぶドラム缶。沖縄戦後、旧久志村辺野古の民間人収容地区に設けられた便所は、ふきさらしで隣との仕切りはわずかにカヤ一枚。男女の別なく、用を足したという。ドラム缶が満杯になると、衛生班が砂浜に穴を掘り埋めた[1]。「規格便所」と呼ばれたものは、掘った穴に角材を置き板をはめた。満杯になると埋め戻したというそれは、その後の沖縄の「仮便所」の原型となった[2]。沖縄島北部の小さな集落は、戦後、民間人収容地区となり、中南部から民間人が連れてこられて万単位の人々がひしめいていた。住居の不足に留まらず、最もプライベートな行為である排せつですら公衆の前で行わなければならなかった。苛烈を極めた沖縄戦を生き延びたという経験の後には、こうした理不尽な扱いはささいな不満として見過ごされ、住民の証言記録にもほとんど出てこない。しかし、この出来事が示すのは、およそ人間らしい生活ができなかった状態で、米軍が「公衆衛生問題は第一番にやかましかった」[3]という事実であろう。

　5年後の1950年1月。那覇市は市内美化の一環として、10ヵ所に公衆便所を設置することを発表した。米兵の市内立ち入り禁止の解除に向けて、「市内を清潔化すると同時に、娯楽場、遊園施設も考えていきたい」。そう打ち上げた那覇市長が手始めに着手したのが10ヵ所の公衆便所の建設だった[4]。背景には米兵が消費するお金を、「復興」に取り込むという考え方があった。当時としては近代的とされた3坪の「モデル便所」は、建築費3万6000B円をかけ、2月に那覇市市場通りに完成した[5]。米軍が「不衛生」と見た人々

の空間の中に、米軍の期待に副う衛生状態を確立した印だった。

　終戦直後に収容地区のドラム缶トイレを使っていた沖縄の人々が、5年後には米兵のために近代的なトイレを作るという象徴的なエピソードは、その間に公衆衛生に関する規範ができたというだけでなく、それが人々の振る舞いの参照規準として機能し、人々がそれに従っていたことを表す。米軍の公衆衛生の方針が、人々にとって「復興」や生活の向上という姿をまといながら、占領下の生活領域に浸透していったのだといえる。

　前章まで、人々が生存のためにつくった「生活圏」が軍労働との関わりで流動化し移動を重ねて変容したことを考察してきた。本章では、移動の最大の障害である米軍用地そのものに留まらず、沖縄の人々には公衆衛生によって周囲に見えない境界がはりめぐらされていたことを、その影響と共に明らかにする。その境界は、米軍が管理する、米兵の立ち入り制限「オフ・リミッツ」によって、自在に開閉され、主に経済的側面から人々の生活に大きな影響を与えた。また同時期に取り組みが強化された「米琉親善」は、人々の心的境界を取り払うためのものだったと考えられる。これまで双方は、公衆衛生の「オフ・リミッツ」と文化領域の事業である「米琉親善」として個別に扱われてきた。しかし、個別の領域である施策が、1950年初頭という時期に浮上し、強化されてきたのは、米兵と人々の接触が増える中で、米兵にとって過ごしやすい環境を米軍基地の外にもつくる必要があったことの現れである。しかも、その改善を主に求められたのは、沖縄の人々の方であった。こうした、沖縄の人々の心身の境界を取り払おうとした占領の政治を検討する。

　米兵の立ち入りを禁止する「オフ・リミッツ」は主に沖縄の歓楽街形成という視点から考察されてきた。嘉陽義治の論文「新聞記事

を中心に見る特飲街への『オフ・リミッツ』発令（1951～52年）」）[6]の実証的研究を始め、山﨑孝史による制度の変遷や行使を旧越来村の歓楽街において考察する研究がある[7]。また、那覇市の歓楽街研究の中で「オフ・リミッツ」とのかかわりにも言及されている、加藤政洋の『那覇　戦後の都市復興と歓楽街』[8] がある。しかし、いずれも公衆衛生の対策によって歓楽街が集約される過程における「オフ・リミッツ」施行を中心に考察しているため、それ以外の場での「オフ・リミッツ」の施策や影響が見えにくい。これに対し、阿部純一郎は、「オフ・リミッツ」に関する研究が歓楽街中心に行われてきたことを指摘し、公衆衛生の面から実施される「オフ・リミッツ」が、それ以外の多岐にわたる領域で影響を与えたことを指摘している[9]。本章でも、歓楽街を中心とした沖縄の戦後史研究の成果を踏まえつつ、「オフ・リミッツ」が、より広い地域と領域で米兵と人々の接触を調整する政治となっていたことを考察する。

　また「米琉親善」は、沖縄の復帰運動期の米軍による「宣撫工作」と見なされた結果、資料的なまとめはあるものの[10]、研究は十分になされているとはいいがたい。ここでは「米琉親善」を、「親米」か「反米」かという二項対立によって、占領の暴力を不可視化するのではなく[11]、沖縄の人々の心身に働きかけて、米軍に対する協力的な振る舞いを選択させるように至る占領の政治について考える[12]。そのためには公衆衛生分野・文化的分野の施策に沿って上からの浸透を個別の領域から見るのではなく、人々の心身の在り方に選択をせまる、生活への浸透から見ることが必要である。

　公衆衛生の施策である「オフ・リミッツ」は、経済的インセンティブをもって米兵を日常的に受け入れることを人々に従わせたのであり、「米琉親善」事業は生活の中で見慣れるようになった米兵の姿

を通して、アメリカの豊かさ・民主主義の理想的な在り方を読み込ませ、人々を内面から占領に従わせようとしたといえるだろう。

2 1マイル飛ぶ蚊

　民間人の住宅地域から1マイル（1.6キロ）以内は、マラリアを培養する蚊の生息地であり、米軍施設との間に空き缶や池など水がたまる物を撤去する。マラリアが発生した場合、その地域から1マイル以内を立ち入り禁止する——。米軍は沖縄占領に向け、このように感染症ごとの具体的な対策を決めていた[13]。また占領が始まった後、1946年3月の米国海軍政府本部指令第131号「蚊によって媒介される伝染病の予防」は、マラリアやB型脳炎の流行期を控え、4月から全将兵が蚊帳を使用し、日没後には宿舎で殺虫剤を散布、野営地内で空き缶など蚊の温床を完全に取り除くことを定めた[14]。

　マラリアを媒介する蚊は1マイルを飛べない、こうした衛生観念が、沖縄の人々の居住に大きな困難の影を落とした。開放されない米軍用地の外側には、公衆衛生上の見えない境界が定められていたからだ。

　占領当初、米軍将兵は沖縄の人々との接触を最低限なものに制限されていた。「住民居住区域は、狭小な場所に多数の住民が集中し、過密状態にあるため」、民間人地区に立ち入ることは厳しく制限されており、公用の場合は出入許可書を取ることで、はじめて出入りが可能となった[15]。こうした状況から、公衆衛生上は米将兵を沖縄の人々に必要以上に接触させないことが重要なポイントとなっていたと考えられる。しかし、1945年10月、沖縄の人々が北部収容

写真 15 1945 年 5 月、沖縄戦の最中から行われた米軍の医局による蚊・マラリア予防。(沖縄県公文書館所蔵、「米国陸軍通信隊　沖縄関係　『占領初期沖縄関係写真資料　陸軍 24』0000112208、写真番号 05-35-1)

地区から帰還を始めると、こうした公衆衛生上の管理は沖縄社会の再建の中で数々の困難を引き起こしていった。

　前章でも触れたように、1947 年 9 月、旧真和志村安謝の人々が豊見城村の仮の居住地から帰還した際に、集落近くにあった米軍の物資集積所から 100 m 以内は立ち入り禁止となっており、さらに衛生上の観点から、集落の再建は米軍部隊から見えない山の後側の背に行うように指示されていた[16]。

　人々の帰還が遅かった那覇市で、1948 年 5 月に那覇市の市場通り近くの「アーニー・パイル国際劇場」周辺の赤瓦の本建築を含む家屋が強制撤去された[17]。理由は、建築は地主の許可を受けていたが、米軍が占有的に使用する地域に指定されており、民間使用には開放されていなかったためだ。米軍は那覇市の土地開放については非常に制限的な態度をとっていた。1945 年 10 月の製陶業と瓦業、二つの産業先遣隊（壺屋・牧志）、1946 年 6 月の県外・海外引揚

者（神里原）の受け入れ以降、1年半の間、開放はなかったと見られ、1948年1月になって旧真和志村の楚辺と樋川を市民受け入れるために開放している。この期間に那覇市の人口は、1946年7月では1930人に過ぎなかったのに、楚辺開放直前の1947年末には1万3953人とほぼ7倍になっていた[18]。他の町村では、収容地区からの帰還の際は、米軍が土地を開放後、男性が先遣隊として移動して不発弾の回収、地ならしや壊れた家屋の修繕、移り住む場所を選び、規格住宅を新築したり、テントを張ったりした[19]。このように、他所では集落の人々を秩序をもって移動させる方法がとられたが、那覇市の場合はそうではなかった。わずかに開放された土地をめがけて、自力で戻れる経済力のある那覇市民や他の町村の人々が奔流となって移り住んでいったのである。その結果、米軍が未開放の土地としていた場所も占拠するようにして人々が住みついていた。強制撤去された家屋は、そのようにできた家屋だった。

米軍は対処策として、1949年1月、米軍政府指令第3号「建築許可証」を発令する。変更点は、米軍が開放した土地に、住民が建築をする際には区長の許可によるというものだった。それまでは、指令第29号「住民再定住計画及び方針」によって、「割当土地」[20]の使用を地域の委員会で決めるという方法から、地域を知る区長の許可を必要とすることで、より細かく制限を加えようとしたと考えられる。しかし、こうした変更は米軍の公衆衛生施策と摩擦を起こすようになる。

米軍は、指令第3号「建築許可証」を発効させてからわずか5ヵ月後の1949年6月、これに代わる米軍政府指令第17号「原住民建造物」を発令している。変更点は、建築に際して米軍による許可を必要とし、制限が強化されたことである。さらに、沖縄の人々に大

きな衝撃を与えたのは「1マイル規定」と呼ばれた項目が含まれていたことだ。この項目は、米兵軍属 100 人以上が居住する宿舎や兵舎がある「軍用地の最外端から 1 哩以内の地域」には、米軍公用施設以外は建造物を禁止するというものだった[21]。狭隘な沖縄島では、住民地域と米兵軍属居住地域を 1 マイル離すことは非常に難しく、沖縄の人々に著しい負担となる制限だった。那覇市の場合、市西海岸の那覇軍港を中心に米軍の物資集積所などが集中しており、そこから 1 マイル以内には那覇市の全域、隣接する真和志村の一部すら入っていた。「1 マイル規制」は、これまで、米軍用地の開放に関わる、住民側の居住空間の制限としてのみ着目されてきている。しかし、その背景には米軍を優先した公衆衛生施策があった。

　「1 マイル規制」を含む指令第 17 号「原住民建造物」は、1949 年の日本 B 型脳炎の流行中に発令されている。半年間続いたこの流行で、12 月末までに沖縄の人々 21 人が死亡している[22]。「1 マイル規制」は、米軍が、膨張する住民居住地域の「不衛生」さから米軍を守るためだったと考えられる。1949 年 6 月から 7 月にかけて沖縄軍政府と琉球軍司令部（Ryukyu Command《RYCOM》、通称ライカム）や東京の極東軍司令部との間の書簡がそれを説明している。突如浮上した「1 マイル規制」によって、那覇市がその範囲に含まれた土地の使用許可を沖縄軍政府に要請している。この案件について米軍政府は沖縄民政府に対して、「1 マイル規制」が、那覇の住居状況を困難にしたとしても、占領軍と同じく住民の健康を守るためでもあり、現況の那覇市内の衛生状況が望ましくないためだと回答している。7 月には、極東軍司令部が、「1 マイル規制」を含んだ指令に変更した経緯を、沖縄軍政府に照会している。これに対し軍政府は、「沖縄人」が、指令第 3 号「建築許可証」を守らずに、商

業用や売春用の建物を建設したため、「1マイル規制」を含む指令第17号に変更したと回答している。さらに琉球軍司令部の医療部門もこの方針を支持しているとした[23]。沖縄軍政府は、沖縄の人々の公衆衛生を配慮したといいつつも、そこに一貫していたのは、占領当初から変わらぬ、米軍優先の公衆衛生対策であった。前述の那覇市による土地利用申請について、米軍政府は却下している。

　米軍の公衆衛生施策は、那覇市の居住環境に大きな影を落としていた。沖縄戦が終わって数年経っているにもかかわらず、人々は占領初期に支給された米軍製テントを屋根や壁に使用した住居に、複数の世帯で暮らしている者さえまだいた。沖縄の人々を「不衛生」として米軍から遠ざけるための公衆衛生政策が、その実、米軍が恐れている「不衛生」をつくり出していたのである。

3　美化運動と協力

(1) 報告書の波紋

　そのようななか、一つの報告書が、米軍の土地利用に対して一石を投じることになる。1949年11月、米陸軍省が沖縄へ派遣した農業派遣団がまとめた報告書「琉球列島における農業及び経済復興について」だ。報告書は当時、沖縄のあらゆる面で米軍の土地利用が優先された結果、沖縄の人々への過剰な制限がなされており、それを改める必要があると指摘している。「1マイル規制」は衛生面から害虫やネズミからの感染防止を目的としたが、沖縄の人々の農地使用に影響しているとし、制限区域の大幅な縮小を求めた。さらに、衛生上の安全確保は別の方法で行うように助言している。報告書は、その年10月に米軍政府の軍政長官に就任した、米軍少将のJ・R・

シーツ [24) が民政を行う上でのハンドブックとして位置付けられていた [25)。

　この報告書に先立って、1948年8月から翌6月にかけて米国務省横浜総領事館がまとめた4件の報告書は、米軍による沖縄占領を批判している。なかでも、1949年6月のオバートン報告は、軍事が民政に優先することを非難し、民事を軍事から分離すること、琉球大学と民裁判所の設置、軍用地補償、所有権の確立を勧告してい [26)。農業派遣団の報告書もこうした流れの中でまとめられたのだった。

　農業派遣団の報告書発表から3ヵ月後の1950年2月、米軍は米軍政府指令2号「建築及び耕作制限」を発令している。この指令は、「1マイル規制」の項目を削除し、沖縄の人々に対する制限区域を、新たに「軍用地と施設最大境界内」へと変更するものだった。これを受けて、その方針を新聞は、「軍用地の解放地、自由に建築できる　明朗の気・全島に溢れる」「さあ建てるぞ、既に資材をそろえて待つ　保留の申請書三百通」 [27) と報じている。しかし、この時、「1マイル規制」撤廃を報じた新聞は、その公衆衛生上の変更に注意を払っておらず、土地開放の側面だけを注視するのみであった。

(2) 「オフ・リミッツ」と不衛生

　「1マイル規制」撤廃と同時期に、それまで米兵軍属の住民地域への立ち入りを禁じた「オフ・リミッツ」も緩和された。その結果、住民地域を「不衛生」と見なして、米兵軍属を立ち入らせないことを基本とした米軍の公衆衛生政策は転換を迫られる。「オフ・リミッツ」の解除は、1950年1月以降、沖縄島北部の東海岸の金武村屋嘉と西海岸の恩納村MPポストを結ぶ線より以南において、午

前8時から午後6時までの昼間、実施されている。「オフ・リミッツ」下では、米兵が民間地域で買い物できる地域は、沖縄島を南北に延びる軍道1号（現国道58号）沿いと限定されていた。しかし、「オフ・リミッツ」解除後は、それ以外の場所にある商店やサービス業でも、企業免許のある事業所については利用できるようになった[28]。

　住民地域を「不衛生」とみなして、米兵軍属を立ち入らせない隔離的な予防措置ではなく、その中において米兵軍属をいかに守るかが新しい課題となった。この時、民間側の感染症発症状況は、1948年赤痢や腸チフスなど267人、1949年はより重篤なB型脳炎が発生しているが人数は74人へと減少していた。また、塵芥処理方法に関しても、1948年9月の米国軍政府指令第33号「衛生規則」が発令され、塵芥は掃除夫を配置し回収するか、町村から離れた場所に掘った坑に投棄、もしくは衛生官が許可すれば埋め立て予定地に投棄を認められた。沖縄の人々が守るべきルールは徐々に整備されつつあった。しかし、「オフ・リミッツ」解除と同時期の1950年1月に沖縄を視察したGHQ衛生福祉局は、沖縄のハエの多さを指摘し、一般住民に駆除を呼び掛け、便所や畜舎・塵芥捨て場を管理し、消毒のために常にDDTを散布する必要があるとした[29]。

　GHQ衛生福祉局の指摘と「オフ・リミッツ」が解除された事を受けて、米軍と沖縄の人々は共に美化運動に取り組んでいる。これは住民の衛生思想を強化することを目的としていた。まず1月に「美化週間」が行われた。塵芥回収だけでなく、衛生移動展覧会が開かれ、集落ごとに衛生組合組織が結成された[30]。さらに公衆衛生部が主導し、1950年3月と10月の2回「全島美化運動」が実施された。動員も大規模で、3月の第1回運動は、沖縄民政府が実

施要項を策定、市町村が実施計画を立案し、学校や婦人連合会・青年連合会が参加して行われた。清掃の対象地域は、各家庭や周辺道路に留まらず、集落外の原野も含んでいた。そこには、沖縄戦で残された戦車や砲弾などの鉄の塊の回収から、爆弾であいた弾痕跡の整地も含まれた。沖縄島に駐留する米軍の9部隊中3分の2もが参加した大掛かりなものだった[31]。優秀な集落は知事が表彰した[32]。つづく10月の第2回美化運動は、米軍施設周辺の美化に重点的に取り組んでいる。各地域で1～2週間ずつ取り組み、終了すると米軍航空隊が上空から、また公衆衛生部のトラックが地上からDDTを散布する計画だった[33]。全島美化運動は、占領下で沖縄の人々を家庭の中から動員する、米軍との大々的な協同作業だったといえるだろう。だが、2回目の美化が米軍基地周辺を重点としたことからも分かるように、膨張し接近してくる住民地域の「不衛生」を取り除く試みであったため、住民側はさらなる衛生体制の強化を課されている。第2回実施時期と同じ10月、米国軍政府指令「衛生規則」改正第2号では、「屑物処分」の項目を、「地方各市町村当局は毎日屑物を蒐集するため掃除人夫制を持続し」と変更している。この変更によって、市町村の責任において塵芥回収を毎日行うことが定められたのだった[34]。

(3) 心の境界の浄化

　美化運動は、住民市域から「不衛生」を取り除く目的に留まらず、沖縄の人々生活の中から沖縄戦の痕跡を取り去っていくという意味も込められていた。「さあっと洗い流そう　戦場の名残り」と見出しが付いた記事は、「あまたの鉄片やガラクタはしつこく戦場の名残をとどめて」おり、「凄惨な戦場気分をひと思いに洗い流そう」

と、米軍と沖縄の人々が、互いに協力し清掃する様子を紹介している[35]。双方の協力は、戦時下で敵味方同士だった関係を、占領下において協力する者としてつくりかえることであり、美化運動という具体的作業でそれが実践されたのである。1950年3月の第1回美化運動に際し、志喜屋孝信沖縄民政府知事は、「戦禍で汚れた沖縄ではこの種の大清掃が是非一度必要だと思っていた」と、新聞にコメントしている。戦後5年たっていたこの時、山野に残されていた戦死者の遺骨さえ、美化運動の一環として収骨されていたのだった[36]。志喜屋の「戦禍で汚れた沖縄」という表現は、夥しい人々の血が流された沖縄島にしみついた沖縄戦の記憶を占領下で整理し位置付けることでもあった。沖縄の人々や日本兵、敵だった米軍の血や死体、砲爆撃が撃ち込まれ穴だらけの大地、そこかしこに残る実弾、武器、戦車の残骸、戦争の痕跡。生活環境を整えるという名において、無残な体験を想起させる遺物を回収し、社会を再建することを優先せざるを得なかったのである。琉球遺族会もいまだ結成されず、戦没者追悼式もなかった当時、戦争における死を社会的に追悼する合意もなかった。「美化運動」の機会ですら遺骨収集をしなければならないほど山野に遺骨が残るという忸怩たる思いのまま、米軍への協力を求められるアンビバレントな思いが、志喜屋の表面上前向きな言葉には込められていたはずだ。

　新聞の社説は沖縄の人々の複雑な胸中を指摘する。「これは単なる衛生的清掃作業でないことは軍当局の意向によって明らかであり」「われわれの環境を美しくしたいという情操を清める運動であり」「戦争の被害にすべてを理由づける個人悪、社会悪の弁解が許される時代はもう通り過ぎている」と沖縄の人々の心からの変化と協力を求めていたのである[37]。公衆衛生による境界が取り払われ、

米兵軍属との接触が増えた結果、沖縄の人々は生活環境の美化に留まらず、内面のアンビバレントな感情の整理を求められていたのだった。内面から「情操を清め」て、米軍に「心から協力」をすることで、心の中の境界を消すことを求められたのである。

(4) ドル獲得と衛生

美化運動が、「米軍への協力」を引き出す上で、重要な意味を持ったのが、経済的影響とそれを左右した「オフ・リミッツ」の発令であった。米兵軍属が落とす現金の経済的効果を期待するために、「オフ・リミッツ」を課されないように、継続的な環境美化に務めることは、結果的に「米軍への協力」を選び、振る舞い方を身につけていくことだったのである。

那覇市の衛生状態の改善は、芳しいものではなかった。1950年3月の第1回全島美化運動時に、那覇市は公衆衛生部を設置し、さらに各家庭の塵埃を処理するために、各区にごみ箱を設置し、衛生班が回収する仕組みなどを整えていった。また、市内では複数の民間衛生舎が立ち上がり、糞尿のくみ取りや塵芥回収が始まっていた。那覇市のこうした努力にもかかわらず、米軍政府公衆衛生部長は、市内の「不衛生」を除去できなければ、再び「オフ・リミッツ」を課すことを示唆している[38]。那覇市は新たな対策として、戦後に市の中心部となった東部湿地帯の市場や繁華街で新たな取り組みを始めている。立ち売りから、市場が作り上げられた市場通り、そこを流れるガーブ川などを、周辺の8地区の市民に呼びかけ、大規模な清掃を行っている。この時、1日で805トンものごみが回収された[39]。こうした結果、この時、那覇市は、「オフ・リミッツ」となることを免れている。

しかし、この時、那覇市が対応をせまられていた「不衛生」とは、そもそも米軍占領によってつくりだされたものだといえる。戦前、西部にあった市街地が米軍の物資集積地や倉庫となったため、那覇市の中心は、東部の湿地帯に移っていた。同地域は那覇市の郊外で真和志村と接する地域で、墓地がある湿地帯だった。那覇市西部が開放されなかったため、産業先遣隊が入った壺屋や、県外・国外からの引揚者のために開放された東部地域から街が膨張した結果、「闇市」が出来て、戦後の繁華街になった場所だった。しかし、戦後の感染症対策や全島美化運動では、「不衛生」の責任は沖縄の人々の側にあり、米兵軍属を守るために常に改善を求められていた。根拠となる感染症発生を示す数値は、こうした人々の経験を映さず、単なる数値として「不衛生」な状況を掘り起こすだけだった。そして、こうした事実をおし隠すかのように、DDT が人々の上にまき散らされていったのである。

　第 2 回全島美化運動から 9 ヵ月後、1951 年 7 月に日本脳炎が沖縄島全域で発生すると、中南部地域が「オフ・リミッツ」となった。同月、死者が 36 人に達すると、「オフ・リミッツ」は沖縄島全域に拡大されている。各市町村が、衛生状況の改善を進め、結果が良好なところからは 8 月から順次、「オフ・リミッツ」が解かれていった。しかし、この時、那覇市と、戦後軍政の中心地となり人口が集中した旧石川市、急峻な谷間に戦後の集落が築かれた北谷村謝苅は解除とならなかった。那覇市は改善のために、さらに塵芥回収車と労働者を増やし、新たに商業地域では塵芥回収を衛生舎と契約するように定めている。住宅地域に対しては、1949 年に旧玉城村から移転してきた米軍政府、沖縄群島政府に近く、衛生のモデル地区とされていた松尾区を模範事例として、各地区が環境美化に取り組

写真 16 オフ・リミッツ解禁後の 1950 年。米兵軍属向けの横断幕が掲げられた那覇市の「平和通り」。（キーストンスタジオ蔵、那覇市歴史博物館提供、02001557）

むことになった[40]。

「オフ・リミッツ」開始から 50 日経った 9 月 14 日、米軍政府公衆衛生部は、那覇市で制限解除に至っている。そして、那覇市の繁華街に米兵の客足が戻ってきた様子は次のように報じられている。「夕方から米人の姿が現れ、雑踏を極め、土産店、ダンスホール、喫茶店は元のにぎやかさ。土産物店は、14 日夕方に 50 人ぐらいの客が見え、売り上げは約 2 万円程度。15 日は土曜日で家族連れもあり、延べ 200 人が来た。切手やおもちゃ、衣料品が売れた」[41]。この時の通貨 B 軍票は、ドル交換レートが 120B 円と高めに固定されており、土産物屋の売り上げは実に 160 ドル余に達していた。米軍政府商工関係部局課長は、「オフ・リミッツ」解禁の際にも、「琉球人はドルを稼いでいる。商取引を盛んにするために、衛

生面の施設改善が急務。軍も不衛生な環境を不快に思っており、これが続けば軍人軍属の健康の保持上、再びオフ・リミッツもある」と手厳しく指摘した。人々は、米軍占領がきっかけとなってつくりだされた「不衛生」であることの理不尽さを飲み込み、自らの振る舞いを必死に改善することで、経済的な恩恵を手にし「復興」の道を進んだのである[42]。

4 「シーツ善政」

　美化運動が展開された1950年という年を、人々は「シーツ善政」と、軍政長官の名前によって強く記憶する。なお前年の1949年10月、米軍少将J・R・シーツは、琉球軍政長官に就任している。シーツがとった占領下のさまざまな施策が、沖縄に「復興」がもたらした年として考えられてきた。当時、米国議会が5000万ドル余を投じた米軍基地の本格的工事が始まっていた[43]。日本の建設会社が受注したこれらの工事は、日本にとっても、また沖縄にとっても「復興」に役立つという視点から米国の本格的援助が開始されている。それが、米軍政改革、ガリオア資金活用の民間企業の設立促進、生活関連物資の配給、沖縄で初めての大学である琉球大学の開学という形に次々と改革や具体的な形をとって現れていた[44]。また、連合軍司令部（FEC）による指令は、1952年会計年度までに、①戦前並の生活水準の回復、②自立経済条件の達成、を目標とし、沖縄島・奄美・宮古・八重山もそれぞれに自立経済計画の立案を迫られ、計画に着手している[45]。

　シーツは初めての記者会見で、25億B円の新建築復興計画、衣料雑貨の大量放出と大幅値下げ、行政主体を住民に移すことを発表

し、取材した記者をして、戦後の新聞創刊以来のビッグニュースとしている[46]。また、シーツは、軍政府の会議に沖縄民政府側を補助参加させるなど、人々の目を見張らせた。こうした社会変化について、シーツ本人は繰り返し「私個人の政策ではなくマッカーサー元帥の政策である」と説明していた[47]。しかし、人々はシーツ個人による恩恵と考えており、那覇市が主催し、翌年の市内開放を控えて1949年12月には「シーツ政策感謝市民大会」を開いている。「那覇市民の長い間の熱烈な願望。（中略）市民は長官の心に応えるため尚一層、軍政府へ積極的に協力をなし、自重して那覇市復興に邁進することを決意」と、米軍への協力を誓っている[48]。

　シーツ夫妻の横顔を紹介する記事も雑誌に掲載された。取材したのは、沖縄タイムス記者の伊波圭子で、夫婦の仲睦まじさ、なれそめについてインタビューしている。シーツはその中で、沖縄戦で読谷村に上陸した時、「大変綺麗な島」という印象をもち、「私は戦争の時にこの島を傷つけました。この島の復興には私は責任があります」と答えている[49]。ふだんこうした分野を取材していない女性記者の伊波をわざわざ取材にあてたのは、伊波がふだん取材していた家庭や生活の領域から記述させ、シーツの人間性に着目させることを意図したと考えられる。

　病を患ったシーツが、1年にも満たないわずかな在任期間で交代することになった1950年7月、新聞は社説で、シーツの人柄を取り上げている。それまで軍政長官の交代は沖縄の人々の話題に上ることはなかったが、シーツの交代に関心が寄せられているとし、理由はシーツが、「沖縄の復興について密接にタッチしていくことを表明したこと」であると説明する。さらに、シーツが、「アメリカ国民の善意を植え付け」ることで、沖縄の人々の振る舞いを変えて

いったとする[50]。シーツが、それまでの軍政官と異なり、沖縄民政府との合同会議を開いて、米国軍政府の方針を人々に示したことなどが評価された理由だった。

　シーツ自身が、「マッカーサー元帥の政策」と表現したように、施策は米軍が沖縄の長期占領方針にそったものといえる[51]。こうした変化を、沖縄の人々が、1人の軍政長官の名とともに「善政」という表現で記憶をしたことを誤った認識として切り捨てるのは簡単だ。しかし、ここで問われるのは、なぜこの言葉が多くの人にその後も共有され続けたかということだ。前述の社説が書いたように、シーツの「善」によって、沖縄の人々が自発的に振る舞いをかえたと考えたことが重要だ。このことは、人々が、生活の中から米軍に協力する振る舞いを環境浄化や美化という言葉を通して奨励されたことと同様である。人々がシーツの「善」によって、生活のさまざまな面から振る舞いを変えることを絶えず働きかけられていたことを積極的に受けとめるようになっていたことが、「シーツ善政」という言葉は表しているのだ。

5　ペルリと「米琉親善」

(1)「米琉親善」の思惑と反応

　「米琉親善日　5月26日・軍から発表」。第1回全島美化運動を伝える記事と同じ日の新聞に、「米琉親善日」が設定されたことが報じられた[52]。米国海軍提督マシュー・G・ペリー（以降、当時の記述に従い、ペルリ）は、1853年、日本の浦賀へ行く前に、太平洋全域で捕鯨をする米船のための停泊港や石炭貯蔵庫の場所を求めて琉球国に来航した。武力を背景に首里城を訪れ琉球王への接見を

試み、1854年に「琉米修好条約」を締結している。しかし、米国の帝国主義的暴力を示す史実は、米軍占領下の沖縄で、「米琉親善」と読み替えられて[53]、全島美化運動同様に沖縄の人々の心に働きかけて協力を引き出すために利用されたのだった。

そのなかで、「米琉親善日」をどの日に設定するのがふさわしいのかという問題が最初に浮上している。米軍は1950年の初め頃には、沖縄戦で米軍が沖縄島に上陸した1945年の「4月1日」を、「米琉親善日」にしようと考えていた。沖縄戦当時、3月23日に激しい空爆、続いて沖縄島を包囲した米艦船からの艦砲射撃が始まった。米軍は4月1日、日本軍からの反撃も受けず、計画通りに沖縄島に上陸を果たしている[54]。しかし、沖縄の人々にとってはこの日から3ヵ月余に及ぶ地上戦が始まり、「鉄の暴風」と呼ばれた猛攻撃の中で約20万人の死者が出ている。敵と味方としての記憶、夥しい死者を想起させる米軍上陸の日を米軍から打診された警察署長会議の場でも賛否が挙がった様子が伝えられている[55]。以降、米軍がどのような経過を経て、ペルリが来琉した5月23日がふさわしいと決めたかは分からない。最初の打診から2ヵ月後の3月、軍政長官シーツの名で、米軍政府特別布告35号「米琉親善日」が発令され、冒頭の記事が掲載されている。布告は、「米琉親善日」の目的を「琉球諸島における共同目標とする事業の完成に成功するために、スポーツや文化行事を行う」と定めている[56]。当時、朝鮮戦争に突入する直前で緊張が最大限となっていた朝鮮半島に対し、沖縄が負う役割は米軍の後方基地としての機能だった。「共同目標」とは、こうした情勢にふさわしい、占領下の態度と協力を沖縄の人々に期待することを意味した[57]。

しかし、「米琉親善」そのものへの疑問は潜在化していた。在

京していた沖縄出身の歴史家の比嘉春潮は、「沖縄が彼の渡来によって何を加えたか」と、ペルリ来琉が沖縄に与えた影響が大きくないこと、さらに「米琉親善」は「イソップのいう狼と小羊の親善である。小羊の沖縄から手を握ることはない」と、批判をメモに残している[58]。米軍のペルリ来琉の意図的な誤読、そして対等の立場でない沖縄の人々の間に親善はなりたたないことを痛烈に批判したのである。また、「米琉親善」が始まった当時、米国民政府教育情報局の職員で、メディア担当だったJ・タルは、離任後にまとめた論文で「米琉親善」について、次のように指摘している。「地元のインテリたちは、ペルリ一行の活動については、種々の記録を読んで理解している。沖縄の新聞人の一部では早くも皮肉たっぷりにペルリの気ままで貪欲な性向を指摘する者もいる」[59]。しかし、タルの指摘は当時の新聞紙面では全く記事化されることはなかった。むしろ、事態は逆で、ペルリを礼賛する報道が洪水のようになされたのである。

　初めて「米琉親善日」を迎えた日の新聞には、志喜屋知事による決意を込めたメッセージが1面を飾っていた。「シーツ長官の政策そのものが既に私どもにとっては『米琉親善』の範だと信じ、私どもも正しくこれに応えるとともに親善の努力を一段一段積むべきだと思います」[60]。この日に合わせ発行された軍と民、双方の政府の広報紙である『琉球弘報』（1950年5月号）は、政財界の代表者による、米軍に対する感謝と感激のコメントで埋め尽くされた。「物心両面の親善」「親善による経済復興」「世界平和に貢献」……。その中には、「米軍占領下を『第二の維新』ととらえ、琉球人が世界と伍する機会と捉えるべきだ」という発言があった[61]。前年の1949年、米軍政府が運営していた船舶や交通・食糧部門は、沖縄

の人々に移譲され民営化されている。「維新」に例えられたのは、沖縄戦前の社会が、行政の要職を他県出身者が占め、経済は鹿児島系商人（「寄留商人」）に握られていたことがあった。それに対し、占領下では、行政府も事業所も、沖縄の人々の組織として誕生していたのである[62]。戦前、内国植民地的に扱われた沖縄の人々は生き延びるために同化の道を選んだが、沖縄戦によって破壊の後の「復興」を歩みだした時に、日本の内国植民地状況を脱したと思った希望が、こうした言葉に託されていたといえるだろう。しかし、「冷戦」体制下で、米軍が沖縄の人々に求めたのは米軍占領に協力的であることであり、「国際化」とは、米ソの覇権争いによって軍事対立が起きていた中で、朝鮮戦争における米軍の東アジアの飛行場、兵站としての役割でしかなく、「琉球人が世界と伍する」という言葉はうつろな夢でしかなかった。

(2) 報道の意図

　1950年、初めての「米琉親善日」には、米軍と沖縄の人々が交流する多種多様なスポーツや文化行事が開かれた。式典はもちろん、野球などスポーツの親善試合、軍楽隊と高校生バンドの共演、映画上映会、交流パーティー、演劇コンクール、また「米琉親善」美談集発行もなされた[63]。沖縄戦が終わって以来、こうした文化やスポーツの催しのニュースが洪水のように紙面を埋めるのは初めての出来事だった。「米琉親善」に関する報道の特徴は、各紙が積極的に競って報じていたことである。総力戦体制期から沖縄戦で失われていた文化的催しやスポーツを楽しむ機会、米兵との接触が初めての「国際」交流の体験となって、報道も米軍の意図に沿うように大量の記事を報じていたのである。人々の好奇心や楽しさを伝える記

写真17 「琉米親善」行事で、米軍ブラスバンドの演奏を聴く沖縄の人々。(キースト ンスタジオ蔵、那覇市歴史博物館提供、02009465)

事は生き生きとした筆致で描かれていても、タルが指摘したように、 記者が知っていたはずの米軍の本来の意図に触れることはなかった のである。

　『沖縄タイムス』は、沖縄の人々のとるべき振る舞いを3回に渡 る社説で示している[64]。共通するのは、沖縄の人々の振る舞いの 改善を求めていたことだ。スポーツを取り上げた社説は、「米琉親 善」の競技に参加する際には、「ずるさ、ごまかし、卑屈さは絶対 に禁物」とした。米軍は沖縄人観が総じて良くないとし[65]、沖縄 の人々に求められていたのは、「正直、親切、勤勉」だとした。また、 ペルリ来航の時代に探検隊が記録した、「大変親切で、人情が厚く、 温和な、正直な、しとやかな、そして法律や支配にもよく従う人 民」という姿を、当時にも通じる好ましい琉球人像として提示して

いる。社説が読み手に伝えたのは、結果的に 100 年前の米軍の植民地主義的な視点による沖縄の人々の姿を、米軍占領下にそのまま流用することであった。それだけではなく占領下という新たな事態の中で、「米人のヒュマニズムを理解しわれわれは琉球人の純情を以て之にこたえること」と、振る舞いを改める必要が説いたのだった。また、『琉球新報』の社説は「現在われわれは再度の黒船渡来即ち米軍占領下にあって最後の解放に向かって歩んでいると信ずる」[66]と、訴えた。軍事占領のもとで、「我々」が変わるべきだと繰り返し新聞は強調したのだった。

　一方、米軍機関紙の扱いは異なっていた。米軍機関紙『パシフィック・スターズ・アンド・ストライプス』（Pacific Stars and Stripes）に「米琉親善」事業が登場するのは開始 2 年目からとみられ、1951 年はスポーツ行事の結果を簡単に伝え[67]、1952 年には優れた海軍提督ペルリが琉球の人々と友好関係を築けると信じて来琉したと説明した[68]。1953 年はペルリ来琉 100 周年で催しが盛大だったため、紙面での扱いも若干大きくはなったが、イベントとして簡単に報じる姿勢に変わりはない[69]。米軍の新聞と沖縄の新聞のニュースの多寡は、この「米琉親善」の意義が誰に伝えられるべきなのかを如実に表していた。

　沖縄の新聞で特徴的なことは、「米琉親善」の米兵による「美談」を扱った記事が、米軍の善行に対して、沖縄の人々を報恩へと導く構図をとった事である。2 度目の「米琉親善日」となった 1951 年に掲載された記事は、沖縄戦時に沖縄島南部の激戦地に追い詰められた住民が米兵に救出された事、名護市の田井等収容地区では米大尉による食料配給の差配が人々を飢餓から救った出来事、元米軍医が戦後に沖縄を再訪し戦時に治療した両足の不自由な少女と再会し

た話などを取り上げた[70]。こうした記事の特徴は、戦場や収容地区での作戦の中でとられた行動を、米兵や軍属の人間的な善意として描いたことであった。一方の沖縄の人々は、戦争の被害者として常に救済や施しなど米兵から受ける役割を担った。

　かつて敵だった米兵の「善意」を取り上げて人間的魅力を際立たせ、沖縄の人々から感謝と共感を引き出す。こうした記事は、だからこそ沖縄の人々は米軍に協力する必要があるという構図で書かれていた。

(3) 隠される暴力

　しかし、新聞が盛んに沖縄の人々の取るべき振る舞いを喧伝しても、占領下の暴力にさらされ続ける状況が変わるわけではなかった。むしろこの時、米軍基地の固定化、「復興」に伴ってさまざまな社会的制度が整う中で、布令や指令の発令と整備によって、占領に従うように人々に対する監視や制限が、課されていたのである。新聞が、こうした眼前の現実を問うことなく、米兵との交流を美談化することは、沖縄の人々が置かれた、「『戦場』『占領』『復興』という事象が重層的に混在する事態」[71]を、大急ぎでけばけばしいペンキで塗りたて、隠すようなことだった。

　新聞紙面の「美談」は、米兵の恩恵を受ける対象に変化があった。「巷に薫る米琉親善譜」という見出しの記事では、カトリック開南教会の「戦争未亡人」の更生、他にも戦争孤児や戦争孤老が入所する厚生園や障がい者への米兵による慈善が紹介された[72]。また、米兵と沖縄の女性の対等な関係の結婚生活も紹介された。「米琉親善」を書くために、当時ほぼ全員が男性だったといえる新聞記者たちは、米軍に期待された美談の構造を用いながらも、その救済の対

象を女性や子ども・高齢者として、その人々の身体を領有し、他者化する形で記事を書いたのだった。米兵に支配されているにもかかわらず、女性や子ども・高齢者といった他者の問題とすることで、「琉米親善」と現実との差異がもたらす緊張を引き受けることなしに記事を執筆していたのである。その結果、「戦争未亡人」や「戦争孤児」「戦争孤老」、戦争による障がいを含んだ人々が記事に登場しているにもかかわらず、占領下で「戦争」という言葉が内包する暴力を正面から受けとめることはなかったのである。報道は、米軍による戦争や占領の暴力性を問わずに米軍と相対するという振る舞い方をこうした人々の姿を通して、紙面からメッセージしたのである。

　だが、同時に、排除された場にいた女性たちには、占領下の暴力が直接振るわれていた。海軍提督ペルリの来琉、そして米軍占領下でも、米軍による暴力の対象は女性であった。1853年、ペルリ艦隊の乗員が那覇に上陸し、女性を強姦している[73]。こうした事実を糊塗して祝われた「米琉親善日」のその月、米兵による強姦事件が報じられている[74]。しかし、新聞は「米琉親善日」その日にあるまじき事件の言葉の一言だけを添えて、小さく報じるに留まった[75]。

第6章

「アカ」と「第一次琉大事件」

1953年3月、琉球大学生が那覇市内で開催した移動原爆展。長崎・広島・沖縄の
犠牲者数を示した展示に多くの人が衝撃を受けた。（濱田富誠氏提供）

1 潰される声

　1953年5月1日。米軍占領下の那覇市中心部で、インターナショナルの歌声が響いた。沖縄人民党と沖縄社会大衆党が主催する第2回メーデーだった。戦後8年、米軍の長期占領方針よって、沖縄に「復興」がもたらされる一方、さまざまな問題が起こっていた。タコ部屋のような基地工事現場、賃金未払い、真和志村で始まった米軍の暴力的な土地接収。スローガンやプラカードに書かれた「労働法制定」「土地収用法撤廃」「失業者対策」「戦傷病者と戦争未亡人の救済」という言葉は、沖縄戦の傷が癒えぬまま占領を生きる人々が、かろうじてあげた声だった。しかし、突如降り出した雨がプラカードの文字を滲ませた。約1000人の参加者を警察やMPが監視し、外人記者のフラッシュが激しくたかれた[1]。

　メーデーの集会があった上之山中学校の近く、琉球政府庁舎前では、米軍の装甲自動車に小学生が鈴なりになっていた。銃を抱えた約100人の米兵が、周囲を繰り返し行進した。「戦の前触れ？」。遠巻きに見物した人が囁いたのは、米陸軍の教練と戦車など兵器の展示だった。人々を驚かせたのは、突然開かれた「米琉親善」の催しだった[2]。生活の困窮を訴えるメーデーと、武装した米兵が行進する「米琉親善」行事が隣り合う、奇妙な光景は占領下を象徴していた。

　この時のメーデーでは、学生服姿の琉球大学生が登壇している。原爆展や「復帰」運動をしたことに対し、琉大当局が下した処分の撤回と、学生たちの復帰運動に対する弾圧を改めるよう訴えている。しかし、メーデーからわずか一週間後、4人の学生が退学になった。

「第一次琉大事件」である。

　「第一次琉大事件」は、1956年に軍用地強制接収に反対した「島ぐるみ闘争」の過程で琉大生6人が処分された「第二次琉大事件」とともに、琉大による学生弾圧として沖縄で知られてきた。しかし、2008年、琉大による退学処分撤回を巡って、異なる様相を帯び始める。琉大当局が、「第二次事件」の学生のみに謝罪し、処分を撤回したためだ。その理由について「処分は琉球大学の存廃を問う当時の米国民政府によるものであり、学長、理事会、教授も苦渋の選択を迫られた」と説明している³⁾。二つの事件を「事件の本質において切り離して考えることはできない」と批判したのはジャーナリストで思想家の新川明⁴⁾、『沖縄タイムス』の連載⁵⁾、琉球大学教職員会の小屋敷塚己の連載⁶⁾など少数であった。その後、琉大教職員組合は琉大当局との団体交渉を行い、シンポジウムも開催し、「第一次事件」の処分撤回を訴えている。しかし、琉大当局は「第一次事件」は、「外圧ではなくて大学の規定に沿った処分」のため⁷⁾、処分を撤回しないという姿勢を変えなかった。琉大も、米軍の外圧によって苦渋の選択を強いられ、学生と同じ被害者であると自らを位置付け直すことで、贖罪はなされたのだった。

　同事件に関する記録は、新聞報道以外では、当事者の学生が処分直後に雑誌『世論週報』再刊第1号（1953年6月）に「琉大問題特集」としてまとめたのが最初だ⁸⁾。その後は、在東京の沖縄県学生会が、1954年に『祖国なき沖縄　戦後沖縄の実相』（日月社、1954年）⁹⁾で、「琉球大学事件」と名付けて発表したことで、米軍の弾圧事件として知られるようになった。新崎盛暉は中野好夫との共著『沖縄戦後史』（岩波書店、1976年）で、占領に抵抗した人々が激しく弾圧された1953年から1956年までを「民衆にとっての暗黒時代」と

位置づけ、最初の事件を「第一次琉大事件」、1956年の土地闘争に
関わった6学生処分を「第二次琉大事件」と名付けた。「第一次」
事件を、「島ぐるみ闘争」へつながる抵抗の源流の中に位置づけた
のだった[10]。以降、新崎が提示した「表現の自由」への弾圧と学
生の抵抗という認識に従って2つの事件は記述が重ねられた。とり
わけ、「第二次事件」で退学を強いられた学生のうち、国文学科の
学生が文芸誌『琉大文学』を刊行していたことで、『琉大文学』に
参加していた文学研究者岡本恵徳、ジャーナリストで思想家でもあ
る新川明と川満信一らの論考、鹿野政直の『否（ノン）の文学』（『鹿
野政直思想史論集　第3巻　沖縄Ⅰ　占領下を生きる』岩波書店
2008年）[11] によって考察されてきた。二つの事件のうちでは、特
に「第二次事件」について、『琉大文学』を通した分析が重ねられ
てきたといえるだろう[12]。

　また当時から「第二次事件」で処分された学生には広範な同情を
寄せられていた。「島ぐるみ闘争」は、米軍の暴力的な土地接収を
巡って、人々が対立を超えて一枚岩となっていた。退学した学生の
ために日本の大学への転学や教育界や経済界による学資援助[13] が
行われている。現在まで、社会の関心が「第二次事件」に集中した
結果、琉大当局を「第二次事件」の被害者学生への謝罪と処分撤回
という行動に導いたといえるだろう[14]。

　「第一次事件」の学生たちが当時主張したのと同様な理由を根拠
に退学処分の撤回を求めた琉大教職員会は、処分の不当性を琉大当
局の処分手続きの矛盾と学生たちの運動の正当性によって指摘した。
しかし、琉大当局による二つの事件への対処の違いは、1953年・
1956年の社会状況の違い、すなわち軍用地問題に対して「島ぐる
み闘争」と呼ばれた社会意識が形成されていたか否かに左右されて

いる。1953年には、米軍占領への協力が「復興」をめぐる諸制度から生活に浸透した結果、多くの人が米軍に協力的な振る舞いを選択していたのである。一方で、米軍占領に異議を唱えた沖縄人民党などが米軍によって「共産主義者」「アカ」と指弾され、人々の間に分断が起こりつつあった。だが、1956年は、「島ぐるみ闘争」として、一般の人々を含めた抵抗の連帯が実現していた。「第一次事件」の再考には、この事件が当時どのように認識され、人々がどう振る舞ったのかという過程を考察することが重要だ。

「復興」が徐々に実現すると、米軍の統制は、食や住・就労という生存を支える基本的なレベルではなく、前章で見たように公衆衛生政策としての「美化運動」や「米琉親善」の文化行事を通して浸透するようになった。沖縄の人々の振る舞いも受動的ではなく、自らの「復興」実現のために交渉を重ねるなかで振る舞いを選択し、その結果「協力者」となっていったのである。そして、「復興」の象徴である琉球大学を巡っては、交渉の末に閉ざされた別の複数の「復興」があった。琉球大学の周囲には失敗した「復興」の断片が散在しており、その一つひとつからは、占領期の「復興」をめぐる政治が見えるのである。

沖縄の人々の間の分断は決して過去のことではない。2008年の、「第二次事件」のみ退学処分を撤回し、「第一次事件」をそのままにした琉大の対応のように、突然表面化するのである。現在を生きる私たちが、「島ぐるみ闘争」の中に連帯の歴史を学び直し、未来を問う時、闘争以前の分断もまた同時に考えなければいけない理由がここにある。

2 閉ざされた夢

(1) 複数の「復興」

　どっしりと風格のある赤瓦と石造の二階建ての校舎。芝庭をぐるりと囲むように校舎が建つ光景。琉球大学は、沖縄戦で焼け落ちた首里城を模していた。「復興計画の最大の物」と言われ、沖縄で初めて開学した大学には莫大な予算[15]が投じられていた。

　一方、これは多くの小学校・中学校の状況とは天と地ほどの差があった。当時、「馬小屋校舎」と呼ばれるほど粗末な校舎は、沖縄戦直後に学校の再建のために建てられたものだった。かやぶきの屋根はすでに傷み、雨漏りがした。窓も板を突っかえ棒で支える粗末なものだった。雨が降れば土間の教室はぬかるみ、台風が襲来すれば倒壊した。惨めなものは校舎だけではなかった。教員の給料が突然、切り下げられることもあった。1947年4月、平均俸給180〜400B円から100B円減らされ、241円B円になった[16]。ある教師は、「近いうちに大学をつくるから、大学の先生の給与をとっておく」と減額の理由を聞かされたという。中部地域の教師代表が沖縄民政府文教部長の山城篤男の自宅に抗議に押し掛けた。だが、山城は、「敗戦国民に文句がいえるのか、減俸は軍の命令だ」と一喝したという[17]。しかし、教員の賃金の切り下げは、同時期に軍労務者の賃金が優遇されたこともあり、教員の軍労務を含めた転職を引き起こしている。その数は1948年度564人、1949年度388人にも及んだ。職業別に比較して相対的に教員の賃金が低廉だったため、俸給900B円の教師が1500B円支給の木材会社へ、俸給1160B円の教師が3000B円の土木会社へと転職するなどの事例があった[18]。

「戦争未亡人」の女性教員は俸給1400Ｂ円では母親と３人の子ども
を扶養できないため、菓子を作って出勤前に店を回って売り歩いて
いた。俸給で生活できない男性中学教師はさまざまな副業をするう
ち、職人に製靴技術を習い、帰宅後真夜中まで靴の修理や製靴をし
て働き、妻と子ども４人の生活をぎりぎりで維持していた[19]。

　沖縄教職員会や市町村議会は、災害に耐えうる「恒久校舎」の校
舎建築を陳情するが、沖縄群島政府の対応は遅れた。琉大の創設の
ために義務教育が顧みられない危機を打開するため、戦前に台湾で
訓導をしていた屋良朝苗（やらちょうびょう）（琉球政府の初の公選主席）は、校舎の
改築費用を調達するため1952年に「沖縄戦災校舎復興促進期成会」
を結成し、日本全国で寄付行脚を行っている[20]。それが後の、日
本へ「復帰」することで沖縄の抱えた問題を解決するという、1953
年の「沖縄諸島祖国復帰期成会」へとつながっていくのである[21]。

　沖縄戦で焼失した首里城の跡地に、琉球大学が建造されることで、
首里城を再建するという夢もこの時消えている。跡地をどう利用す
るかについては、沖縄民政府は民間からの代表者を交えて会議を開
き、沖縄全体の意見として取りまとめている。この時、出されたの
が行政府の再建や、「中城城址公園」（なかぐすく）のような観光公園化、観光施
設の誘致、大学設立などであった。当時、文教部長を務めていた山
城の回顧によれば、「観光については当時の大物からの意見」があっ
たものの、軍用地が開放されない那覇市は人がまだ住んでおらず、
県内誘客は難しいと判断された。最終的に、会議では大学を建設す
ることに落ち着いたという[22]。

　この時、新聞人で首里市出身の豊平良顕は、首里城を「郷土劇場」
として再建しようという思いを抱いていた。雑誌で、識者の「復
興」案を提案する連載の企画で豊平は、「『観光沖縄』をめざし、沖

写真 18 1950 年開学した、琉球大学の本館。沖縄戦で破壊された首里城正殿があった場所に、首里城を模して建てられた。（那覇市歴史博物館所蔵、02001016）

縄戦で壊滅した首里市に、『文化地帯』の創生を取り組む復興」をテーマに論じている。しかし、豊平の記事が掲載されたのと同じ月に、琉球大学の建築（1949 年 6 月）は始まっており、琉大のキャンパスとなることは認めざるを得ない状態だった。一つの夢として、首里城正殿を外観的に復旧し郷土の芸能を伝える「沖縄劇場」とし、周辺には歴史館、芸能館、壺屋焼などを展示する陶器館、紅型や芭蕉布などの織物館というように、それぞれの分野ごとに専門館を建造するという構想を打ち上げた。首里王府が発展させた芸術や、首里に留まらず各地で庶民が生活で使っていた品々を集めて展示を試みるというものだった。豊平は、こうした文化地帯を形成し沖縄自らの「民間大学的機能」をもち、新しい文化を育てるとしている。その「復興」の夢を「われわれが抱く孤島の文化地帯は世界平和のシンボルとして世界的に異彩を放つ時代がくるとも限らない」と記している[23]。その豊平が強く意識したのは沖縄戦であった。

　沖縄戦前、首里城地下に第 32 軍司令部が建造されたことで、首里市は激しい艦砲射撃や空爆にさらされて、美しい古都の歴史を刻

む街並みは破壊され炎上し、夥しい人々が死んだ。平地が残らない
ほど無数の弾痕が刻まれ、緑したたる蔡温松の並木などは炭となり、
砲弾に削られた大地は真っ白な石灰岩をさらしていた。このように
なった首里市に、戦後戻った豊平は、1946年に首里市役所の部局
として文化部の創設を提案している。そして、首里城跡周辺から
焼け残った円覚寺の欄間彫刻板など文物の一片一片、破壊された石
像を拾い集めた。さらに、一軒の民家に「首里郷土博物館」を開き、
こうした品々を展示している[24]。博物館で展示された戦禍で破壊
された文物、生き延びた人々が継承していく技、それを日本から切
り離され、米軍占領下にある「孤島の文化地帯」が生き延びる力と
して位置付けたのである。

　豊平の首里城再建は当時、観光公園として活用されていた「中
城城址公園」と関連づけて考えられていた。1950年1月の沖縄タ
イムス社説「首里市内の名所旧跡の復旧と遊覧地としての中城城
址一帯は思い切って豪華な計画を立て凡ゆる援助を與て貰いた
い」が掲載されている[25]。沖縄戦で破壊された文化財を修復した
のは、15世紀に建造された中城城址が初めてだった。それは、観
光地化という目的があったからだ。破壊の程度が軽く、城壁が残っ
ていた中城城は、占領直後から米将兵の保養地として人気を集めて
いた。そのため、1947年11月に米軍が整備を指示している。村民
が、沖縄戦で破壊された城壁を片付け、足場を確保し、建築家の仲
座久雄が修復を担当している[26]。休日には約200人の米兵や家族
が訪れる「戦後唯一の公園」となった[27]。1950年1月、米軍政府
は観光による「復興」をめざし、沖縄民政府に観光局設置案[28]を
提示している。2月、沖縄民政府は、中城城址の修復に重点を置い
た史蹟名所復興費4757万B円を予算として申請したが[29]、額が膨

大であるとして米軍政府に却下された。また、予算を再検討する過程で中城城址の修復方法が「戦災史跡の復旧」に限定された。また、「一部俗化している」との疑義も上げられている[30]。その結果、「史蹟保存と観光の限界を明確にすること」など申し合わせ、首里博物館・弁財天堂・玉陵（歴代琉球王の墓所）など８件に限定し、さらに中城城址の予算が占める割合を減額し、復興費を大幅に圧縮している[31]。この時、中城城址の修復方法について批判の声を上げた史跡保存会[32]さえ、「史跡保存と観光の限界を明確にすること」と記さざるをなかったのは、観光という目的なしには米軍が予算を許可せず、修復を手掛けられなかったからだ。この中城城址の事例からも、先の首里城跡地利用の検討で、観光公園化の声が上がったのは、後の首里城再建の意図も込められていたといえるだろう。

　そして、首里城を再建するという夢は、形を変えて取り組まれていた。1953年のペルリ来琉100年には、米軍の支援を受けて、琉大近くの龍潭（りゅうたん）（王府時代に中国からの冊封使を歓待した池）のほとりに「首里博物館」の新館が落成していた。材料が不足し工事が大幅に遅れていたが、米軍の支援でこの日に合わせて完成したものである[33]。その新館の隣には、「米琉親善」の証として、米軍政府から贈られた赤瓦の壮麗な「ペルリ記念館」が建立されていた。記念館には、首里城の大型模型が収蔵されていた。戦前、修復に携わった大工知念朝栄（ちねんちょうえい）の手によるもので、建築家仲座久雄の勧めで、知念の技を継承するために造られたのだった[34]。仲座は中城城址再建の時、「首里城を失い、座喜味、玉城、豊見城の城を失い歴史に残る城はこの古城のみであり保存の責任を痛感するのである」[35]と記している。観光を視野に入れて城壁を修復しなければならないという限界の中で、修復工事を担当した仲座が、沖縄戦によって崩

れた石垣しか残っていないグスク（城）の再建に留まらず、木造建築物の技術を残すために腐心したことの現れである。再建することができなかった首里城は模型として、「万国津梁の鐘」など戦禍を潜り抜けた文物などとともに、ペルリ記念館にコレクションとして展示されたのだった。「米琉親善」の象徴でもあるペルリ記念館には、豊平や仲座がこの時果たせなかった夢をひそかに紛れ込ませていたのだった。

(2) 高等教育機関の夢

　さまざまな復興の夢が閉ざされる中で、米軍が実現させたのは琉大建設だった。そこには、戦前から高等教育機関設置運動に取り組んだ人々の夢も重ねられ、沖縄に高等教育機関をつくるという「復興」の重要性を際立たせたのである。

　1930年代の砂糖価格暴落に、救荒作物のソテツを食べるほどひどい不況に見舞われた沖縄は「ソテツ地獄」と呼ばれた。それを克服するために策定されたのが「沖縄経済振興計画」で、高等教育機関の設置は人材育成によって沖縄を救おうというものだった。沖縄教育界の重鎮たち、県出身者初の中学校長、県立第二中学校校長だった志喜屋孝信、戦後に沖縄民政府文教部長となった山城篤男や胡屋朝賞（2代目の琉大学長）らが取り組んだ[36]。こうした動きに呼応して、1939年、沖縄県会は「国立高等専門学校設立促進期成会の結成に関する意見書」を可決し、政府に陳情している[37]。

　教育振興による「復興」とは、植民地との関わりで見捨てられるのではないか、という沖縄の危機感があった。「琉球は長男、台湾は次男、朝鮮は三男」[38]。この言葉は帝国併合の順になぞらえられ、沖縄の人々を差別する言葉として使われた。しかし、順序は、もは

や逆転していたのだった。志喜屋は、台湾より沖縄の高校進学率が低く、これを「放っておくことは百年の悔いを残すことになる」と危機感を抱いていた[39]。また恐慌の現状と対策を論じた『沖縄救済論』の中で、県会議員の湧上聾人（わくがみろうじん）は、首里城に高等教育機関を設立することを訴えている。「首里城に高校をおくことは、他府県の生徒と交わり、沖縄人が切磋琢磨しさらに帝国の版図で、熱帯の人々が学ぶ場になる」[40]と県会で彼は説明している。膨張した帝国日本の版図の中で没落しつつある沖縄県のかつての亡国の城を高等教育機関にすることで位置づけなおし、新たな役割を首里城に与えながら、沖縄の復興をめざしたのである。こうした考えを背景に高等教育機関は「振興策」に盛り込まれ、立地やコース・定員などを具体的に定めた計画が動き出した[41]。しかし、沖縄戦によってこれは実現されることはなかった。

　戦禍で手折られた夢は、米軍占領下で戦禍からの「復興」へと引き継がれていく。戦後、米軍占領で、沖縄と奄美からは域外への渡航が出来なくなった。大学への進学は難しく、沖縄での大学の設立が切望された。この問題は、1949年に沖縄を取材した『ニューヨーク・タイムズ』記者によるルポ「忘れられた島」でも触れられている。米軍第96師団司令部の払い下げ建物を利用した宜野湾村（ぎのわん）野嵩（のだけ）高校の校長は記者に嘆いた。「ここの生徒達はしっかりした希望を持ち得ないほど、迷っています。もし、あなたが、米航空隊の作業場で働く以外に就職がないとすれば、なにを苦労してハイスクールを卒業する必要がありましょう」[42]。当時の状況を、文教部長の山城は「青少年は進学の熱望を抱いていながら、上級学校に進めず希望を失っていたのです。（中略）大学教育はぜひ急がなければならないといった気持にせまられました」としている。山城の次世代の教師

たちが「大学設置期成会」を結成した。中心は、当時30歳代の仲宗根政善・安里延・長嶺安信だった[43]。こうした動きは沖縄戦前の高等教育機関誘置運動が結実したものと考えられた[44]。1947年から高校生や沖縄文教学校・沖縄外語学校による募金活動が始まり、1949年までに8万5575B円が集まっている[45]。また、この動きは、北米や南米など沖縄県出身移民による戦災救援運動とも連携していった。先の米記者の報告は、首里城跡で進んでいた大学建設にも触れている。「この大学はわれわれに幸福と希望を与えるものです」という期待に満ちた職員の言葉を受け、記者は米軍が「過去4年間に於いて初めての組織的な努力をしており」と、沖縄再建の好例として紹介した[46]。

首里城跡地利用会議の結果を受けて、文教部長の山城は米軍が当初考えていた候補地の首里市の寒川町や山川町ではなく、首里城跡に米軍担当者を案内している[47]。こうした設置運動に携わった人々が、帝国日本の時から抱いた高等教育機関設置の夢、首里城において沖縄を救うという夢は、米軍占領下で実現していくのである。

3 米軍管理の琉球大学

首里城跡に大学をつくることは、米軍にとっても特別な意味をもっていた。1951年2月、駐留米軍トップの陸軍少将で、米国民政府のロバート・S・ビートラー民政副長官は、琉大開学式典で次のように挨拶している。「沖縄人にとって神聖なこの土地は何百年もの間首里の王族の王宮として使用されていた。かつてここは封建制度の中心地であった。これらは戦争で悉く消滅した。今回琉球人がこの文化の中心地を琉大敷地に選定し、将来大部分の琉球の指導

者を育成すると決定した先見の明は特に適切であると思う」とし、「自由民」を指導する指導者を育成すべく建立されたとした。また、5月の引継式で初代学長に就任した志喜屋孝信は「琉球大学は沖縄振興計画最大の物であるが、米軍政府の援助の下にその建設は成功したのである。（中略）由緒ある首里城址に建てられたこの美しい瓦葺の琉球大学こそ精神復興の本であり、政治、経済、教育の源泉であって、かつて龍樋から湧水のこんこんと湧き出た如く、ここから新しい文化が生まれてくる」とあいさつしている [48]。双方の挨拶にあるように、首里城の跡地に、米軍によって琉球大学が創立されたことは象徴的な意味をもっていた。米軍は沖縄戦直後、すでに首里城地下の日本軍第32軍司令部壕について、詳細な調査を行っている [49]。激しい地上戦の末に沖縄戦に勝利した米軍が、沖縄戦時の第32軍司令部壕の上、さらに琉球王府時代の首里城の遺構の上に琉球大学を首里城のイメージを流用してつくることは、新たな支配者が誰であるのかを見せつけることでもあった。

　完成した琉球大学は、首里城のイメージを巧妙に取り込んで建設されている。首里城正殿を模した、瓦屋根を載せた2階立ての大学の本部ビルに、中央の緑の芝庭をぐるりと囲むようにして各校舎を配置したのは、正殿の前庭「御庭（うなー）」の周囲に南殿・北殿があったのと同じだった。開学を記念して公募された琉球切手のデザインで入賞したのは、首里城のシルエットに琉球大学を重ね、さらに正殿の入り口を飾った龍柱を置くことで、焼失した首里城が大学としてよみがえったというイメージを明確に打ち出したものだった [50]。1879年に日本による琉球処分によって最後の国王尚泰（しょうたい）が追われた後には亡国の城として軍営、学校や沖縄神社として使用された首里城が、米軍の手で大学として再生したことは、琉大職員の言葉にあ

るように、沖縄の人々に「新しい希望」と受け止められたのである。

　しかし、琉大設立の本義は、1951 年 1 月に制定された米国民政府布令第 30 号「琉球大学基本法」に象徴されている。「本学はまた軍事占領の目的に沿うて民主主義国家の自由即ち言論集会、訴願、宗教及び出版の自由を増進するために琉球列島の成人に一般的情報及び教育を普及する」[51]。「占領の目的」に沿ったという限定付きの「自由」を沖縄の人々に広めるための教育をする、これが琉大の設立意義だった。

　琉大は、米国民政府が 1948 年に着手した「民間情報教育計画」における推進機関だった[52]。同計画の目的は、「沖縄の人に島内の事情、軍政府の目的及び事業を周知し、且つ沖縄の人民を教育して民主主義的政府の理念を教えてそれに参加せしめたる」ことだった[53]。1950 年にはガリオア資金が大幅に増額されたことによって琉大が開学し、「琉大基本法」に定められた「放送局、映画館、印刷機材、拡声器、又はニュース娯楽及び文化講演を維持する設備などの運営及び維持」などの機能が、情報センター（後の琉米文化会館）や放送局 KSAR として構内に設けられた。米軍は占領を推進する琉大の中に、教育者たちが戦前から抱いた「ソテツ地獄」からの沖縄救済、「復興」の夢を取り込んだのである[54]。

　米軍によって琉大が創建されることに、東京やハワイにいる沖縄出身者は複雑な思いを抱いていた。当初、志喜屋から初代学長就任を要請された東京在の沖縄史研究者、東 恩納寛惇（ひがしおんなかんじゅん）は、1950 年 1 月付けの返信に次のように記している。「私は大学はまだ早いと最初から思っていました。その前に必至に解決を要する生活問題があり、またその運用にあたるべき下級の学校が充実されるべきであると考えました。第一に帰属問題さえ決定しない目下の状態では最高

学府の精神的基盤をどこに置くかも疑問であります」55)。琉大は開学当初、米国軍政府指令第 22 号「琉球の教育制度」で軍政府情報教育部の直接の管理下にあった。沖縄群島政府が直接所管した小中高校とは、全く別に位置付けられていたのだった。東恩納が懸念したとしても、志喜屋や沖縄の教育者にとって「生きる上での希望を持ち得ない者たち」のために、米軍による大学設立に自身の戦前からの夢を重ねたのだった。

1947 年、「ハワイ沖縄救済更生会」は、沖縄の復興のために人材養成と「沖縄大学」の設置を目標とした「沖縄大学創立具体案」を策定した56)。そして、日本在住の沖縄人連盟総本部などの賛同を受け、更生会顧問の玉代勢法雲が 1949 年 5 月に沖縄の米軍と交渉するため訪沖した57)。更生会は「民族の存在を保証する意味から云っても、沖縄には沖縄人の手による、独自的、自主的大学が必要であります」と活動目標にうたっていた。理事を務めた湧川清栄は、米軍が大学の設立主体となることを懸念し、「教育の実権までアメリカに握られてしまうと、永久に植民地教育をせまられて、永久の植民地住民としての生活しか望めない」と書き残している。玉代勢と軍部の交渉について、「むこうではすぐ『大学は自分らが造る。君らが協力したければ物資面で寄付してくれ』と言ってきた」という58)。この後、更生会は活動のもう一つの柱である留学生受け入れに舵をきった59)。

更生会と大学創立に関して連携することを、文教部長の山城は「それは色いろな理由から（米国）民政府が余り気乗りしませんでした」と振り返っている60)。琉大が「情報教育計画」の推進機関であったことに加え、この時、移民たちの政治的動向が考慮されていたと考えられる。交渉から 10 ヵ月後の 1950 年 2 月 15 日、各地

の沖縄救済運動を伝えた新聞『沖縄新民報』は、「海外同胞の沖縄
救援　運動に政治性加味」という見出しで、米国・ハワイ・ブラ
ジル・ペルーの救援運動の変化を伝えた。ハワイでは米軍政府が使
用する土地代支払いや、雇用する沖縄民間人給料をドル建てにする
ように要求しているという内容だ。また同月、北米沖縄復興連盟は
1950 年 2 月、沖縄の帰属に焦点をあて陳情請願運動に取り組み始
めた [61]。沖縄を訪れた玉代勢は、米国に対抗するための「日琉同
祖論」をベースとした「復帰」の視点を展開しており [62]、こうし
た占領政策にかかわる更生会の動きが、大学計画同様占領に影響す
るのを懸念したと考えられる。

4　大学の中のよそ者

　琉大には初年度 562 人が入学したが、4 年後の 1954 年までに約
3 割近くが大学をやめていたと考えられる [63]。米国留学や日本に派
遣される「契約学生」試験に合格したのを機に退学した者に加え、
経済的な問題から学業をあきらめた者も多かった。学生たちの貧困
には、戦争と占領が大きく影を落としていた。特に、学生の困難が
色濃く表れたのは学生寮にいた学生たちだった。学生寮には、奄美
大島・宮古・八重山などの離島、また沖縄島でも首里市から遠い町
村出身の学生たちが入寮した [64]。

　後の「第一次琉大事件」の学生たちもそうした学生だった。1951
年に 2 期生として入学した、宮古島出身の上原清治は「戦争未亡
人」の母親に育てられた。父親はアジア・太平洋戦争のマーシャル
諸島のクェゼリンの戦闘で亡くなっていた。戦後、母と祖父が農業
で生計を立て、3 人きょうだいの中から、上原一人だけを大学へ送

ることができた。地域の選抜を経て入学した上原は、「母はずいぶん喜んでいた。入学後、一度は大学を見に来ていて、僕が案内してあげた」[65]。大学が沖縄にできたことによって、上原のように戦争によって困窮した家庭の子どもにも進学の道が開かれたのだった。

　奄美出身の濱田富誠は、旧制大島中学校を卒業し、戦後は代用教員をしていた。しかし、薄給で食べていけず、沖縄に渡って港湾で働いていた。同郷の大学生に、「琉大では学ぶことで手当てがでる」と聞かされ、数学教師になる夢を抱き、大学に入学した。濱田のように、占領によって鹿児島県とのつながりを断たれた奄美から沖縄へ働きにでる青年は多かった。1953年時点で2万4556人、住民票を移さない人も含めると推計7万人が沖縄に住んでいた。就労は厳しく、結局多くが軍作業や基地周辺の歓楽街で働いていた[66]。劣悪な労働環境のせいで犯罪へ走る者もいた。奄美出身の琉大生は、近くの裁判所を通るたびに「売春や殺人で裁かれる（同郷の人々の）姿を目のあたりにし、厭世観を抱いた。軍作業では（人種によって）賃金差別があり反発心があった」と言う[67]。戦争の傷と占領の矛盾の中で苦しむ人々の姿は、学生たちにとって遠い存在ではなかった。彼らもまた占領社会にとって排除された者たちが立つ場所にいたのである。

　当初、学費は無料の上、困窮する学生には学内作業によって賃金1時間あたり4B円が支給され、学生寮入寮者は食費で「恩典」が与えられるとしていた[68]。しかし、1951年からは、学内の授業料や福利厚生の負担が増え、彼らは苦しんでいた。授業料無償は1期生のみに限られ、さらに在学者の3割が住んでいた学生寮の食費と維持費の援助が打ち切られたからだ。1ヵ月の食費450B円のかわりとして月50時間の学内労働が義務付けられた[69]。学生寮代表が

食費値下げを要請すると、琉大当局は、「君達の事にくよくよして政府の機嫌を損ねて予算がもらえ無くなればどうす（る）か。何も君達は栄養不良（を）して苦しいアルバイト生なんかする必要ないぢゃないか。早く学校をやめて、2、3年働き学資をためて復学すればよい」と言い放ったという[70]。

同大は、米陸軍省と契約した米ミシガン大学から派遣された教授団から大学運営の指導を受け、「学外普及活動」を行うため「エクステンション・センター」によって、教員講習会・職業教育ワークショップ・夜間講座など、社会教育への貢献を評価するむきは多い[71]。しかし、琉大当局が打ち出すさまざまな取り組みからは、本来、大学の主役であるはずの学生たちがよそ者扱いされている。初代学長を打診された東恩納寛惇が、断りの手紙でふれた「第一に帰属問題さえ決定しない目下の状態では最高学府の精神的基盤をどこに置くかも疑問であります」[72]という言葉が現実になったのだった。

琉大の開学2年目の1951年、学生意識調査では、沖縄の帰属について「日本帰属」82%、「国連信託」7%、「独立」3%という回答になり、また支持政党は、「復帰」を掲げる沖縄人民党26%、社大党21%で多数を占め、親米政党の共和党は5%に過ぎなかった[73]。しかし、困窮する学生たちのアルバイト先は、米軍の労務、軍カンパン（労働キャンプ）の英語教師、ブックキーパーなど、全て米軍関係だった。米軍や大学当局が描く占領下の理想とかけ離れた現実の中で学生たちは生きていた。日本復帰を希求しながら、働く場は米軍関係しかない。こうした閉塞感もまた、「第一次事件」の背景にはあったのである[74]。

5 「アカ」をつくる

(1) 報道の限界

　米軍が選び取る「復興」が社会の中に形を現す中で、別の復興を希求したさまざまな声がかき消されていった。「第一次事件」は、こうした中で上げられた学生たちの「異音」だった。それはやがて占領に抗う声となり、「アカ」として指弾され、排除されてしまうのである。本節では、当時の新聞報道、学生による記録、日本で出版された沖縄県学生会の『祖国なき沖縄』、近年確認された米関係資料を通して、声がいかに消され、排除されていったのか、を考察する。

　1952年4月、琉大では立法院議員選挙の就任宣誓があった。この時、沖縄人民党書記長の瀬長亀次郎は、宣誓文にある「米国民政府ならびに」という文言が、米民政府への忠誠を強制するという理由から文言を削除させ、宣誓式でも着席したままだった[75]。米軍が沖縄占領の象徴として開学した大学では、1950年の公選による沖縄群島政府知事就任式、1952年の琉球政府創立式典、初めての全琉戦没者追悼式が行われていた。米軍が沖縄復興の象徴とした琉大でこうした式典を開くことは、沖縄の民主化を進めているという宣伝の意味もあったと考えられる。しかし、瀬長はその象徴的な式典のひとつで不服従を表明したのだった。

　この出来事から2ヵ月して起きたのが「琉大事件」であった。「第一次事件」に関する学生たちを巡る出来事を当時の新聞から引いてみる。なお、新聞は学生の個人名を報じていないため、後に退学処分に付された学生たちは、琉大弁論部、「政経クラブ」、「警察予備

隊募集反対青年会」に参加した学生、原爆展の「平和愛好者」として、記事に登場している。

　学生たちが所属した琉大弁論部は、1952年4月に『沖縄朝日新聞』と沖縄青年連合会共催の「全沖縄青年弁論大会」に特別参加して、「復帰」や平和問題に対して若者の団結を訴えていた[76]。6月には、米国民政府情報教育部長が、琉大で開かれた「学生総決起大会」で米民政官の権限を排除するよう声を上げた学生の処分を求めている。これは「アカの学生処分せよ　軍が琉大学生大会を注視」と衝撃的な見出しで報じられている。学生が「共産主義の手先に利用されている」「同学生らの処分方法を考慮せよ」という理由だった。この時、新たに制定された布令30号「琉大基本法」は、それまでの米軍政府の運営から新たに沖縄側代表も参加した理事会が大学を運営することを定めていた。「学園の民主化」として人々に受け止められた変更も、実際には米国民政府副長官が最終的な決定権を握ったままだった[77]。さらに、同月の琉大学位授与式で、民政副長官ビートラーが、「共産主義の方法で初歩において大学生の関心を得ようと策略を練っている」と圧力をかけた。また、経済界との会合でも、「琉大をとりまく少数の人々が共産主義思想をひろめている有様が目立つ」と痛烈に批判した[78]。琉大当局はこうした発言に対し、新理事会を設立し、学生に意見を求めたことが学生会の「総決起」と誤訳されたことによると釈明した[79]。しかし、「琉大基本法」にある「占領に従った」民主主義を琉大当局が学ぶとして米軍に釈明した時、学生たちは生活の中からつかみ取った思想を、民主主義として立ち上げていこうとしたのである。

　同年7月には、社大党と人民党が共催、戦後初の平和集会と言われる「警察予備隊募集反対青年大会」で学生は声を上げている。沖

縄の企業家が東京で、沖縄でも 500 人の青年が応募に応じると発言したことに対し、「ひめゆりの塔の惨劇を繰り返したくない」「あのいまわしい戦争に巻き込まれたくない」と発言が続き、学生が質問書を読み上げている[80]。

1953 年 3 月、琉大の「学生擁護委員会」と「平和愛好者」が、那覇市内で移動原爆展を開いたことが、大きな写真入りで報じられた。「"原爆図"で訴う　琉大生　全島廻り平和運動」と見出しがついた記事は、『アサヒグラフ』が初めて報じた被ばく者の写真を、ベニア板に張って那覇市内の各所で街頭展示したことを紹介した。約 20 人の学生はアルバイトの合間をぬって当番で説明に立った。「経済、生活の不安を除去するには世界から戦をなくすることで、沖縄の悲劇を再現したくない」という学生のコメントとともに、展示を見る人の反応も添えた丁寧な扱いからは、新聞もまた学生の取り組みに共感をもって報じたことを示している[81]。

しかし、5 月 2 日には、琉大の学生たちは、突然、米軍の抵抗者として紙面に登場する。人民党と社大党主催の第 2 回メーデーで、原爆展を開いた学生が登壇し、復帰運動をしたことで謹慎処分になったことを、学外で初めて明らかにした。そして、謹慎処分の撤回を求め琉大当局への抗議が採択された[82]。3 日には、メーデー代表団が琉大当局に抗議を手渡している[83]。琉大当局は教職員による全体協議会で検討した結果、4 日には、学生の謹慎処分は正当という琉大当局見解が報じられた[84]。さらに、琉大当局は 8 日、4 人の学生を補導協議会に呼び、退学処分にした[85]。10 日から 19 日にかけて、学生総会と琉大当局との話し合い、奄美琉大分校の抗議、アンケートによる処分反対、緊急集会などが矢継ぎ早にあった。しかし、徐々に反対の動きは鈍くなり、学生総会は流会になり、学生

写真 19 1953 年、琉球大学の学生らが処分撤回を訴えた第 2 回メーデー。米軍はこの時、近くで「米琉親善」の催しをし、戦車の展示や軍楽隊パレードをした。(沖縄タイムス社蔵)

たちは支援を失う。メーデー代表団が公聴会を予定するが、招請された琉球大学・後援会・学生会長・沖縄教職員会・沖縄青年連合会は、新聞広告で「代表を送らない」と表明している。同じ日の新聞に載った「ペルリ百周年　琉米親善」の広告には琉球政府、裁判所や企業などが名を連ねていた[86]。そして、新聞から同事件の話題は消えていったのだった。

　主要な新聞は、社説でこの「第一次事件」を取り上げた。『沖縄朝日新聞』は、大学がアメリカ式の理事会制度を採用した運営方法を問題視し、大学の自治は教授団の決意と実践にあるとした。さらに、「(琉球) 政府立大学としての大学法が成立し中央権力の制約を受けない活気溢れる大学」を求めた。アメリカ式の理事会、「中央権力」という言葉によって、米軍という言葉を使わずに、その影響を批判したのである。また『沖縄タイムス』は社説「琉大紛争と学園の改革」で、琉球政府の教育制度の「らちがいに琉大が置かれ、

義務教育の6・3制が継子扱いされることがそもそも不可解である」
と制度の矛盾を指摘する。しかし、琉大当局の処分決定過程の不備
を指摘しながらも、同時に学生のメーデー参加を行き過ぎた行動とし
て批判した。「学園の自由化」を目指す体制の再構築をこれを機に行
うことが重要であるとし、大学の中の閉じた問題としてとらえた[87]。

『沖縄朝日新聞』は学生たちの原稿「学園を去るにあたりて」を
全文掲載したが、どの新聞も最終的には学生の処分はやむなしとい
う立場をとり、米軍占領下の大学の在り方にするどく切り込むこと
はできなかったのである。そのため、琉大当局と学生の間の二者の
関係性の中に閉じることで、米軍が「アカ」と指弾し当初から処分
を求めていたことを視野外におき、学生の救済という大義を導き出
すことが新聞にはできなかったのである。また、メーデー代表団が
主催した大会に参加しないことで、支援しないという立場を表明し
た琉大学生会・沖縄教職員会・沖縄青年連合会も、退学処分から学
生を救うことができなかった。その結果、一般の人々が報道を通し
て理解できた「第一次事件」とは、大学と学生の間の見解の相違と、
処分に至る琉大当局の手続きのおかしさだった。

こうした本質に切り込むことができない報道は、土地収用法によ
り、米軍が暴力的な土地の強制接収を開始した後にも共通している。
人々の苦境や嘆き、琉球政府や市町村の狼狽を伝えても、人々の盾
となって米軍に立ち向かうことはできなかったのである。

しかし、占領下の新聞は、創刊から許認可による民間参入を経て
も、事後検閲や無許可出版に対する重い量刑によって米軍の統制下
にあった[88]。1953年1年間で申請件数101件中、労働組合ニュース、
地域親睦のための出版物など14件が不許可になっていた[89]。こう
した状況から、運用の実態ははっきりしないが、体制上は事後検閲

がなされることになっていた新聞も、明確に米軍を批判することはできなかったのである[90]。こうした最中で、「第一次琉大事件」は起きていたのである。

(2) 学生の声

　一方で、重要な視点が同事件から1年後、沖縄県学生会が日本で出版した『祖国なき沖縄　戦後沖縄の実相』によって示されている。

　　　南国特有の熱気。果てしもなく続く米軍兵舎。片隅に追いやられた住民のわび住い。アカだと言われた数十名の学生。暗い親達の表情。それらの苦しい帰省中の活動からこの書が生まれた。それは、もう二度と繰り返すまいと誓った敗戦の年から八年も過ぎてからの事である。たえずついて回る監視の眼。ややもすると、それらにひるむ心を互いに勇気づけ合った学友の黒く陽にやけた顔。一体何が学生をしてそうさせたのか。それは故郷を思う心と、平和を求めて止まない魂がそうさせたのだ[91]。

　「もう二度と繰り返すまいと誓った敗戦の年から八年も過ぎて」、学生たちが「アカ」と言われ、親たちが苦悩する中、ついて回る監視の眼という表現に、学生たちは敗戦前の思想弾圧の歴史的経験と占領下のそれを、軍が支配する社会に連続する経験としてとらえていた。敗戦前の記憶は、「ひめゆり学徒隊」「鉄血勤皇隊」の姉や兄の姿によって、学生たちが生きる現在に呼び込まれた。しかし、既に独立を回復した日本で学んでいた沖縄県学生会と、米軍占領下の琉大学生では、この言葉に込められた意味は異なっていた。沖縄県学生会にとって、映画「ひめゆりの塔」への協力が、沖縄県人が団結して沖縄の「復帰」運動を推進する基礎になったと言う[92]。一

方で、琉大の学生にとっては、「ひめゆり学徒隊」「鉄血勤皇隊」は数歳年上の兄姉世代の死であり、米軍が支配する沖縄で自らの命の行く末を重ねていたものだったのである。

「（前略）無批判にハイハイと信じる人間を養成しようとした。しかし無批判に信じてひめゆり、健児の悲劇をくり返すことは絶対に出来ない」「かつて軍国主義をふきこみ、吾々の先輩を戦場に追ったあなた方の、姫百合、健児の兄姉に対する罪ほろぼしになると云う事」[93]。学生たちの批判は、琉大の教員、戦前の旧制中学、高等女学校で教えていた人々に向けられた。琉大の学生は、間接的に教師たちの戦争責任をも問うことになったのである。学生の「あんたがたは生徒をだまして戦争をさせて、ひめゆりの塔や健児の塔みたいに殺されて、また琉大生もそうするんかと、となじった。そしたら〔学長の胡屋朝賞〕先生はきゅーっと黙ってね、何もものもいわない」[94] という言葉にも表れていた。

「第一次事件」の本質は、戦後８年の時に沖縄戦の経験を生きなおした学生たちが戦前と変わらぬ思想弾圧の実態を指摘し、そこから学び取ったことを「復帰」運動や平和運動につなげていったことにある。『世論週報』に掲載された学生の記事、筆者の聞き取りによって、当時の新聞では報じられなかった学生たちの行動を伝えよう。

1952 年 6 月、濱田富誠は奄美の友人に送ってもらった朝鮮戦争の兵器使用に関する記事を大学の掲示板に貼っている[95]。また、同月「政経クラブ」は琉大学生新聞の記事が差し止められたことに対し、琉大当局に公開質問状を出している。巻頭言に「１日も早く祖国日本へ帰り、何時死ぬかどうかわらかないような生活から解放され、本当に心の底から笑える平和な世の中を作りたい」を掲げ、10

月に機関紙『自由』を発行した。その直後、琉大当局は出版や集会、掲示物の許可や検閲を定めた「学生準則」を制定し、「政経クラブ」の中心だった上原清治ら4人を処分した。さらに、学内の沖縄県学生会や教職員会の発行物の掲示が不許可となり、日本復帰学生大会の開催や奄美学生会の復帰大会参加も不許可になった。「何をするにも、お伺いをたてねばならず、当局の気にいらないものはすべて許可にならない」という雰囲気に覆われた。学生たちがこうした風潮を、ミシガン大の教授に質問すると、「民主主義とは多数の幸福のために行うものである。琉球の人口と自由諸国の人口とを比較した場合、琉球の人口は物の数ではない。だから琉球の人民は日本復帰を望んでいても自由諸国のために犠牲になるべきだ」と返答したという[96]。

朝鮮戦争勃発により、当時の沖縄で「灯火管制」訓練が繰り返されたが、1953年3月上旬に「政経クラブ」は、「戦争につながるあらゆるものは反対する」とこれに従わなかった[97]。この時、上原らがいた学生寮は新築工事で首里城跡地側に移っていた。灯火管制にもかかわらず「牧港の方向を見たら、米軍基地は全部灯りがついていた。なぜ沖縄の人々だけと、余計に反発がわいた」という。また、試験前だったため、灯りをつけて勉強したいという学生もあり、灯火管制には従わなかった[98]。

また琉大当局から個人ならと了解を得た学外での原爆展も、いざ展示が始まると「琉球の現実というものを考えてやれ、原爆展を続けたら将来損をするぞ。この間も CIC（Civil Information Corp 諜報部隊）が尋ねてきた」と琉大当局に中止を求められた[99]。当時を振り返った濱田は「おばさんたちも立ち止まって、涙を流して僕たちの話をきいていた」[100]と、説明するが、琉大がとった対応

は社会の受け止めとはかけ離れたものだった。この時、学生4人が、1学期間の謹慎処分か退学するかを求められたという[101]。こうして琉大当局が次々と学生たちの声を封じていったため、学内での解決がもはや無理として、第2回メーデー大会で学生たちは登壇したのだった。

　沖縄の教育界を上げた高等教育機関設置運動を米軍占領下で実現した夢。それは野嵩高校長の言葉にあるように、「しっかりした希望をもちえない者」たちのためのはずだった。しかし琉大当局は、学生のためではなく、大学そのものを存続させるために、学生をよそ者として追い払ったのだった。

　上原・濱田ら4人の学生が問いただしたのは、「復興」を選んだ教師たちの責任であり、戦争を生き延びて、そして占領をどう生きるのかという問いかけでもあった。米軍占領の象徴として、地下の第32軍司令部壕、首里城址に創立された琉大。学生たちは、占領によって切断した記憶を、沖縄戦と占領を自らの生存を通して問い続けたのである。学生の1人が退学処分について学長の胡屋に問いただすと、黙り込んだ末に口を開き、「沖縄戦では学徒が大勢亡くなった。戦争に反対する君たちを退学させるのは、教育者の矜持として恥ずかしい。私たちが再び間違いを犯すことになる」と答えたという[102]。しかし、琉大当局は最終的に、「復興」の道筋として琉大を存続させ占領の「協力者」となることを選んだのだった。

⑶ 隠された連携

　2008年に沖縄県公文書館で一通の書簡が発見された[103]。「第一次事件」の当時、琉大にいたミシガン教授団長ラッセル・E・ホーウッドが、1953年5月13日にミシガン大学長ハンナへ送ったもの

だ。この手紙は、琉大当局・ミシガン教授団・米国民政府教育情報部・米軍という四者が、「共産主義」「アカ」を排除するために連携し、学生たちの行動を「アカ」く染めていったことを示している。

　手紙は、「大学掲示板に危険分子的な性質」の掲示（1952年6月）[104]を見つけたミシガン大学長ハンナの発した言葉、「大学はこの方面でやっかいな問題を抱えることになるかもしれない」に、その後の対処の全てが象徴されている。問題が再燃する度に、米国民政府とミシガン教授団が連携、副学長安里源秀とともに解決にあたったという[105]。しかし、1953年5月、学生がメーデーで、「本土復帰や平和運動について語り、大学、特に胡屋学長や安里副学長を批判した」と指摘し、米軍が共産党と見ていた沖縄人民党と「直接的な結び付きをつくっていました」と断定した。以降、学内でとどめるのではなく、琉大当局と米国民政府は「4人の学生に対し、踏み込んだ措置をとるべきだ」という方針を打ち出した。ミシガン教授団の雇い主は米陸軍省だった。だからこそ、ホーウッド自身が黒子として米国民政府情報局にたえず情報を伝えていた。局長のディフェダファーは、学生の処遇について、「非常に強力な意見」を述べたが、それは将来重大な問題が起きた時のために留保されたという。これは退学処分に留まらない強い処分を考えていた可能性を示す。手紙の書かれた晩に、CIC・ディフェンダファー・安里は会合をもつ予定であり、当初からCICが関わっていたことが示されている。琉大当局が表向きに出した学生たちの処分理由や後付けの「学生準則」は、自らが「アカ」く染めた学生たちを、排除するだけの表向きの理由でしかないことを、ホーウッドの書簡は示している[106]。

　ホーウッドは、「第一次事件」に関し、「新聞は問題提起したが」

「おおむね大学に好意的だった」と記す。世論を気にしなければならない理由の一つが琉大の財政だった。米国民政府は 1952 年度までは琉球大学の予算全額、1953 年度は授業料収入を除く残りを負担した。貧しい学生たちが次々退学していく中で、財政を維持するのが大きな課題となっていた。「琉大の首脳陣は教えることより金のことで頭を悩ませていた」という。理事長のディフェンダファーが「コジキ・リュウダイ・ザイダン」と呼んだ「琉大基金財団」を当初から設立し、募金造成を始めている[107]。こうした事が、食費の値上げや無料だった授業料の徴収など、学生の生活を混乱させる改変につながったと考えられる。「第一次事件」が起きた 1953 年 5 月は、7 月から翌年 6 月の会計年度の琉大予算を、琉球立法院で琉球政府予算として初めて審議する予定だったのである。前年度比 37％増の 3 万 9000B 円が計上され学生寮建築、初代学長志喜屋の名前を冠した図書館の新設、教室整備が予定されていた[108]。ホーウッドは、この時「大学の予算は、おそらく厳しい試練を迎えるでしょう」と懸念していた[109]。当時の立法院勢力は、親米的立場をとる琉球民主党が最大与党だったが、「復帰」を主張する沖縄人民党と社大党が、選挙協力の末に議席を伸ばしていた。予算審議を成功させるために、「第一次事件」を大学運営に影響させてはならなかったと考えられる。しかし、実際の審議では予算と「第一次事件」を関連づけて問題となることはなかった。ここにも、「第一次事件」が、当時どう受け止められたかが、表れている。

　4 人の荷物は学生の寮の炊事場に放置されていた[110]。強制的に寮を追われた上原は、それでも「絶望観はなかった。正しいことをやっているのだから」と振り返った。故郷の宮古に帰郷し、仕送りをしてくれた母親に説明した。「おやじが戦争に駆り出されて亡く

なった。そういう時代を繰り返してはいけない。平和のために頑張らないといけない」と伝えると、「戦争未亡人」の母親は黙って聞き入っていたという [111] 一方、「第一次事件」の途中で辞任した元学生会長は、民政副長官の名を冠した「ビートラー賞牌・良市民賞」や「ライカム婦人クラブ賞」の奨学金を支給されている [112]。

(4) 分断

　学生が処分されて2ヵ月後の7月、全琉の家庭に出所不明の文書が配られた。「共産分子は誰か？　カール・マルクスデー　1953年」という大きな見出しとともに、第2回メーデーの登壇者を映した写真36枚が掲載されていた。沖縄人民党書記長の瀬長亀次郎の写真には「モスコウよりの使者が或る条件に微笑んでいる」「琉球の将来をまよわせる人々？」「スローガンは赤の武器である」「アカの作ったスローガンを手先の者が読む」と、辛辣な説明がつけられていた。登壇者のそれぞれの写真に、氏名と「国場組」など働いていた会社名が記されていた。この時、登壇した琉大生の濱田の説明には、もう一人の学生とともに、「濱田富誠　大学生　モスコーからの書を読んでいる？」と記されている [113]。この怪文書を巡っては、社大党が、虚偽により「米琉親善の阻害をはかりあたかも共産主義が琉球が（に）浸透しているがごとき誤解を世界に与え」るとしたうえで、「共産主義排撃の基本的態度を持するが」、このような謀略を一掃するために闘うと声明をだしている [114]。しかし、「米琉親善」の関係性を遵守し、「反共」のスタンスを打ち出すという、米軍の統治に沿った表明であった。

　この文書は人々に大きな恐怖を抱かせた。当時、沖縄教職員会長だった屋良朝苗は、1953年7月11日の日記に、この文書について

書き残している[115]。「軍から恐るべき書類（怪文書）が全住民に配られた。いよいよ、圧迫ははじまっている」「やがて私も共産主義者になされるであろう。結局、沖縄は私達の住んでいく世界とはなり得ないのではないか。私はこんな苛酷さにはたえられない。この様なおどしには絶対に、屈してはいけないのだ」。怪文書への恐れを正直に書き残している屋良は、1953年初頭から、沖縄戦災校舎復興促進期成会の代表として全国行脚を終え、初夏に帰郷したばかりだった。

　学生や沖縄人民党、「復興」に対するさまざまな「異音」は、米軍への抵抗とされ、「アカ」と名指しされて、排除されようとした。屋良の「共産主義者になされるだろう」という言葉は、真の共産主義者かどうかが問題なのではなく、米軍の名指しこそが「アカ」をつくっていたことを了解していたことを示す。占領の真実を言葉にすることで、「アカ」にされるということを、わざわざ各家庭に届けられた怪文書を介して、人々は突き付けられたのだった。「復興」が定着する社会によって、米軍は人々を統制し分断していた。この分断こそが、占領を支える仕組みだったのである。しかし、屋良が会長を務めた沖縄教職員会は、メーデー代表団が呼びかけた「第一次琉大事件」の公聴会参加を新聞広告で否定しており、こうした多くの沈黙が大学生たちを退学に追い込んだともいえる。

　のちに「第二次事件」だけ、大学が学生の退学を撤回したように、処分のあり方が異なるのは、こうした分断があったためである。それは今も継続しており、占領の暴力も続いているのである。

「気持ちまでは取られない」

ペルリ100年祭のパレードで、「日の丸」と「星条旗」を手に那覇市を歩く小学生。
（安仁屋真現氏蔵、那覇市歴史博物館提供、02001052）

1 ペルリパレードの影

　1953年5月、ペルリ来琉100年祭のハイライトは、ペルリ来航の様子を再現する「仮装行列」だった。米民政府副長官のデビッド・A・オグデン、1952年発足した琉球政府行政主席の比嘉秀平が先導のジープに乗り、米軍と琉球政府・政財界の有力者の車列が続いた。米側は、1853年に来琉した米海軍のペルリ提督や海兵に扮し、沖縄側は琉球国の政庁トップであった摂政三司官に扮した。料亭那覇による黒船の屋形船、沖縄運輸の黒船ハーリー（爬竜船）など、ペルリ艦隊をテーマにした山車や、また沖縄食糧や運輸貿易会社といった数年前に設立され伸び盛りの会社が華やかな飾りつけの車で社業をアピールした。沖縄側の車両20台、米軍は10台が長い車列をつくり、米軍軍楽隊とガールスカウトや小旗を振る小学生の列が続いた。戦後、初めての大規模な祭のパレードを見ようと、約2万人が沿道を埋めていた[1]。「米琉親善」は、1853年のペルリ来琉の帝国主義の側面をそぎ落とし、沖縄の人々と米国の友好的な、日本を介在しない原点としての出会いとして読み替えられた。占領下で米軍と沖縄の人々が友好を結ぶことで、「復興」が達成されつつあるという米軍の意図を、沖縄の人々に共有させる機会でもあった。

　数年前から始まった米兵の「オフ・リミッツ」を取り払うための美化運動は、沖縄戦で敵だった米軍との心の境界をも取り払おうという意図も含まれていた。同時期に始まった「琉米親善」事業は、この時までは文化やスポーツ分野で催され、時間と機会・規模が限定的だったといえる。しかし、パレードは、美化運動によって不衛

写真20　1953年5月のペルリ100年祭パレードに登場した民間企業によるペルリとサスケハナ号の山車。（金城政次郎氏蔵、那覇市歴史博物館提供、02001053）

生が取り払われた生活空間に、米軍が沖縄の代表とともに手を携えて現れ、楽しさという衣をまといながらあたかも心の境界もとりはらわれたように見えた事がインパクトを与え、人々の記憶に残る。

　パレードは、米軍政府と琉球政府にほど近い美栄橋を出発し、「闇市」の後に市場として立ち上がった開南と牧志の「平和通り」を抜け、那覇市の中心となった「国際通り」へと進んだ。ペルリが上陸した泊が、最終目的地だった。それは、那覇市の戦後「復興」を刻んだ地をたどる順路だった。しかし、米軍が沖縄の人々と手を携えて達成した「復興」の内実とは、あらゆる面で米軍の占領施策が優先され、その意にかなう範囲で沖縄の人々が協力し、「復興」を享受するというのが実態だった。到達された「復興」をたどるパ

レードの順路には、「復興」が進むほどにとりこぼされていく人々の存在が影となっていたのである。スタート地点の美栄橋の西方に広がる旧那覇市街は、米軍が沖縄戦中から那覇軍港の物資集積拠点として使用した後に開放されたが、その後に那覇市は都市計画に着手した。そのため、1953年時点でも都計は完了しておらず、戻ることができない那覇市出身者は、各地に離散したまま生活を再建せざるをなかった。「オフ・リミッツ」が解かれ、米兵を上客とし、「国際通り」「平和通り」と名付けられた繁華街の原点は、県外・海外引揚げの人々が商ったのが始まりだった。やがて、湿地に野菜を広げたり、手製の下駄ひもを売ったりする「戦争未亡人」の商売が始まった。沿道に詰め掛けた人々の服は、1日中ミシンと向き合い数十枚もの衣服を仕上げる「戦争未亡人」、進学できずミシンで生き方を学んだ少女たちが縫った物だった。パレードが鼻先をかすめた真和志市は、農村としての「復興」を期待した人々の希望が、那覇市に土地を削られ続けたことで実ることはなかった。米軍による土地再接収は、「米琉親善日」が設定された5月に、「銃剣とブルドーザー」として知られる武力を用いた初めての強制接収という形を取るようになっていた。移動と再定住を繰り返して、8年かけて荒れ野に生活を再建した銘苅や天久、安謝集落の人々の住居や農地は、米軍のブルドーザーでなぎ倒され、希望は潰されていったのである。パレードのわずか2週間前、平和に生きたいとの願いから琉球大学の改革を訴え、街頭の原爆展や「復帰」の冊子を作った学生は「アカ」として大学を追われていた。「米琉親善」が、米軍が都合よく読み変えたペルリ来琉を象徴としたように、はでに宣伝された「復興」の傍らには、なしえなかった「復興」の断片が散乱していたのである。

ペルリのパレードから３週間前。第２回メーデー大会のパレード
も、那覇市内を練り歩いていた。「労働歌高らかに　きのう　約１
千人のメーデー」。新聞の記事は、心がはずむような調子で書かれ
ている。「大多数は労働者、長髪をなびかせた十数名の琉大生にま
じって白線帽ハイスクール生も一目をひいた。デモ隊の不思議な光
景は『共産党？』と沿道の声、手拍子や応援の声。数名の私服（刑
事）が一緒にスクラムを組んで労働歌を合唱」[2]。米軍が共産主義
者として弾圧しようと身構え、CIC が監視した人々の姿は、あたか
も祭のパレードのように描かれている。記者は監視役の警察官さえ、
デモ隊と歌いだしてしまう楽しげな情景として描写していた。デモ
隊、警察、沿道の人々、記者も含めて、デモは人々の米軍への不満
を街頭に出現させていた。米軍が恐れたのは、このような人々だっ
た。米軍にとっては、デモ隊が掲げたプラカードの「復興」への希
求は占領への異議でしかなかった。全てが共産主義の影響として考
えた。米軍が「アカ」と考えたのは、「復興」に置き去りにされた「よ
そ者」たちであり、その後ろに、ぼろぼろのカンパン（労働キャン
プ）や朽ち始めた規格住宅・馬小屋校舎・コンセットの学生寮から
這い出て、ぞろぞろと連なろうとする人々だった。

2　つぶやきを聞く

　歴史を変革するような強い抗いをしなかった人々をいかに主人公
として描くのか、それが本書の課題であった。ペルリ来琉 100 周年
のパレードの場にはいない、影のような存在の人々を記述する事で
ある。もちろん、一人ひとりの人間は、それぞれの生の主役であり、
影ではない。しかし、沖縄の現代史を俯瞰すると、こうした人々は

地域史や女性史・生活史の分野で、コミュニティやジェンダー、生活の事象を語るという証言者の位置しか与えられていないように思う。あるいは、離散の結果、詳細な現代史がほとんど書き残されていないという旧那覇市や、合併過程の旧真和志村の見えない人々となっている。

　こうした人々を歴史の主人公とするために、本書では、「復興」に着目している。戦争や大災害からの「復興」は、社会資本整備や産業再建による経済回復などマクロ的視点から数値を持って図られる。しかし、沖縄戦によって家族や住む場所を奪われた、生活を根底から崩された人々の「復興」とは、それだけでは測ることができないものであった。個々はさまざまな「復興」を抱き、生活の実践の中から取り組んでいったのである。

　米軍占領初期の食料や衣類・住まいですら配給が頼りとなり、現金も流通しなかったことから、米軍の下で働く事こそが生存を支える条件となった。もちろん、沖縄戦の難民として保護された当初は、救済として食料が配給されたが、後にそれは労働と紐づけられた結果、1949年には米軍に従わせるため売店閉鎖という事態までひき起こしたのである。このように、「復興」を主導する米軍の占領施策は、配給・公衆衛生など、さまざまな生活を統制する制度を通じて生活の場へと容易に侵透し、それがために、人々は生活における選択を迫られたのである。その選択によって、米軍による排除が起こり、その度に交渉や妥協が繰り返され、人々はやがて、それを規範として行動を選ぶようになっていく。これらが、「親米」という態度へとつながっていくのである。

　1953年の真和志村や小禄村の暴力的な軍用地接収に始まり、土地代の一括払いによる安価な土地代を提示した「プライス勧告」に

対して、沖縄の人々が怒りを爆発させたのが1956年の「島ぐるみ」闘争だ。それまで、米軍の監視を恐れていた人々が、連日の集会に公然と参加し、約15万人が参加したという。新崎盛暉は「民衆にとっての暗黒時代」を経て、「歴史の主体として姿を地平にあらわした」と指摘する[3]。沖縄の抵抗が爆発した瞬間だったといえる。この「島ぐるみ闘争」が現代に呼び込まれたのは、1995年の「米兵による暴行事件」、2005年沖縄戦の「集団自決」（強制集団死）を巡る裁判、2007年教科書検定を舞台とした歴史認識を巡る問題で、世論が高まった時だ。以来、「島ぐるみ闘争」の記憶は、あらためて現在の沖縄社会に呼び込まれ、オスプレイの普天間飛行場への強行配備や辺野古新基地を巡る闘争でも、沖縄県民が一枚岩となる必要性を説く歴史経験として引用される。また、「島ぐるみ」の表現を変えた「オール沖縄」は、それを冠にした政党や政治・経済・運動を横断する会議が結成され、国政や首長選、市町村選の政治協力や、県知事を支援する団体として力を発揮する。

　しかし、「島ぐるみ闘争」の経験は、狭い政治の場に限られたものではなく、また一枚岩の強固さを問うことだけではなかったはずだ。1956年の「島ぐるみ闘争」へと至る過程で、真和志市の人々は、「銃剣とブルドーザー」以前、米軍の決定、沖縄民政府の采配によって、土地を那覇市に割譲され続けていた。しかし、抗うべき相手が、占領下で同様に苦しむ沖縄の人々であったという経験は、これまでほとんど書かれることはなかった。「復興」を求めた、それぞれの生活実践から沖縄の人々が敵対する事態とは、米軍との距離感による二項対立の立場では明示できず、現在まで十分に問われることはなかったといえるだろう。だからこそ、「島ぐるみ闘争」の経験を現在に呼び起こし生かすためには、苦難の中から一枚岩になっ

たという経験を学びとるだけはなく、その過程において取りこぼされていったものたちこそ凝視する必要があるのだ。「島ぐるみ闘争」の共同性が形成される過程では、聞き捨てられていた人々の存在を現在から見い出し、複数の声を聞き取ることが重要なのである。生活のために拳を上げられたわけではないが、占領下を生き延びるために、ぎりぎりの地点で自律を選び続けようとした人々。こうした人々の言葉に、「島ぐるみ闘争」の胎動を聞き取る必要があるのだ。米軍家族のために働いていた「ミシン業」の女性が発した、「気持ちまではとられない」いうつぶやき。後に 15 万人もの人が集まった「島ぐるみ闘争」は、こうした場から始まったといえるだろう[4]。

注　記

序章

1）『沖縄タイムス』2015 年 5 月 18 日。

2）『沖縄タイムス』2015 年 5 月 31 日。

3）筆者連載「心の方言札　沖縄人の経験」6『沖縄タイムス』2014 年 8 月 12 日。

4）冨山一郎『増補　戦場の記憶』日本経済評論社、2006 年、31 ～ 33 頁。

5）島袋和幸『関東大震災・虐殺事件「秋田・三重・沖縄」三県人虐殺〈検見川事件〉の真相」［附〈埼玉県妻沼事件〉〈千葉県南行徳村事件〉］「沖縄の軌跡」2013 年。

6）琉球政府編発行『沖縄県史　第 9 巻　各論編 8　沖縄戦記録 1』1971 年 1047 頁。

7）第 32 軍司令部司令官牛島満の 1944 年 8 月 31 日付訓示。「地方官民ヲシテ喜ンデ軍ノ作戦ニ寄与シ進ンデ郷土ヲ防衛スル如ク指導スベシ」と指摘し、「防諜ニ厳ニ注意スベシ」とし、1945 年 4 月 9 日付「球軍会報」は「爾今軍人軍属ヲ問ハズ標準語以外ノ使用ヲ禁ズ　沖縄語ヲ以テ談話シアル者ハ間諜（スパイ）トミナシ処分ス」と発令した。吉浜忍・林博史・吉川由紀編『沖縄戦を知る事典　非体験世代が語り継ぐ』吉川弘文館、2019 年、76 頁。

8）『沖縄タイムス』2013 年 1 月 29 日。

9）中野好夫『沖縄と私』時事通信社、1972 年、204 ～ 205 頁。

10）中野好夫・新崎盛暉『沖縄戦後史』岩波書店、1976 年（2005 年版）、59、83 頁。

11）新崎盛暉「沖縄戦後史論序説」『沖縄文化研究 4』法政大学沖縄文化研究所、1977 年、287 頁。

12）Fish, Arnold G(1988), Military Government in the Ryukyu Island, 1945-1950., University Press of the Pacific. 和訳は財団法人沖縄県文化振興会公文書管理部史料編集室編（宮里政玄訳）『沖縄県史　資料編 14　現代 2　琉球列島の軍政 1945 - 1950　（和訳編）現代 2』沖縄県教育委員会、2002 年。

13）若林千代「沖縄現代史の展望と方法をめぐって　国際関係研究における理解の一つの試み」沖縄大学地域研究所編発行『地域研究』第 1 号、2005 年、51、53 頁。

14）新崎前掲（注 11）。

15）沖縄タイムス社編発行『沖縄の証言　激動の 25 年誌』（上）1972 年、（下）

1973 年。

16）沖縄タイムス社編発行『庶民がつづる沖縄戦後生活史』1998 年。

17）米軍の倉庫などから物資を盗みとること。

18）石原昌家『戦後沖縄の社会史　軍作業・戦果・大密貿易の時代（おきなわ文庫 74）』ひるぎ社、1995 年、6 頁。『空白の沖縄社会史　戦果と密貿易の時代』晩聲社、2000 年。

19）下嶋哲朗『豚と沖縄独立』未来社、1997 年。

20）照屋善彦・山里勝己・琉球大学アメリカ研究会編『戦後沖縄とアメリカ　異文化接触の五〇年』沖縄タイムス社、1995 年。

21）川平成雄『沖縄空白の一年　1945—1946』吉川弘文館、2011 年。

22）若林千代『ジープと砂塵　米軍占領下沖縄の政治社会と東アジア冷戦　1945— 1950』有志舎、2015 年、7〜8 頁。

23）鳥山淳『沖縄／基地社会の起源と相克　1945〜1956』勁草書房、2013 年、4〜5 頁。

24）梶村秀樹「定住外国人としての在日朝鮮人」『思想』（734 号、朝鮮と日本戦後 40 年を考える〈特集〉）岩波書店、1985 年。

25）白永瑞『共生の道と核心現場　実践課題としての東アジア』法政大学出版局、2016 年、34 頁。

26）同志社大学〈奄美—沖縄—琉球〉研究センター「火曜会」（2020 年 1 月 15 月）における指摘。

27）（琉球政府）文教局研究調査課編『自一九四五　至一九五五年　琉球史料　第四集　社会編 1』琉球政府文教局、1959 年、197 頁。

28）南風原町史編集委員会編『ゼロからの再建　南風原戦後 60 年のあゆみ』沖縄県南風原町、2005 年、120 頁。

29）久場政彦『戦後沖縄経済の軌跡　脱基地・自立経済を求めて』ひるぎ社、1995 年、254 頁。

30）中野好夫・新崎盛暉著前掲（注 10）、59 頁。

31）屋嘉比収『沖縄戦、米軍占領史を学びなおす　記憶をいかに継承するか』世織書房、2009 年、227〜229 頁。

32）屋嘉比収「米軍統治下における沖縄の高度経済成長　二つの対位的物語」、「『国境』の顕現　沖縄与那国の密貿易終焉の背景」、「越境する沖縄　アメリカニズムと文化変容」『沖縄戦、米軍占領史を学びなおす　記憶をいかに継承するか』世織書房、2009 年。

第1章

1）仲本和子は 1935 年生まれ。聞き取りは、2012 年 5 月 10 日、那覇市で行った。

2）那覇市総務部女性室編『那覇女性史（戦後編）なは女のあしあと』琉球新報社、2001 年、179 頁。

3）沖縄県教育庁文化財課史料編集班編『沖縄県史　各論編 8 巻　女性史』2016 年、369〜371 頁。

4）沖縄県商工労働部編発行『沖縄県労働史　第 1 巻』2005 年、666〜670 頁。

5）石井宏典「戦場（いくさば）の跡を縫い合わす　那覇・新天地市場の女たち」『人文学科論集』41、茨城大学人文学部、2004 年、1〜23 頁。

6）赤嶺キヨ『いつも前向き　私の歩んだ半生』ボーダーインク、2000 年。

7）新城豊子著発行『肝の手綱（チムヌタンナ）母赤嶺千代の生涯』2004 年。

8）那覇市総務部女性室編発行『なは女性史証言集第 4 号　女のあしあと　祖母・母そして私が生きた時代「なは女性史」証言・体験記　応募作品』2001 年。

9）當山綾・福島駿介・田上健一「新天地市場の商業空間に関する研究」『日本建築学会大会学術講演梗概集』2000 年、503〜504 頁。

10）「徳村光子資料」那覇市歴史博物館所蔵。

11）Report of Military Government Activities for July 1945、ワトキンス文書刊行委員会編『沖縄戦後初期占領期資料 Papers of James T. Watkins　Ⅳ』第 11 巻、緑林堂書店、1994 年、11-32・R2-197。

12）Report of Military Government Activities for August 1945、ワトキンス文書刊行委員会編前掲（注 11）、11-50・R2-215。

13）Report of Military Government Activities for September 1945、ワトキンス文書刊行委員会編前掲（注 11）、11-66・R2-231。

14）Report of Military Government Activities for October, ワトキンス文書刊行委員会編前掲（注 11）、11-83・R2-248。

15）Report of Military Government Activities for November、ワトキンス文書刊行委員会編前掲（注 11）、11-97・R2-262。

16）『うるま新報』1946 年 6 月 21 日（『ウルマ新報』から 1946 年 6 月に改題）。同紙は米軍機関紙として 1946 年創刊した当時唯一の新聞で、現在の『琉球新報』。

17）『ウルマ新報』1946 年 4 月 3 日。

18）『うるま新報』1946 年 8 月 23 日。

19）大宜味村史編集委員会編『大宜味村史通史編』大宜味村役場、1979 年、261 頁。

20）『うるま新報』1946 年 8 月 23 日。

21）『ウルマ新報』1945 年 9 月 26 日。

22）玉代勢法雲「布哇に於ける沖縄救済事業」『おきなわ　ハワイ特集』第 2 巻第 3 号、おきなわ社　1951 年、29〜30 頁。

23）沖縄民政府総務部調査課編発行『沖縄民政要覧 1946』96 頁（復製本）。

24）米国のキリスト教各団体によって、1947 年 5 月から月平均 30 トンの衣類や食料が、1948 年まで 7 ヵ月の間届けられた。（琉球政府）文教局研究調査課編発行『自一九四五年　至一九五五年　琉球史料　第五集　社会編 2』1959 年、89〜90 頁。

25）沖縄朝日新聞社編『沖縄大観』日本通信社、691 頁、（復刻版、月刊沖縄社、1986 年）（初出 1952 年）、96 頁。

26）沖縄民政府知事官房『情報』第 1 巻第 1 号、1948 年 1 月 24 日、（琉球政府）文教局研究調査課前掲（注 24）89〜90 頁。

27）「一九四七年七月二五日、沖縄文化部長　各洋裁講習所長殿　『乗車證送付の件』」「一九四七年五月　公文書綴　首里文化洋裁講習所」「德村光子資料」、前掲（注 10）。

28）「洋裁講習所規定」『1947 年 5 月　公文書綴』、同前上。

29）Summation No.35:United States Army Military Government Activities in the Ryukyus (Sep.1949) (HQ RYCOM,MG) 沖縄県公文書館、U90003246B。

30）『沖縄タイムス』1963 年 8 月 15 日。

31）伊波圭子『ひたすらに　女性・母子福祉の道』ニライ社、1995 年、50 頁。伊波は戦前に沖縄女子師範学校を卒業後、訓導を勤め、羽地洋裁講習所の後は、那覇市に出て、女性記者の草分けとして沖縄タイムスと琉球放送に勤めた。1956 年に、琉球政府に入り、婦人少年課長になった後は、女子労働や寡婦運動に取り組んだ。

32）筆者連載「子どものやんばる戦」第 3、5、6 回『沖縄タイムス』2015 年 7 月 30 日〜8 月 2 日。

33）「一九五二年　学校経営案」「德村光子資料」前掲（注 10）。

34）仲間トミは 1931 年生まれ。聞き取りは、2017 年 1 月 19 日、名護市で行った。

35）（琉球政府）文教局研究調査課前掲（注 24）、81 頁。

36）沖縄民政府による「沖縄住民救済規定」は扶助対象を①生計維持者なきものにして自活しえない者、②失業のため自活なしえざる者、③生計維持者の収入が基準生活費の全部を維持せざる者—とした。収入と家族構成員と家計の関係で定めた。我喜屋良一「琉球の公的扶助　戦後沖縄社会事業概観（1）」琉

球大学文理学部編発行『琉球大学文理学部紀要 人文・社会 第5号』、1960年、53〜92頁。

37) 沖縄本島の住民行政側機構は、1945年沖縄諮詢会、1946年沖縄民政府、1950年沖縄群島政府と変遷した。1年後に、4群島政府と並行して琉球臨時中央政府が1951年にでき、1952年に琉球政府が創立された。琉球政府は1972年の施政権返還まで存続した。

38) 扶助人数は1950年3923人、1951年5000人、1952年1300人。1950年、1951年は沖縄群島政府管轄、1952年は琉球政府の元沖縄群島政府管轄分。(琉球政府) 文教局研究調査課前掲 (注24)、82〜83頁。

39)『沖縄タイムス』1949年5月22日。1956年、沖縄婦連調査では、母子世帯の9割が沖縄戦で父親や夫を失っていた (宮里悦『沖縄・女たちの戦後 焼土からの出発』ひるぎ社、64頁、1986年)。

40)『沖縄タイムス』1950年12月12日。

41)『沖縄タイムス』1950年3月3日。

42)『沖縄タイムス』1950年4月30日。投書にある、日本製の輸入品の増加とは、「貿易庁ブーム」が背景にあった。1949年米軍政府直轄の琉球貿易庁が輸入した品は毎回、新聞に入荷リストが掲載され、希望者が入札した。1950年には、民間貿易も再開され、「LCブーム」が起きた。商売人が輸入信用状 (LC) を求めて銀行に殺到した (沖縄大百科事典刊行事務局編『沖縄大百科事典 下』沖縄タイムス社、1983年、440頁、946頁)。

43)『沖縄タイムス』1950年12月23日。

44)『沖縄タイムス』1951年6月7日。

45) 同時期、日本では、母子寮の文書運動をきっかけに「未亡人」を中心とした「戦争犠牲者遺族同盟」が結成され、遺族年金や軍人扶助法にかわる援護法の制定を求めた。北河賢三は「戦争未亡人」の遺族運動を「生きるため」の運動とした。北河賢三「戦争未亡人と遺族会・未亡人会」早川紀代編『戦争・暴力と女性3 植民地と戦争責任』吉川弘文館、2005年、155〜174頁。

46) 那覇婦人会は1947年発足。「赤いリボン運動」による募金で、「戦争未亡人」を含め、困窮者を支援した。(那覇市婦人連合会) 記念誌編集委員会編『那覇市婦人連合会創立40周年記念誌』1988年、18頁。

47)「昭和二四年十二月沖縄の現況 外務省管理局総務課」比嘉春潮文庫、沖縄県立図書館蔵、89、92頁。

48)『うるま新報』1949年7月4日。

49)『うるま新報』1949年12月6日。

50）『沖縄タイムス』1950年3月2日、1951年9月26日。

51）1947年半ばに神父が来島、布教を再開し、1950年にカトリック開南教会を設立した。1952年時点で、信徒600人は全沖縄のキリスト教信者5515人の1割を占めた。（琉球政府）文教局調査研究課前掲、前掲（注24）、303頁。

52）カトリック開南教会編『カトリック開南教会創立50周年記念誌　かがりび　さあ種を蒔こう』カトリック開南教会創立50周年記念事業実行委員会、2002年、32頁。

53）『沖縄タイムス』1949年11月23日。

54）上間悦子は1935年生まれ。聞き取りは2016年8月6日、那覇市で行った。

55）津波古敏子は1934年生まれ。聞き取りは2016年9月14日に那覇市で行った。

56）上間前掲（注54）。

57）沖縄朝日新聞社編前掲（注25）、183頁。

58）「一九四八年四月～一九五〇年三月学校日誌」「徳村光子資料」前掲（注10）。

59）伊波前掲（注31）、51頁。

60）嘉数津子『夢を追いかけて』ニライ社、1997年、73～74頁。

61）『沖縄タイムス』1952年10月5日、沖縄大百科事典刊行事務局編『沖縄大百科事典　中』沖縄タイムス社、1983年、496頁。

62）津波古前掲（注55）。

63）山城榮徳さん追悼集刊行実行委員会編『山城榮徳評伝』若夏社、1997年、117頁。

64）商店や立ち売りが拡大し往来の危険があったことに加えて、島内生産品の販売を目的に掲げた。那覇市総務部女性室編前掲（注2）、178頁。

65）那覇市社会福祉協議会40周年記念誌編集委員会『那覇市社協創立四十周年記念誌　戦後那覇市の社会福祉の歩み』那覇市社会福祉協議会、1996年、71頁。

66）『沖縄タイムス』1950年4月28日。

67）米軍が近くの農事試験場に放置した6～9インチの鋼管を夜中に従業員3人で川の中から引っ張り苦労して橋をかけ、荷馬車で土を運んで造成したという。拓伸会（拓南製鐵グループ）編発行『古波津清昇　わが青春を語る　沖縄鉄筋コンクリート住宅は戦災復興のシンボルだ』2015年、92～95頁。

68）『沖縄タイムス』1952年3月15日。

69）『沖縄タイムス』1952年6月11日、8月21日。

70）『沖縄タイムス』1952年9月17日。

71）同前上。

72）『沖縄タイムス』1953年2月27日。

73) 辰野榮一は 1942 年生まれ。聞き取りは 2017 年 1 月 31 日、那覇市で行った。

74) 農家の女性たちが農作物を売った露店は、1953 年琉球農連が農連市場として
整備した。山城榮徳さん追悼集刊行会実行委員会前掲（注 63）、118 〜 119 頁。

75) 當山綾、福島駿介、田上健一前掲（注 9）、503〜504 頁。

76)『沖縄タイムス』1955 年 7 月 19 日。

77) 座覇夕起子の証言。座覇は 1938 年生まれ。聞き取りは 2016 年 12 月 23 日、
那覇市で行った。

78) 當山京子は 1921 年生まれ。証言は 2016 年 12 月 20 日に那覇市で行った。

79) 2000 年時点で、全体の 6 割を本部町出身が占め、離島の宮古と南風原がそ
れぞれ 0.6 割。2000 年時点の調査では、300 坪余に畳 2 枚分を 1 ユニット（6
コマ）とし、3 ユニット〜6 ユニットが 1 ブロックとして集まっており、市場
内にはブロックが 16 カ所あったという。當山綾、福島駿介、田上健一前掲（注
9）。

80) 本部町史編集委員会編『本部町史　資料編 4　新聞集成　戦後米軍統治期の
本部』本部町、2002 年、58 〜 59 頁。

81) 前原トキは 1938 年生まれ。聞き取りは 2017 年 1 月 27 日、那覇市で行った。

82) 石井前掲（注 5）、9 頁。

83)『沖縄タイムス』1961 年 12 月 23 日。

84) 座覇政為は 1939 年生まれ。聞き取りは 2017 年 1 月 11 日、那覇市で行った。

85) 仲間前掲（注 34）。

86) 城間美代子は 1938 年生まれ。聞き取りは 2016 年 12 月 20 日、那覇市で行った。

87) 座覇前掲（注 84）。

88)『沖縄タイムス』1959 年 2 月 16 日。

89) 赤嶺前掲（注 6）、78〜79 頁。

90) 新城前掲（注 7）、40、186 頁。

91) 南風原町史編集委員会編『ゼロからの再建　南風原戦後 60 年のあゆみ』沖
縄県南風原町、2005 年、141 頁。

92)「蒲団ウチャー」の項、南風原町字喜屋武字誌発行委員会編発行『喜屋武字
史　喜屋武の歴史と文化』2015 年、154 頁。

93) 中村トミ子は 1932 年生まれ。聞き取りは 2016 年 7 月 4 日、南風原町で行った。

94) 新聞広告によると、1955 年時点のミシンの販売価格は、「シンガーミシン」
1 万 2000 B 円、国内製の「福助新型ミシン」1 万 1000 B 円、「蛇の目ミシン」
8500 B 円だった。『沖縄タイムス』1955 年 11 月 28 日。

95) 野原ヨシ子は 1934 年生まれ、聞き取りは 2016 年 7 月 19 日、南風原町で行っ

た。

96）南風原文化センターの平良次子は、ミシン業が喜屋武の女性たちの副業として広がったのは、絣製造で出機の影響があると指摘する。戦後沖縄研究コロキウム実行委員会主催「第7回戦後沖縄研究コロキウム　戦後の沖縄社会と女性への視座その手から生まれたもの　技術史の課題」（2017年5月14日、沖縄県南風原町、南風原文化センター）。

97）石川吉子は1936年生まれ。聞き取りは2016年7月に那覇市で行った。

98）津波古前掲（注55）。

99）上間前掲（注54）。

100）宮平芳子証言、カトリック開南教会前掲（注52）、239〜242頁。

101）石川前掲（注97）。

102）「洋裁を学ぶ娘たち」村山秀雄編『八重山文化』第二六号、1949年、2頁（復刻、不二出版、『八重山文化』第2巻通巻第15号〜第29号〈第30号 欠番〉（1947年11月〜49年5月）2015年）。

103）『沖縄タイムス』1951年9月30日、10月21日。

104）「沖縄の盲点を衝く　ぞく・暗い地図　夜の女性　覆面探訪」『月刊タイムス』4月号第15号、上地一史発行、1950年4月、32〜37頁。記事は2人の女性記者の匿名で書かれているが、1人は伊波圭子である。

第2章

1）琉歌は、沖縄の言葉による「八、八、八、六」形式の短詩形歌謡。

2）具志川市史編さん委員会編『具志川市史　第5巻 [1] 戦争編　戦時記録』具志川市教育委員会、2005年、1131頁。

3）（琉球政府）文教局研究調査課編『自一九四五　至一九五五年　琉球史料　第四集　社会編1』琉球政府文教局、1959年、187頁。

4）垣花は住吉町、垣花町、山下町の3町の総称。市街地から那覇港を挟んで対岸にあり、現在は米軍那覇軍港。沖縄戦前の1939年調査では那覇市人口は7万8984人おり、うち約1.5割1万1450人が垣花に住んでいた（那覇市史編集委員会編『那覇市史　資料編　第2巻下』那覇市役所、1967年、59頁）。

5）2005年に、石川市、具志川市（1968年市昇格）、勝連町、与那城村と合併し、うるま市となった。

6）沖縄諮詢会は、1945年8月、米軍の諮問機関として石川市に置かれた戦後初の中央統治機構。志喜屋孝信が委員長を務めた。1946年4月、沖縄民政府に引き継がれた。沖縄大百科事典刊行事務局編『沖縄大百科事典　上』沖縄タ

イムス社、1983 年、521 頁。

7）米軍政府と沖縄民政府によって沖縄文教学校外語部として 1946 年に開校した教員養成学校。沖縄外国語学校は分離し、英語教員、翻訳、通訳官などを養成した。沖縄大百科事典刊行事務局編同前上、435 頁。1950 年の琉球大学創立後に、両校とも琉球大学に吸収されている。

8）東恩納博物館は、戦後、ウィラード・ハンナ少佐によってつくられた「沖縄陳列館」を前身とする。同館は、戦場から集められた文物を展示し、米兵の沖縄理解に努めた。1946 年に沖縄民政府に移管され「東恩納博物館」となった。首里で豊平良顕らがつくった「首里市立郷博物館」と 1953 年 5 月に統合され、沖縄民政府立博物館となった。沖縄大百科事典刊行事務局編『沖縄大百科事典　下』沖縄タイムス社、1983 年、284 頁。

9）沖縄中頭具志川村編発行『村勢要覧　1959 年版』1960 年、1 頁。

10）金武湾区だが、元の居住者たちによる呼称に沿って「金武湾」と記述。

11）具志川字誌編集委員会編発行『具志川字誌　上巻』2012 年、288 頁。

12）『沖縄タイムス』2016 年 8 月 3 日。同会の取り組みは、那覇市垣花の人々の経験を筆者が取材した連載「海まち垣花　失われた故郷」（沖縄タイムス、2015 年 11 月 9 日〜2016 年 3 月 16 日、全 45 回）に触発されたことによって始まった。また、会は 2 年がかりで、風景や暮らしぶりなどを映像や写真で記録した「在りし日の金武湾」という 1 枚の DVD を完成させた。

13）伊豫谷登士翁「移動の中に住まう」伊豫谷・平田由美編『「帰郷」の物語／「移動」の語り　戦後日本におけるポストコロニアルの想像力』平凡社、2014 年、20 頁。

14）那覇港湾作業隊の移動前の居住地「金武湾」に言及している。鳥山淳『沖縄／基地社会の起源と相克　1945〜1956』勁草書房、2013 年、48〜49 頁。

15）田里友哲『論集　沖縄の集落研究』離宇宙社、1983 年、190 頁。

16）伊豫谷前掲（注 13）、14 〜 15 頁。

17）沖縄中頭具志川村編前掲（注 9）、2、5 頁。

18）残る 5 カンパンは、地元集落に戻れない具志川出身者がいた「山天願」、陸軍の補給品を扱う部隊で働いた「天願百軒部落」、旧南洋群島引揚者が多い「宇堅 630 部隊」、単身者が集まった「QM カンパン」、技能を持つ人が多い「B カンパン」だった。具志川市教育委員会前掲（注 2）、1134〜1144 頁。

19）具志川市史編さん室編発行『市民が語る市史づくり　具志川市史だより』第 14 号（1999 年）、第 15 号（2000 年）。

20）その他の資料として以下がある。九州疎開から引き揚げた野原康義による個

人誌『金武湾遥か』（2005年）、「金武湾を語る会」によるDVD「在りし日の金武湾」（2018年）。

21）移動と主体については、「移民」「植民」による区別が、日本帝国の支配とその変動による「人の移動」を見失わせているという指摘（塩出浩之『越境者の政治史　アジア太平洋における日本の移民と植民』名古屋大学出版会、2015年、1〜2頁）や、植民と引揚げの記録を論じる際にナショナルレベルより下位の社会集団に主体性を認める必要性（浅野豊美「折りたたまれた帝国　戦後日本における『引揚』の記憶と戦後的価値」細谷千博・入江昭・大芝亮編『記憶としてのパールハーバー』ミネルヴァ書房、2004年、278頁）などの議論がある。

22）比嘉惟雄・真栄田義旦編『証言でつづるみなと・城岳中等学校史　消えた学校』（みなと・城岳中等学校同窓会，1998）、垣花尋常小（国民）学校同窓会記念誌編集委員会編『追憶』（垣花尋常小《国民》学校同窓会，1986年）。

23）2020年現在、垣花出身者の同郷集団「垣花親和会」が、地域誌をまとめる作業を始めている。

24）野入直美「沖縄引揚者の『外地』経験　市町村史の体験記録を中心に」（『移民研究』第9号、琉球大学移民研究センター、2013年、146頁）。近年の移民史記録としては、玉城村史編集委員会編『玉城村史　第7巻』（玉城村役場、2005年）、浦添市移民史編集委員会編『浦添市移民史　本編』（浦添市教育委員会、2015年）などの地域史、赤嶺守編『「沖縄籍民」の台湾引揚げ証言・資料集』（琉球大学法文学部、2018年）などがある。

25）伊豫谷前掲（注13）、15頁。

26）大宜味村史編纂委員会戦争専門部会編『新大宜味村史　戦争証言集　渡し番　語りつぐ戦場の記憶』大宜味村役場、2015年、22頁。

27）林博史『沖縄戦と民衆』大月書店、2001年、119〜120頁。この避難に先立ち、1944年7月、沖縄軍司令官の具申に基づき、閣議で10万人を九州と台湾疎開させることが決まった。沖縄県は「県外転出実施要項」を作成し、沖縄島、宮古島、石垣島、西表島から60歳以上と15歳未満、婦女子の転出を認めた（同、102頁）。

28）浦崎純『消えた沖縄県』沖縄時事出版社、1965年、91頁。『沖縄新報』1945年2月11日。

29）親泊元親「沖縄県統制経済と食料事情」那覇市企画部市史編集室編『那覇市史　資料編　第2巻中の6　戦時記録』那覇市、1974年、268頁。

30）「立退者受入後ノ部落民トノ融和促進ノ件」「非常食糧対策ニ関スル件」福地曠昭『村と戦争 喜如嘉の昭和史』「村と戦争」刊行会、1975年、146頁。

31）福地同前上、357、360 頁。

32）「避難民（罹災者ヲ含ム）生活状況調査ニ関スル件」同前上、358 頁。

33）那覇市企画部市史編集室編前掲（注29）、278 頁。

34）筆者連載「一番長い避難」16、2015 年 4 月 12 日、『沖縄タイムス』2015 年 4 月 12 日。

35）知事島田叡が沖縄県内の食糧不足のために、1945 年の地上戦直前に住民食料用の米を確保するため台湾へ渡り、米を確保したとされる（林博史『沖縄戦と民衆』大月書店、2001 年、111 頁）。また、米が届いた事を疑問視する指摘もある（大城将保『「沖縄人スパイ説」を砕く　私の沖縄戦研究ノートから』高文研、2020、108 頁）。

36）筆者連載「一番長い避難　十・十空襲以降」10、沖縄タイムス、2015 年 3 月 29 日。

37）筆者連載「一番長い避難　十・十空襲以降」6・7、沖縄タイムス、2015 年 3 月 21 〜 22 日。

38）大宜味村津波区編発行『大宜味村津波誌』、2004 年、133 頁。

39）大宜味村史編纂委員会戦争専門部会前掲（注26）、23 頁。

40）福地前掲（注30）、149 頁。

41）大宜味村史編集委員会編『大宜味村史　通史編』大宜味村役場、1979 年、241 頁。

42）林前掲（注27）、120 頁。

43）筆者連載「一番長い避難　十・十空襲以降」11、『沖縄タイムス』2015 年 3 月 30 日。

44）沖縄県文化振興会公文書管理部史料編集室編（外間正四郎訳）『沖縄県史 資料編20　現代　軍政活動報告 (和訳編)』沖縄県教育委員会、2005 年、6 頁。

45）仲宗根源和『沖縄から琉球へ　米軍混乱期の政治事件史』（月刊沖縄社、1973 年）1955 年、311 頁。

46）Final Report of Military Government Activities ワトキンス文書刊行委員会『沖縄戦後初期占領資料 Paper of James T. Watkins IV』第 12 巻、緑林堂書店、1994 年、12-163・R2-468。

47）Report of Military Government Activities for September 1945 ワトキンス文書刊行委員会編『沖縄戦後初期占領資料　Papers of James T. Watkins IV』第 11 巻、緑林堂書店、1994 年、11-66・R2-231。

48）資料第 15 号「一九四五年十月二十三日軍政府主催第一回市長会議、仲宗根源和『沖縄から琉球へ』評論社、1955 年、173 頁。

49) Report of Military Government Activities for October 1945 ワトキンス文書刊行委員会編前掲（注47）、11-83・R2-248。

50) 同前上、11-89・R2-254。

51) リジー・コリンガム（宇丹貴代実、黒輪篤嗣訳）『戦争と飢餓』河出書房新社、2012年、454頁。

52) 沖縄県文化振興会公文書管理部史料編集室編『沖縄県史 資料編14 琉球列島の軍政1945-1950（和訳編）現代2』沖縄県教育委員会、2002年、44頁。

53) 米国海軍軍政本部指令第二九号（一九四五年十月二十三日）「住民再定住計画及び方針」月刊沖縄社編前『アメリカの沖縄統治関係法規総覧Ⅳ第2部法令別 年次別法令第4編指令 第5編命令・訓令・その他』池宮商会、1983年、21頁。

54) 沖縄県沖縄史料編集所編『沖縄県史料 戦後1 沖縄諮詢会記録』沖縄県教育委員会、1986年、44頁。「島尻」と表現されたのは、当時軍政地区の区分では、糸満地区、「中頭」は前原地区と考えられる。

55) 同前上、56頁。

56) Report of Military Government Activities for November. ワトキンス文書刊行委員会編前掲書（注47）11-98・R2-263。

57) 帰還が始まった1945年10月の旧那覇市の軍用地接収の割合は不明。1947年時点で22施設30万5216坪が米軍施設に使用されており、これは戦前市域の約3割にあたった。志良堂清英編『那覇市概観 1952年版』那覇市役所、1952年、81〜85頁。

58) 沖縄県沖縄史料編集所編前掲（注54）、191頁。

59)「天野鍜助氏日記（抄録）」饒波誌編集委員会『大宜味村饒波誌』大宜味村饒波、2005年360頁。

60) 沖縄県史料編集所編前掲（注54）、191頁。

61)［資料2］疎開者（避難民）死亡届受付簿（一九四五年七月〜十二月）福地前掲（注30）、307-330頁。

62) 沖縄タイムス社編発行「特集戦中・戦後の飢えと民衆 座談会 飢えの体験とは何か」『新沖縄文学』55号、1983年、65頁。

63) ワトキンス文書刊行委員会編『戦後初期占領資料集 Papers of James T. Watkins Ⅳ』第32巻、緑林堂、1994年、32-11・R5-124。

64) 那覇市歴史博物館編『戦後をたどる「アメリカ世」から「ヤマトの世」へ 「那覇市史通史編第3巻（現代史）」改題』琉球新報社、2007年、11頁。

65) 1945年12月に、食料配給制度が改変された。諮詢会の社会事業部が所管し、地区や市町村ごとに任せられるようになった。レーションから、1日の必要カ

ロリーに基づく形で、食材を計量して渡すようになった。年齢、性別に、また従事する労働の軽重、軽作業者 2200 カロリー、最も多いのは重労働者 3000 カロリーと決まっていた（軍政府指令第二十九号一九四六年六月二九日標準食糧配給量の定義）（琉球政府）文教局調査課編前掲（注 3）、139 頁）。人々が帰還し集落を再建すると、共同売店が設置され、そこが、配給の拠点になった。

66）沖縄県沖縄史料編集所編前掲（注 54）、248 頁。

67）同前上、299 頁。

68）同前上、365 頁。

69）来間泰男『沖縄の農業　歴史のなかで考える』日本経済評論社、1979 年、52 頁。

70）沖縄県史料編集所編『沖縄県史料 戦後 2　沖縄民政府記録』沖縄県教育委員会、1988 年、29 頁。

71）ここであらたな問題として浮上したのが、賃金だった。せっかく技術を身に着けさせても、労働はボランティア的なものであった。1 日の対価は、レーションなど配給食料だったため、労働の意欲を引き出すことが難しかったのだった。10 月の軍政報告書では、こうした問題の解決は、通貨が復活し、すなわち賃金支払いによる解決という見解が示された（Report of Military Government Activities for October 1945. ワトキンス文書刊行委員会編前掲（注 47）、11-86・R2-251。

72）Report of Military Government Activities for November. ワトキンス文書刊行委員会編前掲（注 47）、11-102・R2-267。

73）「仲仕」という言葉は現在使用されないが、「港湾労働者」という言い換えでは、垣花出身者の職業特性、戦前から戦後の経験の連続性などがあいまいになるため、本書では、「仲仕」を使用する。

74）（琉球政府）文教局研究調査課編前掲（注 3）、187 頁。

75）具志川字誌編集委員会編『具志川市誌 下巻』具志川公民館、2013 年、463 頁。

76）『沖縄タイムス』1957 年 10 月 2 日。

77）具志川市史編さん委員会編前掲（注 2）、1144 頁。

78）具志川市史編さん室編『市民が語る市史づくり　具志川市史だより』第 14 号、1999 年、53、62 頁。

79）同前上、55、59、69 頁。別の証言として、元の住民が戻ってきた時には「道下は米軍が規制し入れませんでした。道上の方は、そこのもともとの住民が疎開していた間に具志川以外の人たちが住んでいた」という。「この人に聞く 沖縄市町村今昔 99　前うるま市長知念恒男」沖縄県町村会編発行『沖縄県

町村会広報誌　自治おきなわ』2020 年 4 月号（No. 456 号）、5 頁。

80）具志川市史編さん委員会編前掲（注 2）、1131 頁。

81）平良眞助は 1918 年生まれ。聞き取りは 2016 年 1 月、那覇市で行った。

82）具志川市史編さん委員会編『市民が語る市史づくり　具志川市史だより』第
　　15 号、2000 年、84 頁。

83）同前上。

84）沖縄県沖縄史料編集所編前掲（注 54）、377 頁。

85）沖縄朝日新聞社編『沖縄大観』（1953 年復刻版）月刊沖縄社、1986 年、69 頁。

86）那覇市企画部市史編集室編発行『那覇市史　資料編　第 3 巻の 8　市民の戦
　　時・戦後体験記録 2（戦後・海外編）』1981 年、168 頁。

87）沖縄県文化振興会公文書管理部史料編集室編前掲（注 44）、7 頁。

88）「宜野座地区在住ノ那覇市民救済ニ関スル請願書」、沖縄民政府「沖縄民政府
　　当時の軍指令及び一般文書　5-1 1946 年　諮詢委員会から沖縄民政府まで文書
　　及びメモ」沖縄県公文書館蔵、R00000456B。

89）「那覇市民軍作業に関する集会状況に関する件」沖縄民政府同前上。

90）志良堂編前掲（注 57）、55 頁。

91）「労務状況」沖縄民政府総務部調査課編発行『沖縄民政要覧 1946 年』、53 頁。

92）筆者連載「力草ぬ根　米軍統地下の人々 第 2 部 土地の記憶」『沖縄タイムス』
　　2009 年 1 月 6 日。

93）鳥山前掲（注 14）、42 頁。

94）『うるま新報』1946 年 8 月 9 日。

95）具志川市史編さん室編前掲（注 78）、54 頁。

96）伊波圭子「忘れられた人々（現地ルポ）」上地一史編『月刊タイムス』沖縄
　　タイムス、第 22 号、1950 年、37 頁。

97）那覇市社会福祉協議会 40 周年記念誌編集委員会編『戦後那覇市の社会福祉
　　の歩み　那覇市社協創立四十周年記念誌』那覇市社会福祉協議会、1996 年、
　　96 頁。

98）具志川字誌編集委員会編前掲（注 11）、290 ～ 292 頁。

99）沖縄県文化振興会公文書館管理部史料編集室編前掲（注 52）、85 頁。

100）沖縄市企画部平和文化振興課編『沖縄市史資料集・5　インヌミから　50 年
　　目の証言』沖縄市役所、1997 年、39 ～ 40 頁。

101）同前上、134 頁。

102）1946 年 9 月、引揚収容所にいた那覇市出身者約 80 人が「金武湾」か、那
　　覇市以外への帰還を提示されが、20 日間収容所に留まり那覇市と交渉を重ね

た結果、再移動を認めさせた事例がある。『沖縄タイムス』1952年10月5日。

103) 沖縄朝日新聞社編前掲（注85）、69頁。

104) 沖縄県立図書館史料編集室編『沖縄県史料　戦後2　沖縄民政府記録1』
　　1988年、186、203、214頁。

105) 沖縄県史料編集所編前掲（注70）、190頁。

106) 具志川字誌編集委員会編前掲（注11）、290頁。

107) 具志川市史編さん室編前掲（注82）、67〜70頁。

108)『沖縄タイムス』2016年2月23日。

109) 具志川市史編さん室前掲（注82）、72頁。

110) 我那覇生三は1929年生まれ。聞き取りは2015年12月、那覇市で行った。

111) 具志川市史編さん室前掲（注82）、72頁。

112)「沖縄のすべてを賄った那覇港『那覇港湾作業隊』体験座談会」那覇市企画
　　部市史編集室前掲（注86）、113頁。

113) 沖縄県沖縄史料編集所編前掲（注54）、253、257、262頁。

114) 若林千代『ジープと砂塵　米軍占領下沖縄の政治社会と東アジア冷戦
　　1945—1950』有志舎、2015年、100頁。

115)『うるま新報』1947年2月7日。

116) 具志川字誌編集委員会編前掲（注11）、290頁。

117) 具志川市史編さん委員会編前掲（注78）、77頁。

118) 具志川誌編集委員会編前掲（注11）、290〜292頁。

119) 筆者連載「金武湾の子②」『沖縄タイムス』2016年8月4日。

120) 金武湾青年会編発行『若人　WAKAUDO　第二号』1948年、沖縄県立図書
　　館蔵、14〜15頁。

121)『沖縄タイムス』1952年12月25日。

122)『沖縄タイムス』1954年4月3日。その他の記事に、「いつの日ぞ帰る　金武
　　湾の那覇人」（『沖縄タイムス』1955年1月12日）、「時とともにきえた人口都
　　市、金武湾」（『沖縄タイムス』1957年10月2日）。

123)「各字別在住人口」沖縄中頭郡具志川村前掲（注9）、5頁。

124) 沖縄中頭郡具志川村「村政要覧　1963年版」（1963年、12〜13頁）には、「本
　　籍人口」が掲載されており、人口3万6067人中、7300人が他市町村の出身
　　だった。そのうち那覇市出身者は1313人と最多だった。また、「行政区別人
　　口（住民登録）」によると、他市町村出身者が本籍人口を上回るのは「金武湾」
　　（587人）、1集落のみだった。

125) 具志川市教育委員会具志川市史編さん室編前掲（注78）、59頁。

126)『沖縄タイムス』2016 年 8 月 5 日。

127)『沖縄タイムス』2016 年 1 月 21、22 日。

128) 具志川字誌編集委員会編前掲（注 75）、465 〜 466 頁。

129) 照屋早智子は 1946 年生まれ。聞き取りは 2015 年 12 月に那覇市で行った。

130) 儀間真則は 1947 年生まれ。聞き取りは 2015 年 12 月に那覇市で行った。

131)『沖縄タイムス』2016 年 1 月 23 日。

132)『沖縄タイムス』2016 年 8 月 11 日。

133)『沖縄タイムス』同前上。

134)『沖縄タイムス』2015 年 8 月 3 日。

第 3 章

1）山下町は一部が那覇軍港外のため、対象となっていない。田里友哲『論集
　沖縄の集落研究』離宇宙社、1983 年、190 頁。

2）那覇軍港は 1996 年の SACO（日米行動特別委員会）最終報告で、普天間飛
　行場、牧港補給地区とともに、2028 年度以降に返還が決まっていた。2020 年
　浦添市が浦添埠頭地区北側案を受け入れを表明した。『沖縄タイムス』2020
　年 10 月 25 日。

3）企画部市史編集室編『那覇市史　通史編　第 2 巻　近代史』那覇市役所、
　1974 年、666 頁。

4）「水産業総覧（十二年ニヨル）」沖縄県農林水産部編発行『沖縄県農林水産行
　政史　第 17 巻　水産業資料編 I』1983 年、179 〜 180 頁。

5）沖縄市町村 30 年記念史編集委員会編発行『沖縄市町村 30 年史　上巻　通史
　編』1983 年、693 頁。

6）垣花親和会会長、渡嘉敷邦彦は 1934 年生まれ。聞き取りは 2015 年 9 月 25 日、
　那覇市で行った。なお本章に登場する人々の聞き取りは 2015 年 9 月から 2016
　年 6 月にかけて行われた。証言の一部は、『沖縄タイムス』連載「海まち垣花
　　失われた故郷」（2015 年 11 月 9 日〜2016 年 3 月 16 日、全 45 回）として発
　表した。

7）那覇市史編集委員会編『那覇市史　資料編　第 2 巻下』那覇市役所、1967 年、
　59 頁。

8）渡嘉敷前掲（注 6）。

9）旧那覇市の証言として記録されていのは、那覇市美栄橋出身の久茂地小学校
　職員の嘉手納宗徳（735 〜 755 頁）のみである。その理由は「那覇市が雑然と
　して寄合世帯であり、かつて（昭和十九年十月十日）沖縄戦半年前に灰燼に帰

して市民は早くから分散したことも手伝って、それに現在の都市の性格もわざわいして」（705頁）、証言者を探すのが困難だったためとする。琉球政府編発行『沖縄県史 第9巻 各論編8 沖縄戦記録1』1971年、705頁。

10) 高良太郎、上江洲三郎、上原英一が先発グループとして移動し建築作業にあたった。また赤嶺加那は旧豊見城村嘉数バンタ（丘）に戻った後、同地域へ移動している。『沖縄タイムス』1952年10月2日。

11)「沖縄のすべてを賄った那覇港『那覇港湾作業隊』体験座談会」那覇市企画部市史編集室発行『那覇市史 資料編 第3巻の8 市民の戦時・戦後体験記（戦後・海外編）』1981年、113頁。

12)『沖縄タイムス』1957年10月2日。

13)『沖縄タイムス』前掲（注10）。

14)『うるま新報』1947年2月7日。

15) 玉城尚「真和志村民の移動」那覇市企画部市史編集室編前掲（注11）、49頁。

16)『沖縄タイムス』1952年11月18日。

17) 盛根良一編発行『特殊行政区域 みなと村のあゆみ〈資料編〉 1947.5-1950.7』1982年、7頁。

18) A Monograph of Okinawa Politics, 1957:1135th Counter Intelligence Corps Detachment 沖縄県公文書館所蔵マイクロフィルム、琉球政府渉外局文書 U81100513B。第526諜報部隊が1957年8月2日付けで琉球諸島の米陸軍及び第2軍に、情報取り扱いをSecretからConfidential扱いへの格下げを知らせた2文書のうちの一つ。107頁の英文資料で、1948年時点の沖縄政党情報や米軍が共産主義に関係すると見た人物や団体の動向をまとめた。「みなと村」は労働問題として取り上げられ、「みなと村」事務所内部のレポート、米軍の分析を収録する。

19) 国場幸太郎（1900年〜1988年）。国頭村生まれで、大林組などで土木工事に従事した後、沖縄に帰郷。1931年、那覇市で「國場組」を創業した。（「（株）国場組」の項、沖縄大百科事典刊行事務局編『沖縄大百科事典 中巻』沖縄タイムス社、1983年、108頁）。

20) 盛根編前掲（注17）、141頁。

21) 那覇市企画部市史編集室編前掲（注11）、115頁。

22) 渡嘉敷前掲（注6）。

23) 支配人600円、課長120〜130円の月給制で、現場大隊長は不明だが、中隊長1円25銭、仲仕90銭、労務者70銭の時給制。那覇市企画部市史編集室編前掲（注11）、115〜116頁。

24）渡嘉敷前掲（注6）。

25）沖縄民政府告示第十八号特殊行政地域「みなと村の設置」。盛根編前掲（注17）、115頁。

26）渡口麗秀「異色ずくめの『みなと村』」那覇市企画部市史編集室編前掲（注11）、122頁。

27）盛根編前掲（注17）3〜4頁。

28）盛根編前掲（注17）15頁。

29）戦災復興住宅として1945年8月から3年間で7万5000棟の「規格家」が建てられた。ツー・バイ・フォー（2×4インチ）の骨組み、屋根はテント張り、もしくは茅葺きで、面積は約6.6坪の広さだった。沖縄大百科事典刊行委員会事務局『沖縄大百科事典　上』沖縄タイムス社、820頁。また、設計した仲座久雄によると「二間半に三間の部屋に六尺と八尺の台所がつき、敷地は延六坪三合三勺」だったという。「十年の人物」『沖縄タイムス』1956年2月3日。

30）琉球政府文書「1947年　参考資料　農産物　家屋　水産物」沖縄県公文書館蔵、R00000982B。文書は通常平仮名で書かれる村名「みなと村」を漢字で「港村」と記述している。

31）比嘉朝四郎の証言「沖縄の全てを賄った那覇港　『那覇港湾作業隊』体験座談会」那覇市企画部市史編集室編前掲（注11）、111〜121頁。

32）野原朝秀「『共に育つ』教育の原点をみなと中学で体験」比嘉惟雄編『証言でつづるみなと・城岳中等学校史　消えた学校』みなと・城岳中等同窓会、1998年。

33）那覇市企画部市史編集室編前掲（注11）、115頁。

34）1948年8月、米軍は市町村からの労働者の徴用が足りないことに業を煮やし、食料の配給停止を命令し、沖縄中を震撼させた。中野好夫・新崎盛暉『沖縄戦後史』岩波書店、1976年、21頁。

35）『沖縄新民報』1947年3月25日。

36）盛根編前掲（注17）、22頁。

37）小那覇全人へのインタビューによる。小那覇は1927年生まれ。聞き取りは2016年1月、那覇市で行った。

38）Maneuvering Trying to Unite Port Village with Naha City, To Mr. B. C. Waller, A Monograph of Okinawa Politics, 1957 前掲（注18）。

39）盛根編前掲（注17）、9頁。

40）小那覇前掲（注37）。

41）Maneuvering Trying to Unite Port Village with Naha City. A Monograph of Okinawa

Politics, 1957 前掲（注18）。

42）『沖縄タイムス』1952年10月2日。

43）我那覇生三は1929年生まれ。聞き取りは2015年12月、那覇市で行った。

44）Manager, Report to B.C Waller. 18August 1947 A Monograph of Okinawa Politics, 1957 前掲（注18）。

45）Maneuvering Trying to Unite Port Village with Naha City. High's Speech A Monograph of Okinawa Politcs, 1957，前掲（注18）。

46）「那覇港湾作業隊」からは、「金武湾」の人々が従事したホワイト・ビーチ荷役へも派遣された。「みなと村」の議員を「ホワイト・ビーチ労務課長」が務めている。盛根編前掲（注17）、5頁。またホワイト・ビーチから那覇軍港の荷役応援もあった。

47）Maneuvering Trying to Unite Port Village with Naha City. A Monograph of Okinawa Politcs, 1957，前掲（注18）。

48）フィリピン・スカウトは日本占領下にあったフィリピンを奪還したマッカーサー指揮下の米軍のもとに1945年フィリピン人で構成された部隊。沖縄・マリアナ・フィリピンで米軍兵力が足りない場合に配備した（我部政明『日米関係のなかの沖縄』三一書房、1996年、75～78頁）。みなと村でのフィリピン・スカウトの状況については若林千代『ジープと砂塵　米軍占領下沖縄の政治社会と東アジア冷戦　1945-1950』有志舎、2015年、106～111頁。

49）那覇市企画部市史編集室編前掲（注11）、117頁。

50）Maneuvering Trying to Unite Port Village with Naha City. Higa's Speech, A Monograph of Okinawa Politics, 1957、前掲（注18）。

51）那覇市企画部市史編集室編前掲（注11）、117～118頁。

52）渡嘉敷前掲（注6）。

53）首里警察250号、1947年9月13日、首里警察署沖縄民警察部長殿「那覇港湾自由労働組合委員会組織準備委員会開催に関する件」「沖縄民政府当時の軍指会及び一般文書5-3 1947年（自）1947/01/01（至）1948/01/31」沖縄民政府 R00000481B、177頁。

54）息子の新垣幸助によれば、父親松助は、戦前商運組の倉庫で働きながら、荷馬車組合を立ち上げ、那覇地域で初めての消防組合を結成した人物だったという。新垣幸助は1930年生まれ。聞き取りは2020年10月2日、那覇市で行った。

55）Organization of Sobe Lobor UnionChapter of Naha Pier Operation 9. Sept 1947, A Monograh of Okinawa Polilics, 1957（注18）。

56）同前上。

57）崎原久編『琉球人事興信録』沖縄出版社、1950 年、33 頁。

58）沖縄民政府前掲（注 53）。

59）小那覇証言前掲（注 37）。

60）沖縄民政府前掲（注 53）。

61）Kobashigawa,Shosei　A Monograph of Okinawa Politics, 1957 前掲（注 18）。

62）盛根編前掲（注 17）、12 頁。

63）港湾自由労働組合の立ち上げについて、若林は那覇軍港が沖縄占領の物流の最重要地点であり、占領のシステムをゆるがせる労務者が主体となった労働組合の結成は許されなかったと指摘する。若林前掲（注 48）、115 頁。また鳥山は「占領統治が生み出す矛盾と抑圧」を象徴する軍政府の強権政策の現れと分析した。鳥山淳『沖縄／基地社会の起源と相克　1945 − 1956』勁草書房、2013 年、83 頁。

64）Investigation of Public Opinion "Disolve Port Village and Unite with Naha City" To Commanding Officer, 61st Service Group. A Monograph of Okinawa Politics, 1957 前掲（注 18）。なお、瀬長亀次郎は『うるま新報』の社長として 1947 年末ごろに家族と楚辺に移り住んでいる。内村千尋『瀬長フミと亀次郎』あけぼの出版、2005 年、40 頁。

65）Maneuvering Trying to Unite Port Village with Naha City. To M.B.C. waller. A Morograph of Okinawa Polilics, 1957 前掲（注 18）。

66）沖縄民政府前掲（注 53）。

67）9.Sept 1943 "Organization of Sobe Labor Union Chapter Naha Pier Operation". A Monograph of Okinawa Politics, 1957、前掲（注 18）。

68）Maneuvering Trying to Unite Port Village with Naha City. A Monograph of Okinawa Politics, 1957 前掲（注 18）。

69）Maneuvering Trying to Unite Port Village with Naha City A Monograph of Okinawa Politics, 1957 前掲（注 18）。

70）Maneuvering Trying to Unite Port Village with Naha City, A Monograph of Okinawa Politics, 1957 前掲（注 18）。

71）1949. 9. 10. 首里警察所長沖縄民警察本部長「那覇港湾作業隊大隊長上原仁慶外四名ニ対スル追放決定ノ件」沖縄民政府前掲（注 53）。

72）新垣前掲（注 54）。

73）キャンプでは「武士ぐゎー」（空手や武道の達人）と呼ばれた 5、6 人が、3 交代で監視していたという。小那覇前掲（注 37）。

74）『うるま新報』1947 年 10 月 3 日。

75) 1946 年 5 月 27 日　石川市那覇水産組合組合長儀間真章から沖縄水産組合連
合会長山城東栄宛て「水産組合設立認可申請書」。翁長良明氏所蔵。

76) 1946 年 6 月 20 日「漁船及び漁具その他漁業用資材配給申請書」翁長氏所蔵。

77)「水産組合設立認可申請書」翁長氏所蔵。なお同時期に、やはり伊江村に帰
還できない住民が 1945 年 12 月残留していた久志村で「久志市水産組合連合会」
の支部として発足させている。伊江村漁業協同組合編発行『伊江村漁業協同組
合 60 年の歩み』1993 年、60 頁。

78) 1946 年 8 月 31 日付　山里昌太郎から◆◆寛、我那覇生◆宛て手紙。(◆は
判読不明字)、翁長所蔵。

79) 志良堂清英編『那覇市概観　1952 年版』那覇市役所、156 頁。

80) 普天間直精は 1931 年生まれ。聞き取りは 2015 年 12 月、那覇市で行った。

81) 志良堂編前掲 (注 79)、93、156 頁。

82) 以上、本段落については普天間前掲 (注 80)。

83) 以下、本段落については我那覇前掲 (注 43)。

84) 盛根編前掲 (注 17)、10 頁。

85) 以上の経緯については、1949 日 10 月 20 日の『沖縄タイムス』『うるま新報』
を参照。

86) 琉球農林省資源局水産課編発行『水産人』第 7 号、1952 年、10 頁。

87)『沖縄タイムス』1951 年 11 月 6 日。

88) 普天間前掲 (注 80)。

89)『沖縄タイムス』1951 年 11 月 6 日。

90) 那覇市は 1950 年 8 月、市独自の「都市計画条例」「市街地建築条例」をつくっ
たが、全琉的な根拠法を必要とした。琉球立法院が 1952 年「建築基準法」、「都
市計画法」を立法し、1953 年に那覇市は都市計画法適用地域となった。1954
年に住宅地区などの区域指定が行われた。那覇市企画部文化振興課編発行『那
覇市史　資料編第 3 巻 1　戦後の都市建設』1988 年、2 頁。

91) 那覇港荷役の仕事は、米軍直轄から民間請負の入札へ移行した。最初の入札
となった 1950 年、「那覇港湾作業隊」の国場幸太郎の「國場組」が、受注し
ている。民間へ委託されたことで、「みなと村」は、那覇市へ合併した (盛根
編前掲 (注 17)、82〜90 頁)。「みなと村」の村域には、旧真和志村が那覇市
への租借した楚辺などがあり、この編入については、旧真和志村は反対して
おり、次章で見るように、大きな問題を引き起こしている。

92) 以上の那覇市の状況については、那覇市企画部文化振興課編前掲 (注 90) 2、
7、106 頁。

93) 吉川博也『那覇の空間構造　沖縄らしさを求めて』沖縄タイムス社、1986年、56頁。

94) 以上の又吉市長の発言は、議案第35号「公有水面埋立に就いて」より　那覇市企画部文化振興課編前掲（注90）、106頁。

95) 占領地域統治救済基金　Government and Relief in Occupied Area Fund 略称。米国予算に計上される援助で第2次大戦後、占領地域の飢餓、疾病、社会救援が目的。沖縄は1946年7月から1957年まで継続。沖縄大百科事典刊行委員会『沖縄大百科事典』上巻、沖縄タイムス社、776頁。

96) 諮問第23号「泊港臨港地区内（南岸）の地域3地区制定について」那覇市企画部文化振興課編前掲（注90）、124頁。

97)「泊埋立地受入関係資料　一九五三年十二月」「住宅地　一．借用申請書による申込数」那覇市企画部文化振興課編前掲（注90）、130頁。

98)「泊埋立地使用割当てに関する陳情書」那覇市企画部文化振興課編前掲（注90）、133頁。

99) 以下の那覇市議会定例会での発言については、那覇市議会史編さん室編『那覇市議会史第3巻上資料編2　議会の活動』那覇市議会、1996年、279〜280頁。

100) 経緯については、諮問第3号「泊埋立地受け入れについて」「泊埋立地に関する計画書」、答申第一号「泊港臨港地区内（南岸）地域3地区制定について」那覇市企画部文化振興課編前掲（注90）、124〜126頁。

101)「泊埋立借地料値下げに関する陳情書」那覇市企画部文化振興課編前掲（注90）、133頁。

102)『沖縄タイムス』1954年12月30日。

103) 那覇軍港等地主会の会員は2007年時点で871人（『沖縄タイムス』2007年1月18日夕刊）。「那覇軍港のまちづくりを考える次世代の会」を発足させ、那覇市とともに跡地利用計画策定に取り組む。『沖縄タイムス』2016年3月28日。

第4章

1）旧真和志村は、那覇市の東方に位置していた。1953年に市に昇格し、1957年、那覇市と合併した。

2）1946年2月25、26日の両日、村民が収骨をし、27日には完成した「魂魄の塔」に546人の遺骨を納め、慰霊祭を行っている。その後も3月8日562人の遺骨を納めた（「島尻郡史」（続）編集委員会編『島尻郡史（続）』（財）南部振興会、1977年、864頁）。

3）金城和信（1898 ～ 1908）は、旧真和志村出身で戦後の初代真和志村長、戦
　前の教育者で、二人の娘を「ひめゆり学徒」として失い、また教え子の多くが
　沖縄戦で亡くなったことから、遺族援護に尽力し、占領下の1952年に結成さ
　れた琉球遺家族会（後に琉球遺家族連合会、沖縄遺族連合会）を支え、1961
　年に会長、施政権返還後の沖縄県遺族連合会の活動に長らく携わった。沖縄
　大百科事典刊行委員会事務局『沖縄大百科事典　上』沖縄タイムス、1986年、
　919頁。

4）翁長助静は、廃藩置県で没落した首里の士族出身だった。明治期に真和志村
　真嘉比後原原神（まがびくしばるはるがん、現在の古島）に移り、農業を始め
　た。戦前、真和志村内の中学進学者は原神出身者が半数を占めていたという。
　翁長助静『私の戦後史　第5集』沖縄タイムス社、1981年、179～212頁。

5）『沖縄タイムス』2014年12月13日。

6）沖縄県文化振興会公文書管理部史料編集室編『沖縄県史　資料編20　軍政活
　動報告（和訳編）　現代4』沖縄県教育委員会編、2005年、7頁。

7）伊江村の人々は、伊江島から慶良間諸島に移動した集団も含めて、沖縄島北
　部東海岸の久志村にあった「大浦崎」収容地区にいた（名護市史編さん委員会
　『名護市史本編・3　名護・やんばるの沖縄戦』名護市役所、2016年、586～
　607頁）。

8）沖縄市町村会編発行『地方自治七周年記念誌』1955年、376頁。

9）沖縄県沖縄史料編集所編『沖縄史料 戦後1 沖縄諮詢会記録』沖縄県教育委
　員会、1986年、299頁、1946年2月15日。

10）沖縄市町村会編発行前掲（注8）。

11）『うるま新報』1948年7月30日。

12）「労務状況1946年12月末現在」沖縄民政府総務部調査部編発行『沖縄民政
　要覧1946年』、53～55頁。

13）新垣清輝編『真和志市誌』真和志市役所、1956年、273頁。

14）鳥山淳「基地で働く人々　占領下沖縄の不条理を生き抜く」栗原彬編『ひと
　びとの精神史（第3巻）60年安保1960年前後』岩波書店、2015年。『沖縄／
　基地社会の起源と相克　1945－1956』勁草書房、2013年。

15）石原昌家『郷友会社会　都市の中のムラ』ひるぎ社、1986年。

16）那覇市議会事務局議会史編さん室編『那覇市議会史 第5巻　資料編4　議会
　の記録 アメリカ統治期（合併前）』那覇市議会、2000年。

17）首里王府は、琉球王国の統治組織。沖縄大百科事典刊行事務局編『沖縄大百
　科事典　中巻』沖縄タイムス社、1983年、390頁。

18）島袋全発（解題・船越義彰）『タイムス選書7　那覇変遷記』（1930年復刻）、沖縄タイムス社、1978年、「自序」。

19）親泊は、戦後に寄宮区長を務めた。「自治会めぐり　寄宮・大原」『沖縄タイムス』1963年6月16日。

20）「僕らは前原から一番最後に来たんですよ。あちこちに天久の人はいるのだけど、固まってはいなかったと思います」（金城光紀証言）、「真玉橋の方に移動する時点でもう各村単位でした」（金城光正証言）「天久の戦中、戦後座談会」、天久誌編集委員会編『天久誌』天久資産保存会、2010年、167頁。

21）島尻郡教育部会編発行『島尻郡誌』1985年、863頁。

22）沖縄市町村会編前掲（注8）、377頁。

23）真和志農業協同組合編発行『戦後35年のあゆみ　創立35周年記念誌』1982年、56頁。

24）この時復活しなかった区は、1940年代に入って新しく区として独立した「壺川2区」、「二中前2区」、「県庁前」の3区であった。新垣前掲書（注13）、183頁。

25）上間誌編集委員会編『上間誌　那覇市上間』上間自治会、2009年、539頁。

26）1946年7月22日～1947年9月17日付各書類、『1946年真和志村重要書類綴り』真和志村役場、那覇市歴史博物館蔵、03011918。

27）1946年2月15日、沖縄県沖縄史料編集所前掲（注9）、299頁。

28）『沖縄タイムス』1953年11月28日。

29）天久誌編集委員会編前掲書（注20）、145頁。真和志村内の規格住宅配給には較差があり村北部地域は少なかったという（真嘉比字誌編集委員会編『真嘉比字誌』真嘉比自治会、2014年、202頁）。

30）仲里文江は1923年生まれ。聞き取りは2009年1月に那覇市で行った。

31）眞榮城守晨は1941年生まれ。聞き取りは2017年4月19日、那覇市内で行った。

32）1950年3月16日真和志村定例議会会議録『1948～49年度真和志村議会会議録（2）』那覇市歴史博物館所蔵。「港村」の通常表記は「みなと村」。

33）上之屋の人々は1951年村内で初めて軍用地に再接収され、東部の与儀にあった沖縄県農林試験場跡地の宮城へ移動させられている。喜納正倖「私の生い立ち」上之屋互助会編発行『上之屋誌』、1990年、73頁。

34）構作隊は沖縄民政府工務部建築課所属。収容地区から人々の移動が始まったことを受け、地域ごとに構作隊を設置し、住宅建築をになった。また建築資材の集積には、安謝、勝連、「金武湾」、金武に資材集積所を設置された。旧

　　沖縄民政府工務部会編発行『工務部会記念誌』1984 年、38〜39 頁。

35) 安謝誌編集委員会編発行『安謝誌』2010 年、218 頁。

36) 沖総第 5 号　1947 年 9 月 17 日　総務部長から真和志村長宛て「住民居住地
　　域に関する件」真和志村役場前掲（注 26）。

37) 金城賢勇著発行『大宜味大工一代記　建築業界歩んで七十年』1988 年、83
　　〜85 頁。

38)『沖縄タイムス』1963 年 6 月 16 日。

39) 旧沖縄民政府工務部会編発行前掲（注 34）、71 頁。

40) 大原の名称は初代の陸運課長宮城善正が琉歌「石なぐの石の大石となるま
　　で」という歌詞に着想を得て、大原と名付けたという。新垣編前掲（注 13）、
　　274 頁。

41)「那覇市復帰経過図」で示された地域による。新垣編前掲書（注 13）、50 頁。
　　また、1946 年 8 月以降日本および外地からの疎開者を受け入れ人口が急膨張
　　したという（沖縄市町村会編発行『地方自治 7 周年記念誌』1955 年、372 頁）。
　　戦後の新生那覇市域として、旧真和志の寄宮、興儀、古波蔵、壺川、楚辺、二
　　中前、松尾、樋川が挙げられている（志良堂清英編『那覇市概観 1952 年版』
　　那覇市役所、82 頁）。

42) 1946 年 2 月指令 121 号「土地所有関係資料収集に関する件」那覇市企画部
　　文化振興課編『那覇市史　資料編　第 3 巻 1　戦後の都市建設』那覇市役所、
　　193 頁。

43)「真和志村字土地所有権調査委員増加設置許可申請」1946 年 7 月 10 日、同
　　前上、203 頁。

44) 沖総第 267 号　真和志村民の人口異動許可　1946 年 7 月、真和志村役場前
　　掲（注 26）。

45) 金城松秀（仲上里）の手記　国場誌編集委員会編『国場誌』国場自治会、
　　2003 年、393 〜 395 頁。

46) 1945 年 12 月 5 日　真和志村土地主任「土地監査官ヘノ報告資料」那覇市企
　　画部文化振興課編前掲（注 42）、245 頁。

47) 宮里一夫『〈ウチナー〉見果てぬ夢　宮里栄輝とその時代』ボーダーインク、
　　1994 年、15 頁。

48) 那覇市企画部文化振興課編前掲（注 46）。

49) 玉城徳政は、1910 年に、村政を憂えて養秀中学を退学し、真和志役場に入庁、
　　戦前は助役まで務めた人物だった。「真和志の百科事典」と呼ばれた。玉城は
　　1956 年土地課長職を最後に、村役場を退職している。識名誌編集委員会編『識

名誌』那覇市識名自治会、2000年、194頁。

50)「意見書　1949年12月12日、真和志村土地主任玉城徳成」「一九四六年～一九五一年土地調査に関する書類綴　土地調査委員会」那覇市企画部振興課編前掲書（注42）、247～248頁。

51) 1949年1月27日　真和志村臨時議会1号議案「区制制度変更に関する件」『1949年　会議録　真和志村』那覇市歴史博物館所蔵。

52) 仲里前掲（注30）。

53) 1950年6月に岡野に金城賢勇が「金城組」、大城喜政が「大政組」、構作隊の担当地区ごとに那覇市役所隣に山城思太郎が「山城組」、三原に宮城治彦が「宮城組」、首里工務出張所隣に金城田光が「田光組」を立ち上げている。『沖縄タイムス』1950年1月17日。

54) 金城幸成は1931年生まれ。聞き取りは2017年4月12日、那覇市内で行った。

55)「職業別世帯数〈1952年1月31日現在〉」292～294頁。新垣編前掲（注13）、294頁。1955年の出身地人口は280世帯1291人中、①那覇572人②国頭郡485人③真和志20人—だった。軍用地が開放されなかった那覇市泊の人々、1953年の軍用地強制接収で追い立てられた真和志村銘苅出身たちが、岡野区に銘苅班を結成し移り住んでおり、大宜味村出身者を含む国頭郡出身人口は2番目に多かった。「出身地区別人口構成者」「各地区在籍人口世帯表〈1955年7月現在〉」（284～286頁）。「大原」区も前述「職業別世帯数」参照。

56) 砂川恵伸「戦後沖縄の借地法制　割当土地制度を中心として」琉球大学文理学部編発行『琉大法学』第6号、51～92頁、1965年。

57) 1955年割当土地評定委員会会議録56～57頁。

58) 割当土地の問題は、1951年1月、土地の所有権が復活した後、借地問題として表出する。沖縄群島政府は、地籍確定作業によって土地所有権を確定させようとしたが、「借地法を生ける法としては存在しない」状況で、割当土地に移り住んだ人々が不利にならないよう、布令による権利保護と調整が繰り返された。割当土地に関する調査は戦後実施された事がなく、また地主と借地契約を結べば問題とならないため、その実態は不明だった。琉球政府法制局が1964年に初めて調査をした結果、割当土地は13万3509坪あり、本島南部に集中していた。①那覇市9万3270坪、②コザ市（現沖縄市）1万106坪、③宜野湾市9284坪の順に多かった（砂川前掲（注56））1955年の時点で真和志村土地評定委員会は、村内に8万8943坪（地主501人、借地人2154人）の借地があることを把握している。此の面積は、真和志村が1957年に那覇市に合併した後に、那覇市の割当土地として問題化する面積の9割にあたってい

る（1955 年割当土地評定委員会会議録　真和志村土地課　那覇市企画部文化振興課編前掲（注 42）、308 頁）。

59）また、米軍用地として 83 万 2080 坪が接収されていた。新垣前掲（注 13）、277 頁。

60）『沖縄タイムス』1952 年 11 月 19 日。

61）沖総第 400 号、嘉数正助村政委員他 24 人連名　志喜屋孝信沖縄民政府知事宛　1947 年 8 月「真和志行政地域復帰と其の他に関する陳情」真和志村役場前掲（注 26）。

62）同前上。

63）1947 年 10 月 25 日沖縄第四◆号沖縄総務部長、沖縄農務部長　真和志村村政委員嘉数正助宛、「真和志行政地域復帰と其の他に関する陳情の件に就いて」真和志村役場前掲（注 26）。◆は判読不明字。

64）盛根良一編発行『特殊行政区域　みなと村のあゆみ〈資料編〉1947.5 － 1950.7』1982 年、155 頁。

65）宮里栄輝は、真和志村与儀出身。戦前に五高に進学し、沖縄県立図書館に勤務し、文化や歴史に造詣を深めた。沖縄戦時疎開した九州で『沖縄人連盟九州本部』の中心人物となり、引き揚げ後は、沖縄人主体の復興のために「沖縄建設懇話会」の呼びかけ人となった。宮里前掲（注 47）、1994 年、17 頁。

66）『沖縄タイムス』前掲（注 4）、202 頁。

67）『うるま新報』1948 年 5 月 14 日。

68）『うるま新報』1948 年 7 月 9 日。

69）『うるま新報』1948 年 8 月 6 日。

70）1948 年 8 月 5 日「那覇市対真和志村境界線協議会記録」『1948　会議録綴　真和志村役場』那覇市歴史博物館所蔵。

71）同前上。

72）沖総外 1949 年 10 月 28 日沖縄総務部　真和志村長宛「那覇市真和志境界線について通知」真和志村役場前掲（注 26）。

73）新垣編前掲（注 13）、277 頁。

74）沖総第 425 号　1947 年 11 月 12 日（沖縄）総務部長　那覇市長宛沖縄「ウォーター（ワーラー）ポイント地域内の工業建物について」真和志村役場前掲（注 26）。

75）真庶第 65 号　1949 年 3 月 11 日　真和志村長翁長助静　那覇市長仲本為美宛「行政区域に就いて」同前上。

76）1949 年 6 月 13 日真和志村議会『1948 － 1949　第□回真和志村会議録』那覇

歴史博物館蔵。

77）同前上。

78）『琉球新報』1950年5月2日、盛根前掲（注64）、96頁。

79）『琉球新報』1950年7月25日、盛根前掲（注64）、99頁。

80）『琉球新報』1950年7月29日、盛根前掲（注64）、99頁。

81）『琉球新報』1950年7月29日、盛根前掲（注64）、100頁。

82）『琉球新報』1950年8月2日、盛根前掲（注64）、104頁。

83）『琉球新報』1950年8月3日、盛根前掲（注64）、106頁。

84）盛根前掲（注64）、162頁。

85）沖縄タイムス前掲（注4）、202〜203頁。

86）沖縄タイムス編前掲（注4）、203頁。

87）『沖縄タイムス』1950年11月8日。

88）『沖縄タイムス』1951年2月18日。

89）『沖縄タイムス』1951年2月27日。

90）同前上。

91）『沖縄タイムス』1951年2月28日。

92）沖縄タイムス前掲（注4）、204〜205頁。

93）『沖縄タイムス』1951年2月28日。

94）那覇市企画部文化振興課編前掲書（注42）、9頁。

95）沖縄タイムス前掲（注4）、207頁。

96）新垣編前掲（注13）、272頁。

97）「本籍人口と世帯数」によると旧那覇市民と各地域の旧住民の割合首里地域
1896人（旧首里市民1万8961人）、小禄地域1078人（旧小禄村民1万3265人）
旧那覇地域（本庁）4万3165人（旧首里2096人、真和志1639人、小禄1223人）
となっていた。那覇市企画室編「1961年版那覇市統計書創刊号」那覇市14〜
18頁。

第5章

1）名護市史編さん委員会編『名護市史本編3　名護・やんばるの沖縄戦』名護
市役所、2016年、509頁。

2）同前上449頁。沖縄市町村長会編発行『地方自治七周年記念誌』、1955年、
31頁。

3）名護市史編さん委員会編前掲（注1）、509頁。

4）『沖縄タイムス』1950年1月28日、21日。

5）『沖縄タイムス』1950年2月16日。

6）嘉陽義治「新聞記事を中心に見る特飲街への『オフ・リミッツ』発令（1951
〜52年）」、沖縄市総務部総務課編発行『KOZA　BUNKA　BOX』第3号、
2007年、46〜56頁。

7）山﨑孝史「USCAR文書からみたAサイン制度とオフ・リミッツ」、沖縄市
総務部総務課編発行『KOZA　BUNKA　BOX』第4号、2008年、33〜57頁。

8）加藤政洋『那覇　戦後の都市復興と歓楽街』フォレスト、2011年。

9）阿部純一郎「『オフ・リミッツ』の境界　衛生・観光・諜報」、椙山女学園大
学文化情報学部編『文化情報学部紀要』第17巻、2017年、1〜14頁。

10）三木健「琉米親善政策」『那覇市史　戦後の社会・文化1　資料編第3巻2
戦後新聞集成1』那覇市市民文化部歴史資料室、2002年、236〜238頁。

11）鳥山淳「閉ざされる復興と『米琉親善』　沖縄社会にとっての一九五〇年」
中野敏男・波平恒夫・屋嘉比収・李孝徳『沖縄の占領と日本の復興　植民地主
義はいかに継続したか』青弓社、2006年、197頁。

12）大田昌秀は、「琉米親善」を米国民政府の「刹那的情宣」としてとらえるの
ではなく、「私のたちの内部にひそむ事大主義」の問題とするとして、沖縄
の人々がいかなる態度をとったのかを含めて、検討すべきだと指摘している。
「昭和の沖縄」第22〜24回『沖縄タイムス』1989年2月9、10、14日。

13）Epidemiology of Communicable Disease. Operational Directive Number7 for Military
Government of the Commanding General Tenth Army, ワトキンス文書刊行委員会
編『沖縄戦後初期占領資料　Papers of James T Watkins IV』第22巻、緑林堂書店、
1994年、22-164・R3-796 〜 22-169・R3-801。

14）月刊沖縄社編『アメリカの沖縄統治関係法規総覧IV第2部法令別・年次別法
令 第4編指令 第5編命令・訓令その他』池宮商会、1983年、111頁。

15）「米国海軍軍政府本部指令第20号」（1945年10月9日）「住民居住区域への
立入り」月刊沖縄社編前掲（注14）、17頁。しかし、戦後夜間に米兵が集落
に侵入し、女性を強姦したという事件は頻発しており、指令が厳格に守られ
ていなかったことを示す。

16）沖総第5号　1947年9月10日　総務部長から真和志村長宛て「住民居住許
可地域に関する件」『1946年真和志村需要書類綴り』、那覇市歴史博物館所蔵、
030119180。

17）『うるま新報』1948年5月14日。

18）志良堂清英編『那覇市概観　1952年版』那覇市役所、1952年、59頁。

19）沖縄県文化振興会公文書管理部史料編集室編、（外間正四郎訳）『沖縄県史

　　資料編 20　現代　軍政活動報告 (和訳編)』沖縄県教育委員会、2005 年、7 頁。

20) 人々の移動は、1945 年の米国海軍軍政指令第 29 号「住民再定住計画及び方
　　針」の 2 項「住民委員会を設けて、家族の住居及び耕作地の割当てをさせれば
　　よい」という文に基づき、米軍が民間人向けに開放した土地の、所有権を制限
　　した上で、委員会が宅地や耕地が行きわたるように割り当てた。月刊沖縄社
　　編前掲注（注 14）、21 頁。

21) 月刊沖縄社編前掲（注 14）、526 頁。

22)「1949 年伝染病統計」沖縄群島厚生部編発行『1950 衛生統計』1950 年、47 頁。

23) Proximity of Natives to Military Arens in the Rynkyu lslands. Entry 164(AI): Ceneral
　　Correspondence, 1949-1951./ 一般書簡 .1949 年 -1951 年　（0002-004）公衆衛生と
　　公共福祉、1949 年沖縄県公文書館蔵 0000112849。

24) ジョセフ・R・シーツ（在任 1949 年 10 月〜1950 年 7 月）。シーツは、宮
　　古、八重山など各群島に分かれていた米軍政府を統括する琉球軍政本部を設
　　置、無能な米将兵・軍属を追放した。また、民政では公選による群島知事・議
　　員選挙の実施、民間会社の設立許可やラジオ局設置、琉球大学開学などを行
　　い、人々に「シーツ政策」として名を遺した。「シーツ政策」の項、沖縄大百
　　科事典刊行委員会事務局編『沖縄大百科事典　中巻』沖縄タイムス、1983 年、
　　269 〜 270 頁。

25)「琉球列島における農業および経済復興について　琉球列島への農業派遣団
　　　1949 年 11 月」沖縄県教育委員会編『沖縄県史研究叢書 16　琉球列島の占
　　領に関する報告書（原文・和訳）翻訳外間正四郎』沖縄県文化振興会公文書館
　　管理部史料編集室、2006 年、153〜211 頁。

26) 宮里政玄『アメリカの対外政策決定過程』三一書房、1981 年、232 頁。

27)『沖縄タイムス』1950 年 2 月 9 日。

28) 商店やサービス業へは新たな条件として、①禁止商品を扱わないこと、②軍
　　政長官の命令で「立ち入り禁止」になった場合の売買・サービス提供禁止、③
　　B 円軍票以外の使用禁止—が課された。『沖縄タイムス』1950 年 2 月 15 日。

29)『沖縄タイムス』1950 年 1 月 11 日。

30)『沖縄タイムス』1950 年 1 月 28 日。

31)『沖縄タイムス』1950 年 3 月 24 日。

32)『沖縄タイムス』1950 年 3 月 24 日。

33)『沖縄タイムス』1950 年 9 月 24 日。

34) 住民関連の衛生対策を定めた琉球列島米国軍政本部指令三十三号（1948 年 9
　　月 15 日）「衛生規則」は、沖縄島を 9 衛生地区に分けて衛生官を置き、少なく

とも週に一回は全集落の衛生状態を検査、労務者を使った DDT 散布を実施報告することを定めている。また、便所の設置方法の基準や消毒方法、ごみ処理、蚊の駆除などについて規則を定めた。月刊沖縄社編前掲（注14）、501～503 頁。

35)『沖縄タイムス』1950 年 3 月 18 日。

36)『沖縄タイムス』1950 年 3 月 24 日、4 月 5 日。

37)『沖縄タイムス』1950 年 3 月 25 日。

38)『うるま新報』1950 年 10 月 10 日。

39)『うるま新報』1950 年 10 月 14 日、18 日。

40)『沖縄タイムス』1951 年 8 月 31 日。

41)『沖縄タイムス』1951 年 9 月 16 日。

42) 1951 年 11 月 21 日。その後、「オフ・リミッツ」は、売買春を巡ったものへと変化していく。同月、米兵の性病発生率の多さを指摘する米軍による書簡が出され、「オフ・リミッツ」を拡大し、軍民の接触を止め「占領軍の居住を軍用地区のみに制限」すると可能性が浮上した。沖縄群島政府は対策委員会を組織し、「オフ・リミッツ」を回避する対策が、性病対策を重点へと変更した（『沖縄タイムス』1951 年 11 月 29 日）。「街娼名簿」作成と検診の推進、感染者が発生した民家・飲食店立ち入り禁止、住民協力がない場合は集落の立ち入り禁止を指示した（『沖縄タイムス』1952 年 7 月 19 日）。

43) 中野好夫・新崎盛暉『沖縄戦後史』岩波書店、1976 年、39 頁。

44) 宮里政玄『アメリカの沖縄統治』岩波書店、1966 年、26～27 頁。

45) 櫻澤誠『沖縄現代史　米国統治、本土復帰から「オール沖縄」まで』中央公論新社、2015 年、28～29 頁。沖縄群島政府は 1952 年 1 月「第 1 次 3 ヵ年自立経済計画案」をまとめるが、同年 4 月琉球政府が発足、群島政府は廃止され、この計画は立ち消えとなっている。米国民政府も、1951 年に「琉球列島経済計画」を立案し、ガリオア資金の漸減、日本本土への輸出振興、軍作業による賃金取得で沖縄の自立経済を目指すという目標を描いた。

46) 上地一史編発行『月刊タイムス』1950 年 4 月号、9、11 頁。

47)『うるま新報』1950 年 1 月 19 日。

48)『うるま新報』1949 年 12 月 23 日。

49) 伊波圭子「義務と名誉と国家　これが私のモットーだ　シーツ長官夫妻訪問記」、上地一史編発行『月刊タイムス』1950 年 1 月号、5～8 頁。

50)『うるま新報』1950 年 7 月 29 日

51) 宮里前掲書（注44）、26～27 頁。

52)『沖縄タイムス』1950年3月24日。これに先立つシーツと志喜屋の「軍民懇談」でオフリミッツ解禁に向けて住民側の「米琉親善」のあり方が問われている。『沖縄タイムス』1950年1月18日。

53) ペルリの来琉の評価については、友好的であったとか、琉球国に大きな影響を与えたという見方はされていない。沖縄学の碩学伊波普猷は、ペルリによる琉球開国を「容易に聞き入れられないので、暴力を揮って、調印させた」と記述し、ペルリ以降米船が頻繁に出入りすることで、「異国人(ウランダー)の市井に往来するもの多く、そのために歌舞音曲が禁ぜられ商売は門を閉じて業を休み、国内さながら喪中にある心地がしたと言われている」と指摘する(『沖縄歴史物語　日本の縮図』1946年、引用平凡社版、1998年、161頁)。また、歴史家の眞境名安興は、「殆ど外人を足跡を琉球に絶つに至れり。是れ幕府に於いて各国の修好の条約を締結せしに依るなるべし」と1858年の日米修好通商条約以降の変化と説明した(眞境名安興・鳥倉龍治『沖縄一千年史』沖縄新民報社、1952年、137頁)。

54) 米国陸軍省編、外間正四郎訳『沖縄—日米最後の戦闘』光人社、2006年、88頁。

55)『沖縄タイムス』1950年1月27日。

56)『琉球弘報』第15号、軍政府情報教育部・民政府情報課、1950年5月。

57) 1965年の米国民政府資料「琉米親善週間活動計画」では、同事業がアイゼンハワー米大統領(在任1953～1961)提案による「米国海外親善計画」と意義を同じくしているとする。その目的に「同好の士が一堂に会して相互の生活を豊かにし、相互の理解を人間としての尊厳を高めることにある」とする。USCAR Public Affairs Dept.「琉米親善主幹活動計画とペルリ祭」1965年6月、Second Annnual Perry Festival. 1966 Cultural Affairs Division Files, 1957-1971.沖縄県公文書館蔵、0000044898。

58)「ペリイ提督の渡来は米琉親善の記念日か」『比嘉春潮草稿メモ類綴14』沖縄県立図書館蔵。また、沖縄文化協会の会長を務めた仲原善忠は、ペルリが当初考えた琉球占有を実行しなかったのは「米国民の平和的善意」だったと評価するが、帝国主義者だと指摘している(仲原善忠「ペリー提督の手紙　附オランダいものこと」『おきなわ』(第6巻第2号44号、おきなわ社、1955年、1～7頁)。

59) Tull, James.N (1953),The Ryukyu Islands, Japan's Oldest Colony-America's Newest: An Analysis of Policy and Propaganda　沖縄県公文書館蔵　0000025537、96頁。

60)『沖縄タイムス』1950年5月26日。

61) 軍政府情報教育部・民政府情報課『琉球弘報』1950年5月。

62) この時代を米軍は「『琉球』としての自己認識の涵養政策」として位置付けていたという。鹿野政直『鹿野政直思想史論集第3巻　沖縄Ⅰ　占領下を生きる』岩波書店、2008年、77頁。また、ジャーナリストの諸見里道浩は1609年の薩摩侵攻から、1879年の琉球処分、1945年の沖縄戦までの「日本時代」を否定的にとらえる歴史観が当時あったという（諸見里道浩「沖縄ジャーナリズムに見る安保と憲法」菅英輝・石田正治『MINERVA人文・社会学叢書107　21世紀の安全保障と日米安保体制』ミネルヴァ書房、2005年、317頁）。

63) 1951年と1952年は、日程が2日間に拡大され、スポーツや文化を通して交流が行われた（『うるま新報』1951年5月3日、26日、1952年5月24日〜28日）。ペルリ来航100周年の1953年には「米琉親善日」は週間として5日間に拡大された。ペルリの行列を再現したパレード、軍施設の住民開放と規模が拡大し、6カ所あった米琉文化会館では米琉写真コンテスト、全琉美術展などが開かれ、首里にペルリ記念館完成と、隣接する沖縄県博物館建物寄贈、沖縄戦時に米兵に持ち去られた宝物や美術品の返還が行われた（『うるま新報』1953年5月15日、17日〜30日）。

64) 『沖縄タイムス』1950年4月30日、5月18日、5月26日。

65) 一例として、沖縄民政府文化部は1947年5月に各市町村長、各学校長、各洋裁講習所長に「民族の親善を疎外」し、「沖縄発展の阻害」するとして、星条旗への敬意の喚起、米兵へ悪態をつくこと、米軍機投石禁止などの内容の通達している。「1947年5月8日　沖縄文化部長當山正堅から各市町村町、各学校長、各洋裁講習所長あて「社会教育指導に関する件」『1947年5月　公文書綴　首里文化洋裁講習所』「徳村光子資料」那覇市歴史博物館所蔵。それによると米兵に対する悪態は、「ワタブター（でぶ）」「キジムナー（木の妖怪）」「フリムン（いかれた奴）」などだった。また「飛行機に石を投げるなと何べん云われても止めない」ことが問題になっていた。上地一史編『月刊タイムス』第15号、1950年、16頁。

66) 『琉球新報』1950年5月2日。

67) Friendship Day Sports Program slated May 26 (Ryukyu Marbo-Philcom Edition) "Pacific Stars and Stripes", 15th May 1951.

68) Okinawa Visited 99 Years Ago By Commander Perry's ship, "Pacific Stars and Stripes", 26th May 1952.

69) Extravaganza Marks Okinawa Perry Day, 27th May 1953, "Pacific Stars and Stripes".

70) 『琉球新報』1951年5月26日。

71) 屋嘉比収『沖縄戦、米軍占領史を学びなおす　記憶をいかに継承するか』世

織書房、2009 年、227〜229 頁。

72)『琉球新報』1952 年 5 月 25 日。

73) 米海軍が、沖縄の女性を強姦したという事実について、高良倉吉は「泊外人墓地」に葬られた 4 人のうち、加害者のボードの墓碑だけ、銅板がないことを「アメリカの面汚し」のせいだとした（高良倉吉・玉城朋彦編『琉球放送創立40 周年記念出版　ペリーと大琉球』琉球放送、1997 年、120 頁）。また、比嘉春潮は「琉米交渉の一挿話」として事件とその処置に言及しているが、「不愉快な事件ではあったが、しかしペリィ提督の処置はまことに公明で適切なものであった」と指摘する（比嘉春潮『沖縄の歴史』三一書房、1970 年、335 頁）。

74)『琉球新報』1952 年 5 月 27 日、『沖縄タイムス』1953 年 5 月 8 日。

75)「米琉親善日」に起きた女性への暴力という視点を、ペルリ来琉 100 年から14 年後、小説家の大城立裕が『カクテル・パーティー』（沖縄タイムス社編発行『新沖縄文学第 4 号』1967 年）で描いている。また、1995 年の「米兵による暴行事件」をきっかけに、沖縄では「基地・軍隊を許さない行動する女たちの会」が結成され米軍人による性暴力を掘り起こしている。ペルリ艦隊による事件を、米軍が琉球で起こした初めての性暴力であると指摘した。2 者の取り組みは、被害者女性を、「米琉親善」という「支配的物語」（レベッカ・ソルニット著、渡辺由佳里訳『それを、真の名で呼ぶならば　危機の時代と言葉の力』岩波書店、2020 年、193 頁）から解き放したといえる。

第 6 章

1）『沖縄タイムス』1953 年 5 月 2 日。

2）同前上。

3）『沖縄タイムス』2007 年 5 月 22 日。

4）新川明「『琉大事件』を考える」『沖縄タイムス』2007 年 9 月 16 日。新川は、「第二次琉大事件」で処分を受けた学生たちが発行していた『琉大文学』にかつて所属していた。

5）筆者連載「力草ぬ根　米軍統治下の人々　第 1 部　二つの琉大事件」『沖縄タイムス』2008 年 9 月 9 日〜9 月 29 日全 18 回。

6）小屋敷琢己「第一次琉大事件とは何だったのか」全 4 回、『沖縄タイムス』2009 年 5 月 14 日〜19 日。また、小屋敷が委員長を務めた琉大教授職員会は「大学人九条の会沖縄」とともに『琉大事件とは何だったのか』（発行者高良鉄美、2010 年）を出版している。小屋敷は、2020 年にも連載をまとめている。「琉大 70 年に考える　創立の〈起源〉」全 2 回、『沖縄タイムス』2020 年 8 月 6 〜

7日。

7）『琉球新報』2007年8月27日。

8）世論週報編集部「世論週報、琉大問題特集、琉大事件の眞相を衝く」再刊第1号発刊　1953年、鳥山淳・国場幸太郎編『戦後初期沖縄解放運動資料集第1巻　米軍政権下沖縄の人民党と社会運動』収録、不二出版、2005年。

9）沖縄県学生会編『祖国なき沖縄　戦後沖縄の実相』日月社、1954年、183〜192頁。

10）中野好夫・新崎盛暉、『沖縄戦後史』岩波書店、1976年、68頁。

11）鹿野政直『否（ノン）の文学　『琉大文学』の航跡』『鹿野政直思想史論集第3巻　沖縄I　占領下を生きる』岩波書店、2008年、133〜186頁。

12）その他に、論考「特集沖縄の戦後文学」(沖縄タイムス社『新沖縄文学』第35号、1977年)、沖縄タイムス編発行『琉大風土記　開学40年の足跡』(1990年)、岡本恵徳『岡本恵徳批評集「沖縄」に生きる思想』(未来社、2007年)などがある。当該期の琉大を扱った研究として、文化戦略をパブリック・ディプロマシーの観点から分析した小川忠の『戦後米国の沖縄文化戦略　琉球大学とミシガン・ミッション』(岩波書店、2012年)、琉大の成立をまとめた山里勝己『琉大物語　1947ー1972』(琉球新報社、2010年)家政科による普及教育と「冷戦」を考察した Koikari, Mire. 2015. Woman, Militarized Domesticity and Transnationalism in East Asia. Cambridge University Press がある。

13）神田良政の証言。筆者連載前掲（注5）。第7回、2008年9月15日。

14）伝達式では国文学科の学生は欠席、学生会会長とデモ分隊長を務めた社会経済学科、政治法学科の元学生が参加した。このことは「第二次」の中においても、『琉大文学』の学生と学生会の学生という主体が分節化して語られるべき問題点があることを示した。『沖縄タイムス』2007年8月18日。

15）建設には1000万円が必要で、住民の税金、寄付、ガリオア資金の支出によるとされた。山里勝己『琉大物語　1947-1972』琉球新報社、2010年、111頁。

16）(琉球政府) 文教局調査課編『自一九四五年　至一九五五年　琉球史料　第三集　教育編』琉球政府文教局、1958年、388頁。

17）沖縄風土記刊行会編『沖縄風土記全集　教育編』沖縄図書教材、1969年、227〜278頁。

18）『琉球新報』1950年6月9日。この記事は戦前と戦後の給料を比較している。大工が戦前50円だったのが戦後5000円、中学校校長戦前196円が戦後1965B円とし、占領を優先した統制賃金によって著しい格差があったことを示している。

19)『沖縄タイムス』1950 年 6 月 10 日。

20) 沖縄戦災校舎復興期成会は 1952 年に、沖縄教職員会、ＰＴＡ連合会、婦人連合会、市町村長会など教育、行政の幅広い分野 8 団体で結成された。日本の責任よる校舎復興、「祖国復帰」を訴えるため 1953 年 1 月、屋良朝苗、喜屋武真栄が半年に亘って全国を行脚した。沖縄大百科事典刊行事務局編『沖縄大百科事典　上』沖縄タイムス、1983 年、548 頁。

21) 復帰署名を提出して解散した日本復帰促進期成会ののちに、運動再建が呼びかけられ、結成された復帰運動団体。沖縄教職員会、沖縄青年連合会、沖縄婦人連合会など 6 団体で結成し、復帰要請と、「国民意識高揚のための宣伝教育」を目的とした。中野・新崎前掲（注 10）64 頁。

22) 琉球大学編発行『十周年記念誌』1960 年、61 頁。

23) 豊平良顕『希望の設計図　復興沖縄の文化構想』沖縄タイムス編発行『月刊タイムス』第 1 巻 5 号、1949 年、12〜13 頁。

24) 沖縄県教育委員会編発行『沖縄県教育行政史』1977 年、824 頁。

25)『沖縄タイムス』1950 年 1 月 18 日。社説のため署名はないが、先の『月刊タイムス』の記事と同等の内容であり、筆者は豊平と考えられる。

26) 中城村史編集委員会編『中城村史通史編　別冊史第 1 巻』中城村役場、1994 年、519 頁。

27)『うるま新報』1948 年 6 月 25 日。

28)『沖縄タイムス』1950 年 1 月 7 日。

29)『沖縄タイムス』1950 年 2 月 1 日。

30)『沖縄タイムス』1950 年 3 月 10 日。

31)『沖縄タイムス』1950 年 3 月 17 日。観光目的で文化財を再建するという手法の限界が、後に期成会を作り、民間が主導する形で戦後初の文化財修復として知られる崇元寺石門の再建へ結実する。しかし、首里城跡地に米軍が琉大を建てたように、崇元寺跡地にも石垣修復後、琉米文化会館が建造された。

32) 1949 年に官民合同で古文化財を蒐集保存するため創立された団体。知事を会長に島袋全発、池宮城秀意、豊平良顕、宮里栄輝らが常任委員となった。沖縄大百科事典刊行事務局編『沖縄大百科事典　上』沖縄タイムス社、522 頁。

33)「東恩納博物館」は 1946 年、「首里市立郷土博物館」は 1947 年、沖縄民政府管理下となった。「首里市立郷土博物館」は「沖縄民政府立首里博物館」に改称している。源河葉子「博物館建設　『ペルリ百年』で新館建設」、那覇市歴史博物館編『戦後をたどる　「アメリカ世」から「ヤマトの世」へ』琉球新報社、2007 年、74 頁。

34) 図録『企画展 沖縄の文化財展 戦前・戦後の文化財保護 仲座久雄の活動をとおして』沖縄県立博物館、2004年、15頁。

35) 仲座久雄「築城と観光」『うるま春秋』うるま新報社、1950年3月、16頁。

36) 前泊朝雄『普及叢書第二號 琉球教育史』琉球大学校外普及部、82頁。

37) 沖縄県議会事務局編発行『沖縄県議会史 第6巻資料編3』1985年、706頁。

38) 比嘉春潮の日記には、他府県人が沖縄の人々を馬鹿する時に使う言葉として言及されている。と同時に先達たちが出自を隠すことへの疑問もつづられている。比嘉春潮『比嘉春潮全集第5巻』沖縄タイムス社、1973年、192頁、（1910年9月7日付）。

39) 志喜屋孝信「追憶と希望」『沖縄教育』沖縄県教育会、1937年、27頁。

40) 前川守仁『湧上聾人とその時代 炎の政治家・三千三百六十九文字の闘い（ひるぎ書房・人間とその時代1)』ひるぎ社、1978年、174～175頁。

41) 沖縄県内政部長は1943年、文部省へ高等学校設置を申請した。「県立高等学校設立具体案作成整備」によると、名称は「沖縄県立沖縄高等学校」、那覇市郊外の1万5000坪の敷地に、全寮制で修業年限2年、定員文科80人、理科160人の計画だった。沖縄県教育会編『沖縄教育』第318号、1943年、56～57頁。

42)『沖縄タイムス』1949年12月6日。

43) 琉球大学編前掲（注22）、59～60頁。

44) 前泊前掲（注36）、82頁。

45) 琉球大学開学30周年記念誌編集委員会編『琉球大学三十年』琉球大学、1981年、2頁。

46)『沖縄タイムス』1949年12月6日。

47) 嘉陽安春「志喜屋孝信日記 21」『琉球新報』1980年3月17日では、1948年9月27日に山城篤男と安里延が首里城跡へ案内している。琉球大学編前掲（注22）、60～61頁。

48)『沖縄タイムス』1951年2月13日。軍政府情報教育部民政府情報課「琉球弘報」第15号、1950年5月。

49) 米軍は1945年5月29日に、第10軍先遣隊を派遣し、調査を開始し、記録を残している。牛島貞満講演資料『第32軍司令部壕跡を歴史学習の場に』（2020年10月版）。

50) 1950年「琉球大学開校記念切手」は、琉大教員の大城皓也デザインによる3B円切手。琉球切手は、米施政権下に沖縄で発行された切手。琉球大学開学五十周年記念史編集専門委員会編『琉球大学五十年史写真集』琉球大学、2000年、17頁。

51）琉球大学開学五十年周年記念誌編集委員会編『琉球大学五十年史』琉球大学、2000 年、22 頁。

52）同計画には、民間ラジオ局開局、米国留学プログラムなども盛り込まれていた。吉本秀子『米軍の沖縄占領と情報政策　軍事主義の矛盾とカモフラージュ』春風社、2015 年、248 頁。

53）計画には新聞、公報、各種宗教、文化団体、演劇会を利用するとされた。『うるま新報』1947 年 11 月 28 日。

54）初期の「情報教育計画」は軌道に乗らず、1950 年に入ってから本格化した。1950 年初頭まで米国民政府にいたジェームス・タルは、理由を民間情報教育部の出身者 8 割が教育関係だったためとする。Tull, James. (1953),The Ryukyu Islands Japans Oldest Colony-America's Newest；An Analysis of Policy and Propaganda、沖縄県公文書館蔵、000025537. 54 頁。

55）嘉陽安春「志喜屋孝信日記　27　1950（1）」『琉球新報』1980 年 3 月 18 日。

56）「沖縄大学創立具体案」は文化大学から総合大学へと発展させる計画で、必要費用 57 万ドルの内、ハワイで 35 万ドル、北米と南米から 22 万ドルを募る予定だった。山里勝己「大学の誕生　湧川清栄とハワイにおける大学設立運動」『アメリカと日本の架け橋・湧川清栄　ハワイに生きた異色のウチナーンチュ』湧川清栄遺稿追悼文集刊行委員会、ニライ社、2000 年、267 頁。

57）玉代勢法雲「布哇に於ける沖縄救済事業」『おきなわ　ハワイ特集』第 2 巻第 3 号、1951 年 3 月、おきなわ社、33 頁。

58）山里前掲（注 56）、269 頁。

59）玉代勢前掲（注 57）。

60）琉球大学編前掲（注 22）、62 頁。

61）『沖縄タイムス』1950 年 2 月 1 日。

62）岡野宜勝「戦後ハワイにおける『沖縄問題』の展開　米国の沖縄統治政策と沖縄移民の関係について」琉球大学移民研究センター編発行『移民研究』第 4 号、2008 年、6 頁。

63）1950 年度第 1 回入学生 562 人から 1954 年までの卒業生 402 人を引いた数。琉球大学編前掲（注 22）156、215 頁。

64）琉球大学編前掲（注 22）、33 頁。

65）上原清治の証言。上原は 1933 年生まれ。聞き取りは 2008 年、那覇市で行った。

66）間弘志『全記録　分離期・軍政下時代の奄美復帰運動、文化運動』南方新社、2003 年、139～140 頁。

67）筆者連載前掲（注5）第16回、2008年9月26日。

68）『沖縄タイムス』1950年3月17日。

69）琉球大学前掲（注22）、33頁。

70）鳥山・国場編前掲（注8）、338頁。

71）山里前掲（注15）、177〜179頁。

72）嘉陽前掲（注55）。

73）「琉大生は何を思う　琉大学生世論調査」、沖縄タイムス編発行『月刊タイムス』第28号、1951年、6〜10頁。

74）同時期の琉球大学を扱ったものとして、『琉大風土記　開学四〇年の足跡』（沖縄タイムス社編発行、1990年）がある。

75）当山正喜『沖縄戦後史　政治の舞台裏　政党政治偏』あき書房、1988年、92〜93頁。

76）「第1次琉大事件事実経過（各新聞報道に基づく）」、琉球大学教授職員会・大学人九条の会沖縄編『琉大事件とは何だったのか』発行者高良鉄美、2010年、14頁。

77）『沖縄タイムス』1952年6月13、14日。

78）『沖縄タイムス』1952年6月29日。

79）『沖縄タイムス』1952年7月1日。

80）『沖縄タイムス』1952年7月14日。

81）『沖縄タイムス』1953年3月17日。

82）『沖縄タイムス』1953年5月2日。

83）『沖縄タイムス』1953年5月3日。

84）『沖縄タイムス』1953年5月4日。

85）『沖縄タイムス』1953年5月10日。

86）『沖縄タイムス』1953年5月22日。

87）鳥山・国場編前掲（注8）、343〜344頁。

88）1945年、米軍政府は許可なく新聞と印刷物の発行する事を禁止した。そのため、沖縄の人々が読むことができたのは米軍準機関紙『ウルマ新報』（現在の琉球新報）であった。沖縄出身記者の記事は全て検閲されていた（城間盛善『私の戦後史　第六巻』沖縄タイムス社、1982年、282頁）。1948年、企業の設立が許可制になると、1947年7月に、『沖縄タイムス』『沖縄朝日新聞』が創刊する。条件として第10号までは英文による事前検閲を受けた（高嶺朝光『新聞五十年』沖縄タイムス社、1973年、373頁）。1949年2月、新聞や出版業は沖縄民政府情報課と軍政府情報教育部から認可を受けた後、企業免許を申請する、2段階

の手順を踏むように変更になると（琉球列島軍政本部指令「情報教育的企業〈映画・演劇・写真・出版など〉の免許及び営業に関する規程」）（月刊沖縄社『アメリカの沖縄統治関係法規総覧II　第2部法令別・年次別法令　第3編布令 (I)』池宮商会、1983年、518頁）、全文原稿と訳文を添え事前検閲を受けることが課せられ、既に許可を得ていた事業者も事後検閲が継続された。同年、戦時刑法を再編した米軍政府令第1号「第一次集成刑法」が制定されると、無許可出版は、「断罪の上 5000 円以下の罰金又は 6 カ月以下の懲役、又はその両刑」の刑罰が定められた（「刑法並びに訴訟手続法典」（集成刑法）第二部「罪」第一章「安全に対する罪」2-2-41 同前 44 頁）。同年、人民党の機関紙『人民文化』が沖縄群島政府工務部による復興費の恣意的使用を追及した後に発行停止となった（門奈直樹『アメリカ占領時代　沖縄言論統制史　言論の自由への戦い』雄山閣、1996 年、57〜60 頁）。

89）門奈直樹『アメリカ占領時代　沖縄言論統制史　言論の自由への戦い』雄山閣、109 頁。

90）1953 年 12 月、チャールズ・V・ブラムリー民政副長官が、「アカならびに、その同調者は公職から追放されるべきである」と声明を出した事によって（高嶺朝光『新聞五十年』沖縄タイムス社、1973 年、445 頁）、言論統制が激しさをましていく。「共産主義者」が出版許可を得ようとしているとし、一旦琉球政府に移譲していた許可を改め、「民政官の承認なしにはあらたな出版許可をしないこと」という書簡を発令した。再び、米国民政府が出版許可を行うようになった。

91）沖縄県学生会編前掲（注9）、3 頁。

92）「国場幸太郎インタビュー記録」（第一回）森宜雄・国場幸太郎編『戦後初期沖縄解放運動資料集　第3巻　沖縄の非合法共産党と奄美・日本』不二出版、2005 年、巻末 21 〜 22 頁。

93）鳥山・国場編前掲（注8）、338、345 頁。

94）聞き取り調査記録　2009 年 3 月 14 日（京都市）　記録・小屋敷琢己、琉球大学教授職員会・大学人九条の会沖縄編前掲（注76）、134 頁。

95）筆者連載（注5）第 12 回、2008 年 9 月 21 日。

96）鳥山・国場編前掲（注8）、338 〜 339 頁。

97）鳥山・国場編前掲（注8）、338 頁。

98）筆者連載（注5）第 14 回、2008 年 9 月 23 日。

99）沖縄県学生会編前掲（注9）、185 頁。

100）筆者連載前掲（注5）第 10 回、2008 年 9 月 19 日。

101）鳥山・国場編前掲（注8）、338 ～ 339 頁。

102）筆者連載前掲（注5）第15回、2008 年 9 月 24 日。

103）Russell E. Horwood's letter to Dr. Milton E. Muelder (Dean School of Science and Arts Michigan State Collage) 13th May 1953 "Ryukyu University and Miscellaneous Educational Information (Political)" 沖縄県公文書館蔵、U81100281B。

104）時期から、政経クラブの公開質問状と考えられる。

105）Russell, E. Horwood's letter 前掲（注103）。手紙には、出来事の内容は示されていないが、時系列の流れから、6 月の「学生準則」制定、その結果起こった 11 月の『琉球契約学生新聞』、沖縄県教職員会の『教育新聞』の掲示不許可、奄美学生会の日本復帰大会への参加届け出拒否、学生が企画した日本復帰学生大会が、奨学資金援興式に切り替えられた事と考えられる。

106）Russell E. Horwood's letter 前掲（注103）。

107）宮城悦二郎「沖縄統治の顔　その近況を訪ねて」16『沖縄タイムス』1985 年 1 月 19 日。琉大の維持費として米国は年 5 万ドル以上を拠出していた（『沖縄タイムス』1950 年 7 月 19 日）。

108）『沖縄タイムス』1953 年 5 月 3 日。

109）Russell, E. Horwood's letter 前掲（注103）。

110）上原が沖縄人民党に入党、濱田は労働運動に関わり奄美に追われた。またもう一人の学生は関西の大学へ再入学している。

111）筆者連載前掲（注5）第16回、2008 年 9 月 26 日。

112）『沖縄タイムス』1953 年 5 月 23 日。

113）「4-1　共産分子は誰か？カール・マルクスデー 1953 年」鳥山・国場編前掲（注8）、403 ～ 405 頁。

114）『沖縄タイムス』1953 年 7 月 18 日。それまで選挙協力をしていた社大党と人民党の間にはこれをきっかけに亀裂が入ったという（『沖縄タイムス』1953 年 8 月 31 日）。

115）1953 年 7 月 11 日日記「屋良朝苗日誌　001　1953 年（昭和 28 年）1 月 20 日～4 月 16 日」沖縄県公文書館蔵、0000099312。

終章

1）『琉球新報』1953 年 5 月 25 日。

2）「沖縄タイムス」1953 年 5 月 2 日。

3）中野好夫・新崎盛暉『沖縄戦後史』岩波書店、1976 年、59、83 頁。

4）島山淳は基地で働くことは生きるための手段であり、だからこそ立ち去るこ

とが容易でなかったとする。また、人々のつぶやきを沈黙からすくい上げ、痛みを聴きとろうとする営みが社会には求められているとする（島山淳「基地に働くひとびと　占領下沖縄の不条理を生き抜く」栗原彬ほか編『ひとびとの精神史 第3巻 六〇年安保1960年前後』岩波書店、2015年、309 ～ 310 頁）。

あとがき

　原稿を書き進めながら時々、伊波圭子さんのまなざしを思い出していた。1992年に渡嘉敷島で日本軍「慰安婦」の慰霊祭が行われた時に、伊波さんが参加していた。取材だった私は、沖縄県母子寡婦福祉連合会の会長などを務めていた伊波さんとは言葉を交わしたことはなかった。お昼時間に、一人木陰で休む伊波さんと一瞬視線が交わった。偶然かもしれないがその時の伊波さんの姿はいまも脳裏にやきついている。

　本書には、伊波さんが新聞記者時代に書いた記事が登場する。資料を読み進めるうち、思わず胸を突かれるような記事として現れたのが伊波さんの記事だった。「パンパン」の女性たち、北部に取り残された貧しい那覇の人々、「戦争未亡人」。当時、たった一人の女性記者だった伊波さんは、自身も差別と偏見にさらされながら、こうした人々に寄り添うように取材していた。人々のつぶやきを聞き取った伊波さんの記事を通して、伊波さんと出会いなおし、私は書くことを、あのまなざしに問われるようになった。

　そして、ジャーナリストの由井晶子さんの存在がある。戦後史の伴走者としての経験と分厚い知識から助言をいただいた。その奥には常に女性たちへのまなざしがあった。ある時、「島ぐるみ闘争」を「星雲のようなもの」と説明されたことがあった。その後、2010年に大学院の門を叩き、文章にまとめる中で、由井さんが「星雲」という言葉に託した意味がやっと分かるようになったと思う。星のまとまりが大きな流れをつくる星雲。私はその中でも、小さな暗い星のような人々を見てきたのだと思う。迷ったときには、伊波さん

のまなざしと由井さんの言葉にいつも帰っていった。

　大阪大学大学院日本学研究室では、冨山一郎先生（現同志社大学大学院）、博士前期の途中からは杉原達先生にご指導いただいた。冨山先生のゼミ「火曜会」は、数時間続く議論で言葉を紡ぎだし、共有することでつくられる場だった。濃密な時間の中で、言葉で自分の場所をつくること、生きることを少しずつ確認した。杉原先生は、時にテーマに腰が引けてしまいがちな私を粘り強くご指導いただき、社会と研究の言葉の関わりを教えてくださった。先生の叱咤激励なしには博士論文はまとめることができなかった。日本学研究室の先生方、ゼミや研究会をともにした仲間たちにも温かく支えてもらった。また、大阪で出会った記者や沖縄関係者、組織を越えた記者仲間たちの決してあきらめない生き方は、研究の在り方、私の記者としての生き方に大きな影響を与えている。

　鳥山淳さん（琉球大学）には、研究の道に進む段階で大きな助言を頂いた。若林千代さん（沖縄大学）には有志舎の永滝稔さんをご紹介いただき、その永滝さんの伴走もあり、この本を世にだすことができた。

　この本は聞き取りや資料を通して声を聴かせてくれた多くの人々に支えられている。一つひとつの星としてそうした方々の声を聴き続け、これからも書いて生き、進みたい。

　最後に、沖縄と大阪をさまよいながら言葉の居場所をさがし続ける私を支えてくれた家族に感謝したい。

　2021 年 3 月

謝　花　直　美

〈初出一覧〉

　本書は2018年、大阪大学大学院の学位取得論文「復興都市の『異音』　沖縄占領下、『流動する生活圏』」の再構成である。初出は以下の通りで、明記がないものは博士論文の改稿である。

　序章、書き下ろし。

　第1章、杉原達編著『日本学叢書5　戦後日本の〈帝国〉経験　断裂し重なり合う歴史と対峙する』（青弓社、2018年）所収の「ミシンと『復興』　戦後沖縄女性たちの生活圏」。

　第2章、日本オーラル・ヒストリー学会『日本オーラル・ヒストリー研究』第15号（2019年）収録の同名論文。

　第3章、同時代史学会『同時代史研究』第6号（2016年）収録の「沖縄戦後『復興』の中の離散　垣花の人々と軍作業」。

　第5章は、大阪大学文学部・大学院文学研究科『大阪大学日本学報』33号（2014年）収録の「ペルリに重ねる『復興』と『親善』　占領下沖縄人の主体性を巡る政治」、『大阪大学日本学報（特集 2019年度日本学方法論の会）』39号（2020年）収録の「占領下那覇の空間形成　公衆衛生、オフ・リミッツ」の再構成。

著者略歴

謝花　直美（じゃはな・なおみ）

1962 年生まれ。大阪大学大学院文学研究科博士後期課程修了（博士、文学）。

現在、沖縄大学地域研究所特別研究員、沖縄大学・沖縄国際大学非常勤講師、沖縄
タイムス記者。

専門は、沖縄戦後史、沖縄戦。

〔主要論文・著書〕

「沖縄戦後『復興』の中の離散　垣花の人々と軍作業」（同時代史学会『同時代史研
　究』第 6 号、2016 年）

「ミシンと復興」（杉原達編著『日本学叢書 5　戦後日本の〈帝国〉経験　断裂し重
　なり合う歴史と対峙する』（青弓社、2018 年）

「移動と引揚げがつくった『金武湾』　米軍占領下、沖縄の生存と労働」（日本オー
　ラル・ヒストリー学会『日本オーラル・ヒストリー研究』第 15 号、2019 年）

『戦場の童（わらび）　沖縄戦の孤児たち』（沖縄タイムス社、2006 年）

『証言沖縄「集団自決」　慶良間諸島で何が起こったか』（岩波書店、2008 年）

『観光コースでない沖縄　第 4 版』（新崎盛暉・松元剛・前泊博盛・亀山統一・仲宗
　根將二・大田静男と共著、高文研、2008 年）

戦後沖縄と復興の「異音」

米軍占領下　復興を求めた人々の生存と希望

2021 年 6 月 30 日　第 1 刷発行

著　者　謝花直美

発行者　永滝　稔

発行所　有限会社　有　志　舎

　　　　〒 166-0003　東京都杉並区高円寺南 4-19-2

　　　　　　　　　　クラブハウスビル 1 階

　　　　電話　03（5929）7350　FAX　03（5929）7352

ＤＴＰ　言海書房

装　幀　奥定泰之

印　刷　モリモト印刷株式会社

製　本　モリモト印刷株式会社